拉美外交风云纪实

朱祥忠 著

五洲传播出版社

图书在版编目（CIP）数据

拉美外交风云纪实 / 朱祥忠著. –– 北京：五洲传播出版社, 2019.3
（"外交风云亲历记"丛书）
ISBN 978-7-5085-3841-9

Ⅰ.①拉… Ⅱ.①朱… Ⅲ.①朱祥忠–回忆录 Ⅳ.①K827=7

中国版本图书馆CIP数据核字(2019)第040708号

"外交风云亲历记"丛书

拉美外交风云纪实

著　　者：朱祥忠
出 版 人：荆孝敏
责任编辑：高　磊
助理编辑：高倩倩
装帧设计：丰饶视觉
出版发行：五洲传播出版社
地　　址：北京市海淀区北三环中路31号生产力大楼B座6层
邮　　编：100088
发行电话：010-82005927，010-82007837
网　　址：http://www.cicc.org.cn，http://www.thatsbooks.com
印　　刷：中煤（北京）印务有限公司
开　　本：787x1092mm 1/16
印　　张：19.75
字　　数：240千
版　　次：2019年3月第1版第1次印刷
书　　号：ISBN 978-7-5085-3841-9
定　　价：38.00元

总　序

国际形势瞬息万变，外交工作错综复杂，做一名合格的外交官不容易。有人说外交官是用特殊材料历经千锤百炼才能造成，不无道理。

外交官最重要的是忠于祖国、忠于人民、不辱使命。如果说一个发展中的社会主义国家中国的外交干部与别国外交官有什么不同，那就是更要实事求是、联系实际、平等待人、勤奋好学、与时俱进，践行习近平新时代先进外交理念，以中国人民和世界人民的利益为中心，为维护和平和共同发展多做实事。

在任驻美大使的近三年里，最难处理的问题莫过于以美国为首的北约轰炸我驻南斯拉夫使馆并野蛮炸死我三位年轻记者，为让美方进行道歉、赔偿，我同美国人展开了一场又一场的较量；最劳心费力的莫过于台湾问题，台湾是中国领土完整不可分割的一部分，而美称霸世界，频频干涉我内政，有一回我馆上上下下为涉台问题向美方严正交涉达十多次。

外交部老干部笔会与中宣部五洲传播出版社联合编辑的"外交风云亲历记"丛书，就是讲外交官如何炼成的故事。老一代和上上一代外交官，都是在伟大的中国共产党和革命老前辈的言传身教下和建国初期的艰苦岁月里成长起来的。该丛书作者马振岗大使等九位资深外交官都听党的话，勤奋学习，谦虚谨慎，广交各国朋友，都令我敬佩。他们从不同角度生动记录新中国外交的点点滴滴，其中有他们自身成长的苦乐经历和不忘初心、牢记使命的人生感悟，也有各种典型的外交案例、感人的友好故事以及别具一格的异域风情。这些珍贵的回忆融思想性、知识性和趣味性于一体，对存史、资政、育人具有重要的价值，青年一代更会从中受益。

党的十八大以来，在以习近平同志为核心的党中央直接领导下，面对国际形势风云变幻，我国对外工作攻坚克难、砥砺前行，开创性推进中国特色大国外交，取得了举世瞩目的历史性成就。外交部老干部笔会秉承"书写多彩世界，服务和平发展"的宗旨，先后出版发行

300 多部专著以及"我们和你们"丛书等十几套丛书，共约 9000 多万字，获得多方好评。老外交官们虽已离开外交第一线，但笔耕不辍，奉献外交的热情依旧，为新一代外交人员树立了榜样。相信他们将继续发挥自己的独特经验优势，继续为我国外交大业和人类命运共同体的构建增添正能量。

2018 年 10 月 1 日于北京东交民巷

目录

前言 8

序篇 11
  聆听毛泽东主席对留苏学生的讲话 12
  周恩来总理的谆谆教诲 25
  习近平主席拉美之行及其重要指示 29

古巴篇 35
  第一个同新中国建交的国家 36
  古巴总统多尔蒂科斯访华 45
  卡斯特罗与古巴革命 51
  美古复交的前因后果 57

巴西篇 63
  中国和巴西岁月风雨 40 年 64
  巴西副总统古拉特访华 78
  "未来之国"巴西在崛起 81
  巴西城镇化及其对中国的启迪 87

阿根廷篇 95
  新中国与阿根廷建交 40 年回顾 96
  马岛争端与中国立场 112
  一望无际的潘帕斯大草原 116
  探戈的摇篮 118

墨西哥篇 121
  中墨友好的故事 122
  革命制度党丧失政权和东山再起的经验教训 ... 125
  培尼亚·涅托执政以来墨西哥形势评析 135
  墨西哥猖獗的贩毒暴力活动 139
  世界上最大的国旗 149

秘鲁篇 **153**

太阳子孙的国度 154

历史悠久的中秘关系 158

我主持的第一个国庆招待会 163

一次不同寻常的访问 166

我所认识的阿兰·加西亚总统 169

我和藤森的交往 172

智利篇 **179**

践行和平共处五项原则的典范 180

智利总统艾尔文访华 194

李瑞环访问智利 201

诺贝尔文学奖获得者聂鲁达 205

有争议的人物皮诺切特 208

到复活节岛探秘 220

鲁滨逊岛纪行 226

访问南极长城站 233

综合篇 **245**

西班牙国王胡安·卡洛斯一世首次访华 246

中国与拉美四国建交纪实 252

拉美左派崛起的历程及其前景 263

拉美国家为什么会掉进"中等收入陷阱" 275

拉美国家的腐败问题评析 279

中国和拉美国家友城关系的发展 285

"世界水桥"的故事 288

体会篇 ———————————————————————————— 295

   "十六字方针"是座右铭 ————————————————— 296

   调研工作是基础 ——————————————————————— 298

   交友工作是关键 ——————————————————————— 298

   内部工作是保障 ——————————————————————— 300

   无法偿还的亲情债 ————————————————————— 302

   丰富多彩的离休生活 ——————————————————— 305

后记 ————————————————————————————————— 312

前言

1955 年 8 月，党派我到苏联国立莫斯科国际关系学院中南美洲外交专业学习。1960 年 8 月我毕业回国，10 月被分配到外交部，主要从事对拉丁美洲的外交工作，直到 1996 年 3 月离休。也就是说，我从事对拉美外交的学习和工作时间长达 40 年。由于工作关系，我跑遍了拉美国家，有的还去了多次，先后在古巴、秘鲁和智利常驻达 18 年之久。可以说，我的大半辈子都奉献给了对拉美外交事业。

拉美是个好地方。它气候宜人，美丽富饶，极具神奇色彩；它市场十分广阔，经济发展水平较高，被称为"发展中国家的发达地区"；它在国际舞台上日益活跃并发挥着十分重要的作用。中拉在地理上虽相距遥远，但关系越来越密切，特别是 21 世纪以来，中国和拉美各国友好合作关系有了很大的发展，并且有着十分美好的前景。

离休后的 20 年期间，我习惯性地继续关注拉美形势和中拉关系的发展变化，不断搜集和整理有关资料，就拉美国家和地区热点问题，撰写一些文章，至今已在全国多种报刊上共发表 100 余篇。我选择了其中比较重要的 48 篇，编成现在这个文集。编入文集时根据不同情况，有的进行了适当的补充修改，有的保持原文不动，并注明了发表时间。

本书主要按国家和问题编排，分为以下几部分：

序篇，吸收毛泽东、周恩来和习近平三位领导人的有关讲话，作为本书的引领篇和指导思想；

古巴篇，古巴是同我国建交的第一个拉美国家，也是我出国工作的第一个国家，本篇重点介绍中古双边关系、古巴革命和古美关系的变化；

巴西篇，巴西是拉美第一大国，本篇介绍中巴关系发展的曲折过程、巴西的崛起、巴西城镇化的经验教训；

阿根廷篇，重点介绍中阿双边关系、马岛争端与中国立场；

墨西哥篇，重点介绍革命制度党政权的丧失和东山再起的经验教训，以及墨西哥贩毒暴力活动猖獗的原因；

秘鲁篇，主要介绍印加帝国的文明、中秘传统关系发展的特点；

智利篇，突出介绍该国从独裁统治到民主化的转变，智利是我国践行和平共处五项原则的典范；

综合篇，介绍拉美原宗主国西班牙国王胡安·卡洛斯一世首次访华、拉美左派崛起历程及其发展前景、拉美掉进"中等收入陷阱"的原因等地区综合性热点问题；

体会篇，是笔者在工作中和离休生活中的一些感悟。

相信本书对读者了解拉美和中拉关系会有所帮助，特别是一些拉美国家发展过程中经历过或正面临的问题和我国现在遇到的问题相似，有一定的参考和借鉴作用，这就是我编撰本书的目的所在。但由于笔者能力和水平所限，定有一些错误和不当之处，恳请读者批评指正。

序篇

聆听毛泽东主席对留苏学生的讲话

1957年11月17日，是我一生中最难忘的一天。这一天，我和其他留苏同学一起在莫斯科大学礼堂见到了心中崇拜的伟人——毛泽东主席，并聆听了他的著名讲话："希望寄托在你们身上。"这一讲话发表距今快60年了，当时的情景仍历历在目。主席的讲话具有巨大的生命力，仍在继续鼓舞和指引着我们一代又一代青年人前进。

一、耐心地等待

11月2日，毛主席率领中国党政代表团抵达莫斯科参加十月革命四十周年庆典活动并出席世界各国共产党和工人党首脑会议的消息发布后，我们就一直关注着代表团的活动，希望能见到毛主席。果然，中国驻苏联大使馆通知我们17日上午到位于列宁山的莫斯科大学听报告。猜测一定是毛主席要接见我们了。

当时，莫斯科已进入冬季，寒意已浓。大地覆盖着白雪，在灿烂的太阳照耀下，发出闪亮的金光。我们激动的心情却温暖如春。

当时我在莫斯科国际关系学院学习。我们住的宿舍就在离列宁山不远的第四契廖穆斯卡亚大街，去莫斯科大学不需乘车，步行即可。

17日是星期天，不上学。我和几个同学为了占到好的座位，很早就起了床，简单吃了点东西，急忙赶到莫斯科大学。只见不少中国同学正从四面八方赶来。幸好，我们来得不算晚，占了靠近主席台的好位置。不一会儿，礼堂就挤得水泄不通，连走廊、过道都站满了人。还有一部分人不得不到楼上俱乐部大厅分会场等候。但他们提出了条件，要求在分会场安装扩音器，还要请毛主席到俱乐部见大家一下。我国驻苏联大使刘晓答应了大家的要求。据估计，那天到会的有3000多人，其中有在莫斯科学习的本科生、进修生、实习生，还有部分军事学员。后来有一些外国同学听到消息后也挤到礼堂，希望一睹世界伟人毛泽东的风采。

上午 10 点左右，驻苏使馆留学生管理处负责人李滔宣布，请中宣部长陆定一作国内形势报告。陆定一的无锡口音很重，许多人听不懂，讲话进行了好几个小时，同学们有点坐不住了。但主要还是大家更想见毛主席，他能否来、何时来，还没有确切的消息，所以听报告思想不集中。大家不断向主席台递纸条，主持报告会的刘晓大使则不断地翻着看，微笑着对陆定一说："都是一个内容：要求见毛主席。"

后来听使馆的同志讲，其实毛主席对留苏学生很关心。他一到莫斯科就向刘晓大使询问我们的学习和生活情况。刘晓大使汇报说，我国有 4000 多名学生在苏联学习，绝大多数学习很刻苦，很优秀，同苏联人相处很好，并说，他们非常想见到毛主席。毛主席听后高兴地说："我也非常希望见到他们。我今年 5 月在北京就与到访的伏老（伏罗希洛夫）说过，我不想当国家主席，想到大学当一名教授。我非常愿意同青年们在一起，他们年轻、思想活跃、很开朗，常听听他们的意见很有好处。我想麻烦你这位大使去安排一下和学生们见面。"

陆定一的报告直到下午三点才结束。大家利用这一休息时间，吃了点随身带来的食品。这时刘晓大使向大家通报说，由于各国共产党、工人党代表会议进入关键阶段，工作十分紧张，昨天毛主席忙了一天，夜里又通宵工作一夜未眠，今天早晨才睡下，等毛主席醒后才能来会场见大家。这个消息使我们深受感动和鼓舞。毛主席太辛苦了，应当让他老人家好好睡一觉，只要他能来，我们等多长时间都行。

李滔同志向我们提出了三点要求：（1）为了毛主席的安全，不准往前挤，不准争着同毛主席握手；（2）不准照相；（3）前两排让位给军事学院的同学（主要是为了安全考虑）。前两排的同学来得最早，反而坐到最后面去了。我们在第五排，庆幸不需要后撤。

大家在继续耐心地等待着，谁也不愿离开座位。礼堂内不时响起《东方红》《歌唱祖国》《莫斯科—北京》等著名歌曲的嘹亮歌声。

二、希望寄托在你们身上

下午六点，水银灯突然都亮了起来，把会场照得如同白昼。歌声停了下来，每人都使劲地睁大眼睛向主席台望去。幸福的时刻终于来了，毛主席、邓小平、彭德怀、杨尚昆、胡乔木、乌兰夫等党和国家领导人在刘晓大使陪同下依次走上主席台。顿时全场的人都站了起来，"毛主席万岁"的欢呼声和暴风雨般的掌声响彻大厅。大家沸腾的情绪久久平静不下来。毛主席走到讲台的前沿，从左边走到右边，含笑着向大家频频招手问好，并示意大家坐下来，开始讲话。

毛主席的讲话完全不同于一般的政治报告，而是同大家聊家常一样，有问有答，欢声笑语，台上台下，连成一片。

1957年11月17日，毛泽东主席在莫斯科大学礼堂接见留苏学生并发表重要讲话。

毛主席的第一句话就是："世界是你们的，也是我们的，但是归根结底是你们的。"毛主席发现有些同学听不懂湖南话"世界"两个字，便用英文说："世界就是 world。"那时同学们会英语的不多，多数

1957年11月17日，莫斯科大学礼堂，毛泽东主席用生动简练、寓意深刻的话语向中国留学生讲述当时的国内、国际大事，表达对青年的希望。

人还是听不懂。毛主席又问刘晓大使："'世界'用俄文怎么说？"刘晓答："米尔。"于是毛主席就解释说："米尔是你们的，当然我们还在工作，在管理国家，米尔也是我们的。但是，你们看，我们都老了，好像下午三四钟的太阳，就要落山了。"（台下高呼："毛主席万岁！"）毛主席接着说，"你们青年人朝气蓬勃，正在兴旺时期，好像早晨八九点钟的太阳，希望寄托在你们身上，未来是属于你们的。"这时又响起暴风雨般的热烈掌声。

毛主席说："有些外国人说我们思想改造是洗脑筋。我看也说得对，就是洗脑筋嘛！我这个脑子也是洗出来的。参加革命后，慢慢洗，洗了几十年。我从前受的都是资产阶级教育，还有一些封建教育。孔夫子的书读了不少。我们那时根本不知道马克思、恩格斯，只知道华盛顿、拿破仑。你们就好了，你们很幸福，像你们这么大的娃娃就知道了马克思、恩格斯、列宁、赫鲁晓夫、多列士、杜克洛、陶里亚蒂等。我们那时对中国革命如何搞法，有谁知道？"

毛主席说："我们大家都要割尾巴。中国有句古话夹起尾巴做人。这句话很有道理。现在人都进化了，摸起来都没有尾巴了，但无形的

15

还有。青年人应具备两点：一是朝气蓬勃，二是谦虚谨慎。"

毛主席对我们还提出三点希望：

第一，要身体好，这是革命的本钱。他说，爬山和游泳是锻炼身体的好方法。他问大家："你们会游泳吗？"许多人回答："会！"毛主席说，在你们这个年纪，我已游过不少江湖河海，爬过不少山岳了。他列举自己游历过的江湖山岳的名字，并询问在场是否有来自那里的人。他每提到一个地方，台下就有人站起来，大声地回答："有！"台上台下笑语欢声，气氛十分活跃。毛主席说，爬山和游泳不仅能锻炼身体，也能多见世面，有利于接触老百姓和了解社会情况。要在全国推广，把国内的江河湖海中一切能游泳的地方，都开辟成游泳场，让广大人民群众去游泳。他还建议大家，利用留学机会到苏联各地去走走、看看，可以了解苏联人民的生活，建立友谊，增长知识。

第二，要学习好，学好建设国家的本领。毛主席说，苏联有许多先进的科学技术值得我们学习，要虚心向他们学习。他说，学习不一定每门课都考 5 分（当时苏联学校考试实行 5 分制），重点课考 5 分、4 分，非重点课考 3 分也可以。一个人的时间精力有限，与其门门功课平均用力，不如把力气花在重点课程上，不学则已，学就要把问题解决得透彻些。对次要课程了解个大概，及格就可以了。

第三，祝你们将来工作好，为国家做出有益的贡献。做好工作是不容易的，将来你们去当厂长、党委书记、校长、教授、工程师……试试看。一做工作，就会有错误，有错误就要认真地改。世界上就怕"认真"二字，共产党最讲"认真"。这是毛主席第一次提出这一著名论点。

三、纵论国内和国际形势

毛主席说，干部要到下面去，和群众打成一片，农民都说"老八路又回来了"。基层干部中只有百分之一有严重错误，脱离群众，绝大部分是好的。

毛主席说，我国现有人口六亿四千万，已经不是六亿了。要六亿四千万人齐动手，人人振奋，移风易俗，改造世界。如除四害（老鼠、苍蝇、麻雀、蚊子）的问题，不是个简单的事情。有人建议麻雀不要打，那就网开一面，城里的不打。这里有没有四川人？（台下有人答："有！"）四川的老鼠多得很。北京的苍蝇打完了，过了两年又有了。解决这个问题也要有决心。

毛主席说，真正的社会主义革命不是一朝一夕可以成功的。也许你们认为我国地大物博，人口众多，很了不起，可是要知道，我们中国是个大国，又是个小国。在政治上和人口上是大国，但在经济上是小国。我们现在生产力还很低，钢产量还比不上一个小国比利时呢！你们大概不高兴吧？（台下答："不高兴！"）但又有什么可以不高兴的呢？比不上就是比不上。苏联提出15年内要赶上美国。英共总书记波立特同志告诉我，15年后英国钢产能力为3000万吨。我国现在钢产量只有520万吨。那么，再过三个五年计划或多一些时间，就能超过英国。不过，按人均水平就不行了，因为我国人口比英国多二十倍。

毛主席说，现在是两头积极性高，一头是中央，一头是人民群众，中间一层干部积极性不是很高，要这么上下两头一夹（用拇指和食指做夹持状），才能把事情办好。要完成这个任务还要15年或者多一些时间。这个责任就落在你们身上了，你们重任在肩啊！

毛主席说，我也有个五年计划，再活五年，如能活十五年就心满意足了（台下高呼："毛主席万岁！"），能超额完成计划当然更好。可是天有不测风云，人有旦夕祸福，这也是自然辩证法。要是孔夫子现在还不死，两千多年前的人还活着，那还成什么世界？

毛主席在讲话中还介绍了国际形势和国际共产主义运动等问题，阐述了"东风压倒西风"和"中间地带"的思想。

毛主席用手指着自己的脑袋，问："你们有几个头？"大家答道："一个！"他说，我们社会主义阵营有一个头，就是苏联。我们的敌人也有一个头，就是美国。

毛主席说，马克思、恩格斯以后一百多年来，这次世界各国共产党、工人党代表会议是最盛大的一次，64 个国家的共产党都参加了。这几天 12 个社会主义国家领导人在开会，商量了许多事情。会议决定社会主义阵营以苏联为首。毛主席强调这一点是针对当时国际上有人提出社会主义阵营要以"苏、中为首"，表示我们不同意这一主张，坚持以苏联为首。

毛主席说，社会主义阵营和资本主义阵营的斗争"不是西风压倒东风，就是东风压倒西风"。毛主席问："你们读过《红楼梦》没有？"（有人答："读过。"）主席补充道，"这句话是林黛玉说的。"

毛主席说，十月社会主义革命是人类历史上一个大转折点。在人类历史上有很多转折点，如斯大林格勒战役是第二次世界大战转折点；苏联卫星上天，64 个国家的共产党在一起开会，这也是一个大转折。这是两个世界的斗争，西风压不倒东风，东风一定要压倒西风。

毛主席进一步指出，两个阵营，其中有个中间地带。西方世界有 4 亿人，其中有很多我们的人；那里会发生地震的。我们有 10 亿人，我们中间也有他们的人，这种人比较少。两方面都有对方的人，就好比宋末元初的书画家赵孟頫妻子管夫人的一首词里所说：

把一块泥，捻一个你，塑一个我。

将咱两个，一齐打破，用水调和。

再捻一个你，再塑一个我。

我泥中有你，你泥中有我。

这个比喻虽然不完全恰当，但有点是对的，即帝国主义阵营中有我们的人，我们这里也有他们的人。他们阵营中我们的人多，我们阵营中他们的人少。

毛主席说，全世界共有 27 亿人，减去我们这边 10 亿和帝国主义那边 4 亿，还有几亿呢？（台下答："13 亿。"）你们都是数学家，一下就算出来了。这13亿基本上分在三个洲，即亚洲、非洲和拉丁美洲。13亿中有7亿多已取得了民族独立，如印度、印度尼西亚、巴基斯坦、埃及、苏丹、突尼斯、摩洛哥，还有个黄金海岸，等等。在帝国主义阵营中，德、日、意不想打仗，也打不起来。美、英又不合作。这中间地带的13亿人由两个阵营争夺，他们大多数是倾向我们的。因为英、法有老殖民主义，美国有新殖民主义，我们什么殖民主义都没有，也没有在那里搞军事基地。

毛主席关于中间地带的战略思想，最早在1946年8月同美国记者安娜·路易斯·斯特朗的谈话中即已提出，在这次谈话中又进一步阐述了这一思想，改变了斯大林曾经提出的"孤立中间地带势力"的主张。

毛主席在主会场讲了一个半小时，随后又到分会场，见了在那里等候的几百名同学。在那里他讲了三句话：第一，青年人既要勇敢，又要谦虚；第二，祝你们身体好、学习好、工作好；第三，要和苏联朋友亲密团结。

四、视察留学生宿舍

毛主席讲完话后，还视察了莫斯科大学经济系女留学生的宿舍，和住在这里的同学们进行了亲切的交谈。询问她们的籍贯、父辈等有关情况。

毛主席得知坐在身旁的沈宁同学的父亲叫沈端先（夏衍原名沈乃熙，字端先）时，高兴地笑起来："是沈端先啊，他还有这么一个漂亮的女儿呐！"惹得大家都笑了起来。毛主席还询问了同学们的学习和生活情况，并鼓励道："要努力学习，建设祖国，加强和苏联师生的友谊。"

毛主席指着站在旁边的邓小平说："他还是你们的老学长哩！"这时坐在毛主席身边的苏红同学才发现人后面还站着小平同志，不好意思地站起来让座。毛主席却一把拉住她，打趣说："邓小平是党的总书记，让他为人民服务，站一会儿没关系。"小平同志操着浓重的四川口音说："我是1926年初由党组织决定从法国到莫斯科学习的。"同学们惊叹道："这么早啊，那时我们都还没有出生呢！"

毛主席见到房间桌子上有份《人民日报》，拿起来翻了翻，询问大家平时能看到国内哪些报纸，国内报刊到莫斯科需要几天……同学们一一做了回答。毛主席对远离祖国的同学们能经常关心国家大事感到十分高兴。

晚上八点多钟，毛主席离开学生宿舍，乘电梯下到一层楼，电梯门一打开就见到许多外国同学等候在那里，响起热烈的掌声。毛主席热情地同他们握手致意。正要往前走时，毛主席看见有两个外国青年手里举着什么东西从走廊那一头跑来，便停下脚步想看个究竟。原来是两个外国留学生，一个是捷克人，另一个是保加利亚人，他们每人

毛泽东主席参观莫大学生宿舍时与中国留学生苏红（中）、沈宁（右1）交谈（1957年11月）

1960 年 12 月，刘少奇主席在莫斯科受到中国留学生的热烈欢迎。

拿着一本俄文版的《毛泽东选集》赶来请作者签名留念。毛主席欣然满足了他们的愿望。他们高兴极了，回去后还得意洋洋地向其他人展示扉页上有毛泽东签名的书，说要把它留作纪念，终身珍藏。

毛主席在众多莫斯科大学师生的欢呼声中，恋恋不舍地离开了列宁山。据毛主席的俄文翻译李越然回忆说，在接见完留学生回克里姆林宫的途中，他问毛主席："您讲了很长时间的话，累不累？"主席挺起胸脯很愉快地说："你看我一点不累，跟这样生动活泼的年轻人在一起，我自己也显得年轻了。这些年轻娃娃在这里学成之后回国，都会成为国家有用的人才。"

五、我们没有辜负党和人民的期望

毛主席的讲话代表了党和先辈们对留学生的共同期望。新中国成立后，百废待兴，百业待举，急需大批建设人才。在西方国家对我国实行封锁的情况下，毛主席和党中央决定有计划地向苏联及东欧各社会主义国家派遣留学生，并很快同上述国家政府签订了有关协议。据

21

此，周总理主持制定了派遣计划，并成立了由聂荣臻、李富春和陆定一等人组成留学生派遣领导小组，负责具体工作。每年的派遣人数、专业比例等都要报周总理审批。在北京还成立了留苏预备部，负责对出国留学生的培训工作，为期一年。

据统计，从 20 世纪 50 年代至 60 年代，我国共向苏联派遣了留学生 9000 人，向东欧国家派遣了留学生 1000 余人，共 10000 多人。1952 年夏天，刘少奇同志对留苏预备部学员作了长篇讲话。他说，派你们留学是社会主义革命和建设的需要，你们去留学就是参加了革命。为派你们留学，国家在经济困难的情况下要支出很大一笔钱，派一名留学生的费用相当于 25 户到 30 户农民的全年劳动收入。

1958 年 8 月，在莫斯科国际关系学院学习的中国同学合影。

1953 年 7 月，周总理向留学苏联和东欧各国的学生语重心长地讲了"身体好、学习好、工作好"之外，还加了"纪律好"，被称为"四好"。他说，你们是新中国青年的代表，要遵守兄弟国家的法律和学习纪律，中国同学之间应订立规约，互相约束，养成集体观念，这是革命传统，希望同学们加以发扬。邓小平也多次强调，要重视留学生的工作，说"他们是国家的宝贵财富"，对回国留学生要加以重用。

正是毛主席等老一辈领导人的谆谆教诲和殷切期望使我们深刻地感受到留学机会难得、责任重大。我们下定决心学好本领，报效国家。我们以顽强的毅力和拼搏的精神，克服语言和其他方面的困难，废寝忘食地学习。平时没有休息日，活动地点就是教室、阅览室和宿舍，我们称之为"三点一线"。每天睡觉仅为 5 小时左右。平时考试成绩皆为优秀。外国同学好奇地发问："你们中国人为什么这样拼命学习？"他们不知道，我们每个人都怀有一颗炽热的发奋图强的爱国心！

留苏学生在集体农庄劳动。

在生活方面，我们也保持了简朴的优良作风。按国家规定，我们每月的生活费本科生为 500 卢布，研究生为 700 卢布，和其他国家同学比算是低的，但到月底外国同学却向我们借钱。我们把节省下来的钱一般都用于购买图书资料。按规定，研究生每年可公费回国探亲一次。但不少人为了节省国家经费，宁愿个人掏腰包购买火车票。

在异国他乡，大家团结友爱，互相帮助，遵守纪律，尊敬老师，虚心学习，保持了良好的作风，得到老师和外国同学的一致好评。在国外，我们认为自己都是祖国形象的代表，对她不能有丝毫的玷污！我们以自己对祖国的忠诚、良好的道德风范、刻苦学习的精神在苏联、东欧人民心中留下了深刻美好的印象，播下了友谊的种子。

我们学成回国均无条件地服从国家的分配，不计个人名利，高兴地奔赴祖国最需要的地方和岗位，无私地奉献自己的才智和青春，在几十年的岁月里，经过探索、磨炼成为社会主义建设的骨干和中坚力量。我们之中不乏科学带头人、著名学者、艺术家，其中不少人成为国家、部门、行业的领导人和决策者。截至2009年，在留苏学长中有96位入选中国科学院院士，103位入选中国工程院院士，5位入选中国社会科学院学部委员，12位为荣誉学部委员。其中有6位是双院士。特别是有4位留苏学长荣获国家最高科学技术奖，他们是：金怡濂，我国巨型计算机事业开拓者之一；王永志，我国载人航天功勋科学家；谷超豪，我国著名数学家；孙家栋，我国著名航天技术专家。我们为他们感到无上光荣和自豪。留苏学生没有辜负毛主席等老一辈革命家的信任与重托，没有辜负祖国人民的培养和期望。

（注：本文系根据笔者以及我国当时驻苏使馆同志、部分留苏同学的记录和回忆综合而成，并吸收了由朱训主编、中国青年出版社于1997年10月出版的《希望寄托在你们身上——忆留苏岁月》一书中的有关资料，在此一并致谢。）

周恩来总理的谆谆教诲

那是 1969 年 12 月北京的一个晚上，寒风刺骨，滴水成冰，但我却感觉心里温暖如春，陶醉在一种期待的激情之中。当晚，周恩来总理要接见即将出国工作的同志，其中有回国参加"文化大革命"运动后准备重返驻外使馆的使节们，如我国驻阿尔巴尼亚大使耿飚和驻法国大使黄镇等，也有新派出国的一些同志，我属于后一类，我将去驻古巴使馆工作。

当时外交部在东交民巷办公，分成两部分，大部分人集中在原六国饭店（后因火灾被毁，改建为宿舍楼，即现在的东交民巷 30 号）和苏联专家楼（即现在的华风宾馆）搞运动，称为"运动班子"；少部分人在东交民巷 15 号（后称西哈努克宾馆）搞业务，称为"业务班子"。我在由原来的美澳司、西欧司和国际司合并而成的欧美司工作，是司

2002 年 5 月，作者在淮安周恩来总理纪念馆前留影。

领导小组成员，后来被组织派去古巴使馆工作。这是我进外交部后第一次出国工作。

我们出国人员加上部、司有关领导共 40 多人参加了接见。我们分乘两辆面包车从东交民巷 15 号出发，不一会儿就到了中南海北门。进门下车后，由一位中南海安全人员按事前外交部报送的参加接见人员名单，点名核对后才放行。

周总理照例是在简朴的西花厅会议室接见我们。我已好久没有聆听周总理讲话了。他还是穿一身旧的灰色中山装，看上去比以前瘦多了，见此情景我不觉一阵心酸。平时总理日理万机，为国家和人民而操劳，特别是在"文化大革命"期间还要应付林彪和江青反革命集团的捣乱和破坏，怎能不消瘦呢！在这种情况下他老人家还抽时间接见我们出国人员，又怎能不使人感动呢！

为了认识到会的人，总理总要按名单点名，点到谁，谁就站起来，有时还要问几句话。当点到我时，问我是哪里人，我说是苏北人，总

50 年后重返淮安，在周总理故居前留影。

理"噢"了一声，说，"那我们是同乡了。"由于人多我不好意思多占总理的时间，没有多说。

其实，我还在总理老家淮安上过学，我1950—1953年在淮安师范读书。总理的婶母一直住在淮安老家。她有时要到北京住一段时间。她回淮安后，我们学校有几个同学（我是其中之一）都要去看望老人家，听她讲有关北京的故事。我印象特别深的是，1951年过完春节开学后不久，听说总理的婶母从北京回来了，我们又去看望她老人家。她住在普通的四合院平房里，坐北朝南。她特别喜欢青年人，见到我们显得特别高兴，还用从北京带回来的糖果招待我们。她说，总理特别忙，在北京也不是每天能见到他。但总理和邓颖超都非常孝顺，很了解老人的心理。婶母信奉佛教，多年养成烧香敬佛的习惯，问总理要不要改掉这个习惯，因为他是总理，怕人说闲话，影响不好。总理听了哈哈大笑说，宗教信仰自由嘛，是公民的权利，你老人家也有这个权利，想烧香就烧吧，你已经这样大年纪了，还能烧几年？这样就打消了婶母的顾虑，所以她后来继续烧香敬佛。邓颖超常到婶母处看望，亲自关照其饮食起居，并多次表示对不起婶母，不能在身边照顾老人家。总理的婶母还对我们说，朱德总司令常到总理家去，他是个很随和的人，每次到北京碰到他，都和她聊家常。

总理点名后，接着就做了重要指示。总理主要对"文化大革命"期间外交工作中的极"左"思潮进行了批评。他说，"文化大革命"以来大部分驻外使节及其他外交人员被先后分批调回参加运动，对了解国内情况、总结工作经验教训、学习和提高思想水平是有好处的，但不能长期离开使馆，现在我国驻外使馆工作人员太少，影响了外交工作的正常进行。你们要尽快出去，充实使馆的力量。外交工作是一条重要战线，不可或缺。总理说，今后要继续执行独立自主和平外交政策，按照和平共处五项原则同各国搞好关系。总理批评外交领域的极"左"言行是"四面出击，到处树敌"，是无政府主义和大国沙文主义。总理还强调，要加强调查研究，把驻在国和地区形势的发展变化及时报回，特别是一些重点使馆还要关心国际全局，报回你们前线

的看法，当好国内的参谋。另外，总理还就一些国家具体工作做了交代。

"文化大革命"不仅使国内的经济建设和文化教育受到了很大的破坏，也使外交工作受到了严重干扰。林彪伙同江青、康生等人，凭借手中的权力煽动极"左"思潮，插手外交工作，把新中国17年来的外交路线污蔑为"三降一灭"（即向帝国主义投降，向修正主义投降，向各国反动派投降，扑灭人民革命），还支持"造反派"夺权，使中央外交大权曾一度旁落，出现了一些违反外交政策的过激行动，如在北京发生了"三砸一烧"（即砸印度、缅甸、印尼驻华使馆和火烧英国代办处）外国驻华机构的严重事件，驻外机构也发生了一系列极"左"行为，致使中国同已建交或半建交的40多个国家中的30个国家在一年多的时间里先后发生了严重的外交纠纷。周总理在处境十分困难的条件下，对极"左"错误思潮进行了坚决的抵制和斗争，在做了大量的补救工作之后，才使外交工作逐渐恢复正常。另外，当时国际形势也发生了新的变化，中美关系出现了解冻的迹象。我国对外关系将有较大的发展。

正是在上述背景下，从1969年下半年起，回国参加"文化大革命"的外交人员陆续返馆并新派出一批干部出国工作。周总理讲话的中心思想就是要进一步纠正外交领域其中包括驻外使馆存在的极"左"思潮，为恢复同各建交国的友好关系和开展外交工作新局面做好思想和组织上的准备。

周总理的重要指示句句都讲到了我们的心坎里。大家本来就对极"左"思潮及其造成的严重后果深恶痛绝，听了周总理的讲话都十分激动，暗下决心出国后坚决贯彻执行毛主席和周总理制定的我国外交路线和政策，把各项工作做好。

习近平主席拉美之行及其重要指示

国家主席习近平于 2014 年 7 月 15 日至 16 日出席在巴西举行的金砖国家领导人第六次会晤后，于 17 日至 23 日对巴西、阿根廷、委内瑞拉、古巴四国进行了国事访问，并在访问巴西期间出席了中国—拉美和加勒比国家领导人的会晤，宣布成立中拉合作论坛。这是习近平任国家主席后第二次访问拉美（第一次是 2013 年 5 月 31 日至 6 月 6 日，习近平主席应邀对特立尼达和多巴哥、哥斯达黎加、墨西哥进行了国事访问），访问取得了圆满成功。这是一次具有里程碑意义的历史性访问。

一、访问巴西

2014 年是中国同巴西建交 40 周年，习主席对同罗塞芙总统在会谈中对双边关系的顺利发展和取得的丰硕成果，表示满意和高兴。1993 年两国建立战略伙伴关系，2012 年提升为全面战略伙伴关系，这次双方又发表了《关于进一步深化中巴全面战略伙伴关系的联合声明》，把两国友好合作关系推向新的、更高的发展阶段。双方同意把 2010 ~ 2014 年的共同行动计划延期至 2021 年并签署了 56 项合作文件，中方承诺投入 350 亿美元，投资涉及油气、电力、矿业、铁路、港口、农牧业、工业、文化、司法、教育、体育等各个方面。双方强调加强基础设施建设、科学创新、航空航天、生物技术和信息通信等领域的合作。中国将采购巴西 60 架 E190 飞机。中国将在巴西累西腓设立总领事馆，中国国际贸易促进会在巴西设立代表处。中国还同巴西和秘鲁一致同意合作修建一条连接太平洋和大西洋的 5700 公里长的两洋铁路。

中国和巴西 2013 年的贸易额已达 900 亿美元。中国是巴西第一大贸易伙伴，巴西是中国在拉美的第一大贸易伙伴。两国友好合作有着美好的前景。

二、访问阿根廷

习主席同克里斯蒂娜总统进行了坦诚的会谈，此次会谈富有成果。双方决定将 2004 年建立的战略伙伴关系提升为全面战略伙伴关系。阿根廷表示坚定奉行一个中国政策，支持两岸关系和平发展和中国政府为实现国家和平统一所做的一切努力。中国重申坚定支持阿根廷对马尔维纳斯群岛的主权要求，支持根据联合国相关决议，重启有关谈判和平解决这一问题。两国签署了首份共同行动计划、经济和投资合作框架协议、关于基础设施领域和产业投资合作的补充协议、关于两国合作在阿根廷建设重水堆核电站和水电站以及铁路建设的协议、关于互设文化中心谅解备忘录等 19 项合作文件。根据协议，中国将向阿根廷提供 175 亿美元贷款。两国央行间还达成 110 亿美元本币互换协议。

中阿 1972 年 2 月建交以来关系发展顺利，两国高层互访不断。2013 年双方贸易额达 148 亿美元，是建交之初的 2400 多倍。中国是阿第二大贸易伙伴和主要投资来源国。

三、访问委内瑞拉

习主席同马杜罗总统就双边关系和共同关心的国际问题交换了意见，达成了重要共识，并决定将两国关系提升为全面战略伙伴关系。双方重申遵守尊重主权和领土完整、不干涉他国内政等国际法基本原则，反对任何国家和组织企图破坏两国独立及政治和社会稳定的单边主义行径，主张将通过和平方式解决争端作为处理国家间关系的指导原则。委内瑞拉重申坚定奉行一个中国政策，支持两岸关系和平发展与中国和平统一。中国理解并尊重委内瑞拉继承解放者玻利瓦尔遗志，奉行独立自主的外交政策，重视委内瑞拉在拉美事务中发挥的重要作用。双方签署了涉及能矿、金融、基础设施建设、农业、高科技等领域共 38 项合作文件，中国将向委内瑞拉贷款 175 亿美元。

中国同委内瑞拉于 1974 年 6 月建交。40 年来，双边关系得到全面高速发展。至今共签署了 400 项合作协议，其中大部分是在委前总统查韦斯执政期间签署的。中国通过于 2007 年设立的中委联合融资基金，共向委提供 400 亿美元。

四、访问古巴

这是习主席拉美之行的最后一站。习主席同古巴国务委员会主席兼部长会议主席劳尔·卡斯特罗在亲切、友好、诚挚的气氛中，回顾了中古关系发展历程，规划了两国关系未来。双方还达成了重要共识，同心携手，开创两国互利友好合作新局面。习主席表示，古巴是与中国建交的第一个拉美国家。中古自 1960 年建交，54 年来，两国志同道合，始终坚持共同理想信念，在建设社会主义道路上同舟共济，休戚与共，真诚相待。中国珍视中古传统友谊，不论国际风云怎么变，坚持长期友好是中国坚定的方针。中国坚定支持古巴走社会主义道路，将一如既往支持古巴人民维护国家主权的正义斗争。为了支持古巴进行经济社会政策调整，中国愿意向古继续提供力所能及的帮助。劳尔表示，中国是伟大的国家，坚信中国一定能够在中国共产党的领导下，取得中国特色社会主义事业的成功，中国的发展一定能够为促进世界和平与人类进步做出更大贡献。古巴感谢中国一贯坚决支持古巴，为古巴仗义执言。古巴坚定支持中国维护国家主权、安全、领土完整的斗争，愿同中国加强各层级交往，交流互鉴建设社会主义经验。访问期间，双方签署了多项合作文件，涉及经贸、农业、能源、矿业、融资、生物技术、通信、基础设施建设、卫生、文化、体育等领域，中国向古巴提供贷款援助。习主席还向古巴赠送了辣木和桑树种子。

习主席还探望了古巴革命领袖 88 岁高龄的菲德尔·卡斯特罗，表示中国人民不会忘记他为中古友好关系的发展做出的重要贡献，并祝他健康长寿。菲德尔表示："我怀念同中国的友好交往，相信在习近平主席和古巴领导人引领下，古中关系将取得更加丰硕成果。"他还表示，当前国际格局正在发生深刻变化，新兴市场国家和广大发展中国家群体性崛起，这会对世界产生重大而深远影响。中国发展必将为

促进世界和平与发展发挥重要作用。

习主席访问期间，中国同上述四国共签署了 150 余项合作文件，涉及金额 700 亿美元。

五、出席中拉领导人会晤

习主席这次拉美之行的最大亮点是出席在巴西举行的中国—拉美和加勒比国家领导人首次会晤，宣布成立中拉合作论坛。

2011 年 12 月拉美和加勒比国家共同体（简称"拉共体"）成立后，中国就考虑以此为平台推进同拉美整体合作，并于 2012 年 6 月提出成立中拉合作论坛的倡议，得到拉美国家的积极响应。2014 年 1 月，在古巴召开的拉共体第二次峰会上通过了支持成立中拉论坛的声明。在这次中拉领导人首次会晤中又通过联合声明，宣布正式成立中国—拉共体论坛，致力于发展中国和拉共体国家的全面合作伙伴关系，尽早在北京举行论坛首届部长级会议，审议和通过具体运行机制，制定《中国与拉美和加勒比国家合作规划（2015—2019）》。出席这次会晤的有 17 个国家（中国、巴西、哥斯达黎加、古巴、厄瓜多尔、安提瓜和巴布达、阿根廷、玻利维亚、智利、哥伦比亚、圭亚那、墨西哥、巴拉圭、秘鲁、苏里南、乌拉圭、委内瑞拉）的元首和政府首脑或特别代表。

习主席在会上发表了以"努力构建携手共进的命运共同体"为题的主旨讲话。他在讲话中倡议：努力构建政治上真诚互信、经贸上合作共赢、人文上互学互鉴、国际事务中密切协作、整体合作和双边关系相互促进的中拉关系五位一体新格局。共同构建"1+3+6"合作新框架，即：一个规划，以实现包容性增长和可持续性发展为目标，制定中拉合作中长期规划；三个引擎，以贸易、投资、金融合作为动力，推动中拉务实合作全面发展，力争 10 年内中拉贸易额达到 5000 亿美元，中国对拉美投资存量达到 2500 亿美元；六大领域，即以能源资源、基础设施建设、农业、制造业、科技创新、信息技术为重点，推进中拉产业对接，互利合作深入发展。

1985 年 3 月，作者同陈光参赞及夫人陆申娟在波哥大合影。

习主席宣布，为推动上述领域互利合作，中国将正式实施 100 亿美元中拉基础设施建设专项贷款，并将这一额度增至 200 亿美元。中国还将向拉共体国家提供 100 亿美元优惠贷款，全面启动中拉合作基金并承诺出资 50 亿美元，主要用于重点合作领域。中国还将正式实施 5000 万美元的中拉农业合作专项基金。中国在未来 5 年向拉共体国家提供 6000 个政府奖学金名额、6000 个赴华培训名额以及 400 个在职硕士生名额，邀请 1000 名拉共体国家政党领导人赴华访问交流，于 2015 年启动"未来之桥"中拉青年领导人千人培训计划。中国倡议于 2016 年举行"中拉文化交流年"。中国愿意在中拉论坛框架内同拉美和加勒比区域组织和次区域组织开展对话合作。

中国同拉共体签署的合作项目涉及金额 350 亿美元，加上同其他被访拉美四国签署的合作项目资金 700 亿美元，共 1050 亿美元。这是历史上中国承诺向拉美投入最多的一笔资金，可见中国对该地区的重视。

习主席的上述讲话和宣布的中方承诺具有十分重要的现实和历史意义，是指导中拉关系发展的纲领性文件，受到拉共体国家的普遍欢迎和高度赞扬。

拉共体多数国家由于受美欧金融危机的影响，目前正处于经济十分困难之际中国慷慨地伸出援助之手，如同雪中送炭，是及时雨。中拉论坛的成立将推动中拉友好合作关系上一个新的台阶，也是我国外交布局中一件大事，具有里程碑意义。

拉美国家拥有 2140 万平方公里面积，5.5 亿人口，自然资源极其丰富，经济发展具有较高水平，被称为"发展中国家的发达地区"，在国际上的地位越来越重要。中拉共同点很多，在经贸方面互补性很强。2013 年中拉贸易额已达 2616 亿美元，我国在拉美投资达 700 亿美元。中国已成为拉美第二大贸易伙伴和第三大投资来源国。中拉关系已建立了坚实基础，面临着重要的发展机遇期，双方都有发展合作的强烈愿望，因此具有十分美好的前景。

古巴篇

第一个同新中国建交的国家

中古两国人民之间的友好关系可以追溯到 1847 年 6 月 3 日，首批 206 名契约华工抵达古巴。那时古巴是西班牙的殖民地。由于当地大批土著印第安人被杀害，劳动力极度匮乏，殖民者除从非洲贩运黑奴以外，还将鸦片战争以后流离失所的中国人也视为他们的掠夺对象。据统计，至 1874 年被人口贩子骗到古巴的华工达 15 万人之多。太平天国运动失败后，清政府还把不少政治犯卖到古巴做苦力。20 世纪初，在古巴的中国人已增到 20 万～30 万人。他们同古巴人民同甘苦，共患难，为古巴的独立和建设事业做出了重要贡献，得到古巴政府和人民的高度赞扬。1931 年 10 月 10 日，古巴政府和人民在哈瓦那海滨大道北边建了一座 18 米高的黑色圆柱形大理石华人纪念碑，上面写着："在古巴独立战争中，没有一个古巴华人是逃兵，没有一个古巴华人是叛徒。"就是中古友好关系的一个最好的证明。

1959 年 1 月 1 日，以菲德尔·卡斯特罗为首的古巴起义军攻占了古巴首都哈瓦那，推翻了美国傀儡巴蒂斯塔的独裁统治，建立了古巴革命政府。对古巴革命的胜利，中国人民感到欢欣鼓舞。1 月 25 日，北京各界一万多人隆重集会，庆祝古巴人民革命斗争取得的伟大胜利。毛泽东主席在一次同外宾谈话中赞扬古巴革命说："这么个小国敢于在美国身旁搞革命，所以研究古巴的经验很有必要，古巴革命有世界意义，整个拉丁美洲人民都欢迎古巴的人民政权。"我当时正在莫斯科国际关系学院学习，对古巴革命的胜利感到欢欣鼓舞，并同苏联同学一起参加了学院举行的庆祝活动。

一、特殊的建交方式

新中国成立后，古巴一直同中国台湾当局保持"外交关系"，但古巴革命领导人已经意识到要断绝同台湾的"外交关系"，同中华人民共和国建立和发展友好关系。1959 年 3 月 12 日，古巴革命指导委员会领导人福雷·乔蒙发表电视讲话，主张承认中华人民共和国并同蒋介石政权断绝关系。1959 年 4 月，新华社记者孔迈和庞炳庵经古巴政府同意常驻古巴，并在哈瓦那建立了新华社古巴分社。同年 7 月 13 日，古巴革命武装部长劳尔·卡斯特罗在会见中国新闻工作者代表团团长姚臻时提出，希望中国派一位比较重要的干部来哈瓦那领导新华社哈瓦那分社，把哈瓦那分社作为非正式的中国官方代表机构进行各种联系，逐渐代替台湾当局的"大使馆"，等水到渠成时再正式建立外交关系，开设新的大使馆。中方对此很重视，立即决定时任上海市政府秘书长的曾涛出任新华社驻哈瓦那分社社长。菲德尔·卡斯特罗对曾涛说："我们把你看作是中国的大使，你什么时候想见我就来好了。"

1959 年 12 月，中国同古巴签订了贸易合同，从古巴购买 5 万吨原糖。1960 年 7 月，由外贸部副部长卢绪章率领的中国政府贸易代表团访问古巴，同行的还有中国文化代表陈忠经。中古双方签订了为期 5 年的贸易协定、贸易支付议定书、文化合作协定和科技合作协定，还商签了总额为 1300 万英镑的贸易合同。根据协议，中国购买 50 万吨古巴原糖，古巴从中国进口大米和日用消费品。以上协议对缓解由于美国的经济封锁给古巴造成的困难起到了一定的作用。

1960 年 8 月 28 日，在美国操纵下，第七次美洲国家外长会议通过了《圣约瑟宣言》，攻击古巴革命，干涉古巴内政，诬蔑中国和苏联等社会主义国家。《圣约瑟宣言》激起古巴人民的极大愤怒。同年 9 月 2 日，哈瓦那举行了有百万人参加的古巴人民全国大会。卡斯特罗在讲话中强烈谴责美帝对拉美各国的长期压迫和剥削，以及对古巴革命的干涉和破坏，表达了古巴人民誓死捍卫民族独立和国家主权、坚持本国革命事业的坚强决心，同时感谢中国和苏联对古巴革命提供的无私援助，驳斥了《圣约瑟宣言》对中国和苏联的诬蔑。他高声地对与会者说："古巴革命政府愿意提请古巴人民考虑是否同意同中华人民共和国建立外交关系？"会场上百万人举起双手，大声回答："同意！同意！"欢呼声持续了好几分钟。这时，卡斯特罗宣布："中国代表已经在这儿了！"他走到坐在前排的曾涛身边，两人手拉着手并高高举起，大声宣布："从现在起，古巴断绝同蒋介石傀儡政权的外交关系！"广场上顿时掌声雷动，同声高呼："中国！中国！"大会通过了著名的《哈瓦那宣言》。中古建交的决定也写进了该宣言。同日，古巴政府颁布法令，宣布断绝同台湾的"外交关系"。

1960年9月8日，中国政府指派曾涛为中方代表，负责和古方代表副外长荣巴尔谈判两国建交问题。谈判进展非常顺利，很快达成建交协议。9月28日，双方同时发表了建交联合公报，中古两国正式建交。

二、中古关系蜜月期

古巴成为第一个同新中国建交的拉丁美洲国家。周恩来总理向卡斯特罗总理发去了贺电，热烈庆祝两国建交，并郑重声明："如果必要，中国政府和人民将给予为自由而战斗的古巴人民一切必要的支援。"周总理称古巴为"大西洋中的一颗明珠"，古巴革命"在美国的后院打开了一个缺口，是全世界人民最钦佩的事"。不久，中国首任驻古巴大使申健和古巴驻华大使桑托斯分别到任履新。

1961年初，正当美国入侵古巴的危险日益逼近的时候，毛泽东主席破例出席了古巴驻华大使举行的国庆招待会，他对古巴大使说："你们会胜利的，中国人民决心从各方面采取一切必要的措施来支持古巴人民的正义斗争。"同年7月，毛主席给古巴《革命报》题词："古巴人民革命的伟大胜利为拉丁美洲各国人民的民族民主运动树立了光辉的榜样，并大大地鼓舞了世界上一切被压迫民族争取解放的斗争。中国人民把古巴人民革命斗争的伟大胜利看作是对自己的一个有力支持，古巴人民在反对美帝国主义的侵略、维护民族独立和建设自己国家的伟大事业中，将永远得到六亿五千万中国人民的全力支持。"

中古建交后，两国政治、经济、文化交流蓬勃发展。在中国出现了"古巴热"，在古巴出现了"中国热"。1960年11月17日至12月1日，古巴国家银行行长格瓦拉率古巴政府代表团访华，受到毛主席、周总理的分别会见。李先念副总理与格瓦拉代表各自政府签署的协议规定，中国向古巴提供6000万美元无息贷款，用于帮助古巴建设24个工农业项目；中国购买古巴原糖100万吨，并接受对200名古巴技术人员培训的任务。中国尽管正处"三年经济困难"期间，还是向古巴提供了20万吨大米的援助。上述援助对遭受美国经济封锁的古巴来说有着重要的意义。

1960年11月，周恩来总理、李先念副总理设宴招待到访的古巴国家银行行长格瓦拉（左1）一行。

　　1961年4月，美国派飞机轰炸哈瓦那、圣地亚哥等地，继而于17日派1000多名雇佣军在古巴吉隆滩登陆，武装入侵古巴。古巴军民奋起反击，经过72小时的激战，一举全歼入侵的敌人，史称"吉隆滩事件"，或"猪湾事件"。中国政府多次发表严正声明，强烈抗议美国对古巴武装侵略，指出这是美国破坏世界和平的又一滔天罪行，表示坚决支持以菲德尔·卡斯特罗总理为首的古巴革命政府和古巴人民反对美帝侵略的爱国正义斗争。4月21日，在北京举行了有10万人参加的首都各界人民支持古巴人民反对美帝国主义武装侵略大会，全市50万人收听了大会实况广播。同时，全国10多个大城市也举行了支持古巴的群众集会和游行示威活动。我和外交部的同志也参加了

有关活动，和大家一起高呼"要古巴，不要美国佬"的口号。古巴人民在卡斯特罗的领导下取得了吉隆滩战役的伟大胜利，中国人民都为之高兴。

1984 年春节期间，作者夫妇参观古巴吉隆滩博物馆时合影。

作者和同事傅元聪（右）在古巴吉隆滩合影。1961 年 4 月，美国雇佣军就是从这里登陆古巴的。

1962 年 10 月，发生了举世瞩目的"加勒比海危机"，又称"导弹危机"，一时间美苏两个核大国剑拔弩张，加勒比海上空战云密布，古巴面临生死存亡的考验，世界和平受到严重的挑战。面对这一严峻的形势，古巴针锋相对，毫不退缩，提出了保卫国家主权的正义要求，反对任何有损古巴独立、主权和尊严的行为。中国政府连续发表了几次声明，表示坚决支持古巴的正义要求。北京市民数日潮水般地涌向古巴驻华大使馆，声援古巴人民的斗争。"要古巴，不要美国佬"的口号声再次响彻云霄。古巴顶住了美苏压力，捍卫了国家主权和尊严。

1963 年 10 月，古巴遭到飓风袭击，全国一半以上土地遭灾，人员财产损失严重。中国立即向古巴提供了价值人民币 7000 万元的救灾物资，其中包括 5000 吨粮食、3000 吨猪肉和药品等紧缺物资。古巴外长罗亚代表古巴政府表示："在古巴人民痛苦的时刻，这一实质性的援助极为重要，是对古巴的重大支持。"

古巴革命政府一贯支持中国人民祖国统一的神圣事业，始终坚持一个中国的立场。古巴非常慷慨地向中国提供了石油、制糖、纺织、建筑等方面的尖端技术资料。中国初期的东方红炼油厂的大型炼油设备就是参照古巴提供的技术资料建成的。古巴还向中国提供了奶牛、牛蛙的良种和饲养技术，这对中国经济建设起了重要作用。古巴还为中国培养了 100 多名西班牙语干部，他们中许多人成了新中国建设事业的骨干。周恩来总理引用中国一句古代格言来形容中古之间的战斗友谊："易求无价宝，难得有心人。"人们称这一时期为中古关系"蜜月期"。

三、中古关系低潮期

60 年代初期，中苏两党关于国际共产主义运动的分歧日益公开化，一直面临美国封锁和侵略威胁的古巴感到为难。它希望社会主义阵营保持团结，既同苏联发展友好关系，又维持与中国的友谊。1964 年初，卡斯特罗总理对申健大使说："古中关系是很密切的，有很多一致的地方"，"我们对中国没有怨言"，"我们永远感激中国对我们的援助"；

另一方面又表示："古巴处境同中国不一样，能活动的余地很小"。这就表明，古巴受到来自苏联方面的压力较大，而古巴又需要依靠苏联的援助来对抗美国的封锁和干涉。古巴从中调停，希望中苏停止论战，但这在当时已不可能。毛泽东主席认为这场论战"要进行一万年"。两国分歧逐渐加深，关系进入低潮期。

在这一时期，中古两国互相人员往来很少，矛盾时有发生。我当时在使馆一直担任调研室主任，要跟踪形势，几乎每天都会从当地报刊上看到一些批评中国的消息和文章。起初感到憋气和恼火，但慢慢也就习以为常了。我们平时和古巴人来往也受到监视。有一次，我们称为"大刀"（因他会用中文唱《大刀进行曲》而得名）的多年同中国友好的古巴朋友打电话给我，说从农场弄到一只火鸡，自己还制作了米酒，邀请我去他家品尝。当时古巴人的生活很困难，好不容易弄到一只火鸡，还请我去品尝，我非常感动。盛情难却，我就和使馆赵荣宪同志（当时按国内规定，驻外人员外出要二人同行）带着一些礼品，按约定时间到"大刀"家里。我们刚坐下，"保革会"（即保卫革命委员会，是古巴行政基层组织，类似中国的居民委员会）的人就打电话来问他："你家来的什么人，来干什么的？"他都如实回答了。我们真的过意不去，给他带来麻烦。但他说："没关系，我们是朋友。"

另外，每当出席有古巴领导人讲话的活动时我们就比较紧张，当听到有反华内容时必须进行反驳或退场以示抗议，否则就是犯政治错误，要受到批评，所以要特别注意听。有一次，我们使馆的一位领导出席一个会议，翻译由于过分紧张，当听到古巴领导人讲话中提到"中国"两字时，就说"反华了"，我们的同志就立即起身退场。事后得知古巴领导人在讲话中并未反华，结果闹了一场笑话。

有一次，王占元大使派我作为中方代表参加在哈瓦那举行的支持巴勒斯坦人民斗争的国际会议，古巴代表在会上发言带头反华，说"中国背叛了巴勒斯坦人民的正义事业"。我因为事前已有思想准备，便作了即席发言，对古方讲话进行了反驳："中国政府和人民一贯支持巴勒斯坦人民争取恢复合法民族权利的正义事业，这是全世界有目共睹的。中国人民和巴勒斯坦人民之间的传统战斗友谊是任何人破坏不了的。"我的发言得到不少国家代表的同情和支持，后来会上再未出现反华言论。

我来古巴之前，有同志对我说："去古巴坐冷板凳要有耐心啊！"对此，我不以为然，到古巴后才体会到坐"冷板凳"的滋味。我想但愿能把这个冷板凳坐热。

四、两国关系的恢复发展期

70年代初，我国外交领域的极"左"思潮得到纠正，对外关系开始活跃。1970年5月1日，古巴驻华临时代办加西亚应邀到天安门城楼观看庆祝五一国际劳动节的活动，毛泽东主席对他说："要古巴，不要美国佬！"这是中国要同古巴改善关系的信号。1971年1月2日，加西亚举行庆祝古巴国庆招待会，周恩来总理、李先念副总理和全国人大常委会副委员长郭沫若一同出席。这是1966年以来周总理第一次出席古巴国庆招待会，是一个明显的友好表示，重要的外交行动。周

1995年12月，江泽民主席陪同来访的古巴国务委员会主席菲德尔·卡斯特罗参观深圳中华自行车厂。

总理对加西亚说："70年代中古两国和两党关系将掀开新的一页。"1971年4月23日，加西亚任满回国前，周总理接见了他，并同他进行了长时间的友好谈话。两国又互派了新大使。但当时古巴与苏联正保持着密切的关系，而中苏矛盾仍非常尖锐，古巴对中国调整对美关系，邀请尼克松访华又很不理解，因此中古关系未能得到实质性的改善。

进入80年代，随着国际形势的变化，两国关系开始好转，贸易和文化领域交流增加。1989年古巴外长马尔米耶卡和中国外长钱其琛实现互访，两国关系逐渐恢复。

90年代，两国友好关系有了新的发展。1993年11月21日至22日，时任国家主席江泽民正式访问了古巴。1995年11月29日至12月8日，古巴国务委员会主席兼部长会议主席菲德尔·卡斯特罗对我国进行了国事访问。两国关系实现全面正常化。

五、两国关系进入成熟期

进入21世纪，两国关系又上了一个大的台阶。两国高层互访不断。时任国家主席胡锦涛于2004年11月和2008年11月两次访问古巴。国家主席习近平于2014年7月访问古巴。古巴国委员会主席兼部长会议主席菲德尔·卡斯特罗和劳尔·卡斯特罗分别于2003年2月和2012年7月访华。双方一致表示，愿以和平共处五项原则为基础处理国家之间的关系。菲德尔·卡斯特罗说，中国在保持国家稳定和发展经济方面所取得的成就及其经验不仅使古巴从中受益，而且对全世界也很重要。两国领导人的多次互访和会谈，增进了互相了解和信任，有力地促进了两国关系不断向前发展。目前中国是古巴第二大贸易伙伴，古巴是中国在加勒比地区第一大贸易伙伴。据中国海关统计，2014年中古贸易额为13.96亿美元，其中中国出口10.63亿，进口3.33亿。中国主要出口机电产品、钢材、高新技术产品、汽车等，进口镍、食糖、酒类等。中古双方在文化、体育、科技、军事等各个领域均有着良好的合作关系，两国关系进入"成熟期"。

中国和古巴同属社会主义国家，有着许多共同点，经贸关系互补性较强，双方都有发展关系的强烈愿望，因此两国友好合作关系的发展前景十分美好。

古巴总统多尔蒂科斯访华

1961 年 9 月 22 日至 10 月 3 日，应时任国家主席刘少奇的邀请，古巴总统奥斯瓦尔多·多尔蒂科斯对中国进行了友好访问，并参加了中国建国 12 周年的庆祝典礼。这是第一位古巴国家元首来访，也是来访的第一位美洲国家元首。双方对此次访问都十分重视。我有幸参加了这次接待工作。

多尔蒂科斯是在古巴处境十分困难的情况下访华的。1959 年初古巴革命胜利后，美国对古巴施加强大的政治压力、严厉的经济封锁，并进行各种颠覆破坏活动，企图扼杀古巴革命。美国还组织雇佣军于 1961 年 4 月 17 日对古巴进行了武装入侵，遭到可耻失败。但在这次战斗中古巴人民也付出了很大的牺牲和代价，使原来就很困难的经济形势雪上加霜。

正是在这种情况下，古方通过中国驻古大使申健提出，多尔蒂科斯总统在出席 1961 年 9 月 1 日至 6 日在南斯拉夫举行的不结盟国家会议之后访问中国。古方提出主要商谈以下三个问题：

第一，从长期考虑古巴食糖销售问题。古巴长期以来一直是以产糖为主的单一经济国家，以出口糖换取国内所需的人民生活必需品，而糖主要销往美国。古巴革命后美国停止了进口古巴糖，只能向社会主义国家找出路。

第二，古巴国内供应困难，需要中国等社会主义国家合作。美国在停止进口古巴糖的同时，还禁止向古巴出口其所需要的商品。古方说，食品等供应只能维持 19 至 20 个月。希望中国能帮助古巴克服困难。

第三，从长期考虑古巴经济建设、工业发展问题，以及同中国等社会主义国家的经济发展相互配合和合作的问题。

当时，中国对古巴人民反美和维护国家主权和民族独立的斗争是给予全力支持的。特别是 1960 年 9 月 28 日中古建交后，古巴成为拉美国家乃至西半球同中国建交的第一个国家，中国与拉丁美洲的关系也翻开了新的一页。中国有责任支持古巴，对古巴采取积极、主动、耐心、谨慎的方针，大力支持古巴革命及其反美斗争。因此，时任国家主席刘少奇十分高兴地向多尔蒂科斯发出了访华邀请。

陪同多尔蒂科斯来访的有古巴革命统一组织领导人布拉斯·罗加及其夫人、古巴驻华大使皮诺·桑托斯、古巴驻墨西哥大使何塞·安东尼奥·波尔图翁多、古巴驻捷克斯洛伐克大使劳尔·罗亚和古巴总统军事助手、古巴国家银行顾问等 20 多人。总统夫人因病未来。

多尔蒂科斯一行受到了中国政府和人民极其热烈和隆重的接待。他们于 9 月 22 日上午 11 时抵京时，刘少奇、董必武、朱德、周恩来、彭真、陈毅等我国 100 多位领导人和 4000 多群众到机场欢迎。访问期间，毛泽东、刘少奇、周恩来等同多尔蒂科斯举行了亲切友好的会谈，就中古双边关系、古巴革命和建设、拉美和国际形势等问题深入坦诚地交换了意见，并取得了广泛的共识。

1961 年 9 月，毛泽东、刘少奇、周恩来等中国领导人在北京钓鱼台国宾馆同古巴总统多尔蒂科斯会谈。

关于拉美和国际形势。毛主席说，我们是兄弟国家，是好朋友。你们在拉美对美国是个意外。多尔蒂科斯说，是个不愉快的意外。毛主席指出，古巴得到社会主义各国人民的支持，全世界人民特别是亚非拉人民的支持，还有西方国家人民的支持。古巴的朋友很多，不孤立。在谈到巴西形势时，多尔蒂科斯说，巴西在对帝国主义和反动势力进行的斗争中已取得胜利，但这种胜利还是局部的，人民还要保持警惕。周总理说，巴西三军部长都换了，看来是要一步步来，巴西国会还是站在古拉特一边的。毛主席说，看来古拉特还有点办法，很策略。形势对古巴有利，但美帝国主义还会继续孤立古巴，斗争还没有终止。对我们来说，斗争也没有终止。世界在变化，非洲在变化，拉美也可能起变化。刘少奇主席说，英勇的古巴人民、古巴革命领导者在美国的脚底下进行了英勇的反对帝国主义的斗争，给世界人民，也给中国人民以极大的鼓舞。有人说，中国是大国可以反对美国，小国不行，但现在古巴起来反对美国，就在美国的脚底下，完全证明美帝国主义是可以反对的。

在会见中，毛主席在提到英国陆军元帅蒙哥马利答应明年访问古巴一事说古巴争取他明年去访也好。对帝国主义要分别对待。蒙哥马利是英国保守党，由于英国垄断资本受美国的排挤着了急，凡是哪里出了事，都想借机打美国一下，如苏联、中国这个石头吧，他都要拾起来打美国一下。古巴也是个石头，可以打美国。帝国主义着急时是不择手段的，不管是石头还是鸡蛋，也不管这个石头是红的还是白的。

关于古巴革命和建设问题。多尔蒂科斯说，赫鲁晓夫认为我们宣布革命的社会主义性质为时过早。刘少奇表示对卡斯特罗等古巴领导人接受马列主义感到高兴，看到古巴革命胜利后选择社会主义道路，我们从心底感到高兴。宣布走社会主义道路不要紧，现在世界上说自己搞社会主义的国家领导人多得很，如苏加诺、纳塞尔、尼赫鲁、西哈努克等有各种各样的社会主义，但不要公开宣布加入社会主义阵营，这完全是策略问题，这对当前斗争是有利的。

多尔蒂科斯说，在建设中古巴缺乏知识分子、教授、工程师、自由职业者，认为古巴实际上没有能够利用民族资产阶级知识分子。毛主席向多尔蒂科斯介绍了中国对民族资产阶级进行赎买政策的经验，指出要培养自己的知识分子，也要争取利用资产阶级知识分子。刘少奇主席说，资产阶级分两部分，一部分是可以参加反帝革命的，另一部分是亲帝国主义的。周总理说，前一部分可能为数不多，但是可以争取的，如果革命政府的政策正确的话，甚至在社会主义革命阶段也可以争取一部分资产阶级。你们如能争取一些资产阶级代表人物跟你们合作，对于拉丁美洲将起很好的影响作用。在社会主义革命中，可以少讲一点，多做一点。

当多尔蒂科斯说他们有领导革命和土改经验而缺乏建设的经验时，毛主席说，这跟我们一样，会革命不会建设，这是新事情，可以学会。在学习过程中可能经历一些挫折，但遭受挫折有好处，没有挫折就没有经验。建设工作也是这样。世界上的事情没有不经过挫折一帆风顺地获得成功的。全世界的事情总是这样，新生的前进，反动的倒退。在土改中那些人虽不会建设，但总有一天是可以学会的。干劲是第一，没有干劲是不行的。有干劲的，不会可以学会。刘少奇主席说，讲革命我们是有一套办法的，但讲经济建设，经验还很不够，恐怕需要相当长的时间，才能使我们的国家和党的干部、人民学会经济建设，掌握经济建设规律。别人的经验总是别人的，经过实践才能取得经验。对一个革命者和革命党来说，犯错误不要紧，重要的是从错误中学习，改正这个错误。别人的帮助，其他国家的帮助都是辅助的。有成功的经验，也有犯错误的经验，要这两条，一条不行。

关于国际共运问题。刘少奇主席在为多尔蒂科斯送行去机场途中，还同多尔蒂科斯谈起国际共运问题。刘少奇说，在帝国主义、资本主义仍然存在的条件下，"没有武器、没有战争、没有军队的世界"这一口号是违反马列主义的。但不必忙于争论，可以慢慢来，以同志方式进行讨论，不要引起社会主义阵营内部不团结，不要引起各国共产党之间的不团结。但马列主义观点是必须坚持的。可不可以以同志方式进行讨论，而不影响社会主义阵营团结呢？我看应该说是可以的。

多尔蒂科斯说，我也认为是完全可以的。不同意见，不应该影响内部团结，可以继续讨论以达到团结。讨论也可不急于进行，因古巴革命的发展方向是已经定了的。

关于中古经贸关系问题。刘少奇主席、周恩来总理同多尔蒂科斯等进行了具体商谈。多尔蒂科斯首先感谢中国政府和人民对古巴的大力支持和援助，说中国为了援助古巴做出了自己的牺牲。他表示，糖在古巴外贸出口中占 80% 以上，希望扩大糖的出口。希望中国从 1962 年起进口古巴糖的数量从现在的 100 万吨，每年递增 25 万吨，到 1965 年增至 200 万吨。关于糖价，希望 4 美分一磅（他们已同苏联谈妥这一价格。国际价格是 2.39—2.4 美分一磅）。关于经济援助问题，根据 1960 年 11 月古巴国家银行行长格瓦拉访华期间达成的协议，中国向古巴提供 6000 万美元的贷款。希望贷款能得到最迅速有效的使用。

周总理向古方介绍了中国处于经济困难时期的情况，但表示将尽力支持古巴。中方答应今后 4 年（1962—1965）每年进口古巴糖 120 万吨，糖价按苏古商定的 4 美分一磅计算。周总理说，苏联将每年进口你们 300 万吨，东欧每年进口 50 万吨，还可以向资本主义国家推销一些，总共每年可出口 600 万吨。你们糖的出口问题基本可以解决。你们从种植甘蔗的土地中还可以拿出一些土地种粮食、油料、棉花等。中国由于遭受自然灾害，粮食歉收，首次需要进口粮食，但还是答应向古巴进口 12 万吨大米（古方要求 16 万吨）。大豆可供应 4 万吨（古方提出 6 万吨）。关于古方提出的土特产、油脂、机械、化工、矿产品和五金等，中方答应满足一部分。今后 4 年双方每年进出口贸易额保持一亿美元左右。关于利用中国贷款问题，周总理表示，原计划搞 24 个项目，后减为 23 个，现在看来这 23 项也可能不完全恰当，要根据你们的需要和我们的可能重新进行调整。

中国还答应向古巴无偿提供一部分 14.5 厘米口径的四筒高射机关炮和 45 厘米口径的反坦克火箭筒。这些武器在古巴反对美国雇佣军入侵期间起了重要作用。

周总理说，我们双方都有困难，要互相照顾。多尔蒂科斯说，完全理解周总理所谈到的中国困难，也充分理解关于双方贸易的建议。我们看到你们遭遇的困难，你们已经做出了很大的努力。多尔蒂克斯对会谈结果表示很满意。周总理对多尔蒂科斯表示，相对你们反美和国内革命斗争的激烈程度和艰巨程度来说，我们这点帮助是太不相称了。现在我们尽了力，希望能尽更大力量。刘少奇主席在会谈中也表示，首先是你们支援我们，然后才是我们支援你们。我们对你们的帮助还是很少。周总理补充说，帮助是相互的。你们对我们的帮助很大，你们拖住了美国。毛主席也常这样说，朝鲜和越南，是他们支持我们多，还是我们支持他们多？如只从物质上谈，似乎我们拿出去东西多。但总的来说，他们从东、南两个方面拖住了敌人，他们是在前线而你们古巴更是在最前线了。

根据古巴的建议，刘少奇主席和多尔蒂科斯总统发表了联合公报。双方声明，始终不渝地奉行和平外交政策，不同的社会制度国家实行和平共处；坚决支持一切被压迫民族和被压迫人民争取民族独立和自由的正义斗争。中国认为，古巴人民革命胜利具有深刻的历史意义和伟大的世界意义。中国政府和人民将像过去一样全力支持古巴人民保卫祖国、反对美帝国主义侵略和建设自己国家的伟大事业。古巴则表示，坚决支持中国人民为解放自己的领土台湾、反对美帝国主义制造"两个中国"阴谋的正义斗争，坚决主张恢复中华人民共和国在联合国的合法权利。双方认为，中古两国人民之间的战斗友谊是永恒的、牢不可破的。双方将尽一切努力进一步巩固和发展中古之间的团结和友谊。

多尔蒂科斯访华取得了圆满成功。双方对此都表示满意。但外交部礼宾司在接待工作中出了点问题，受到了周总理和陈毅副总理的严肃批评。9月25日下午，北京市工人体育场举行了欢迎古巴总统访华的盛大群众大会，刘少奇等我国领导人出席，彭真市长和多尔蒂科斯分别发表讲话。气氛十分热烈。但外交部礼宾司从政治方面考虑不周，因为按惯例（一般欢迎国宾大会不邀请各国驻华使节，只是在欢迎国宾又庆祝签订重要条约时才邀请使节）没有邀请各国驻华使节出席大会，受到严肃批评。当时的礼宾司司长为此两次向周总理和陈毅副总理写了书面检查。

多尔蒂科斯1919年生于西恩富戈斯，青年时期就读于哈瓦那大学，毕业后在哈瓦那当律师。30年代末多尔蒂科斯加入古巴人民社会党，曾任该党领导人马里内略的秘书，50年代初脱离人民社会党，1956年参加反对巴蒂斯塔独裁统治的人民斗争，后加入"七·二六运动"，并担任该运动在西恩富戈斯地区的领导人。1958年多尔蒂科斯被捕入狱，同年12月流亡墨西哥。1959年古巴革命胜利后多尔蒂科斯返国，在卡斯特罗为首的内阁任法律部长，同年7月担任古巴共和国总统，1964—1976年兼任古巴经济部长和中央计划局主任，1965年任古共中央政治局委员和书记处书记，1975年古共"一大"时仍当选为政治局委员，1976年总统职务取消后，改任国务委员会委员、部长会议副主席，1980年兼司法部长，同年在古共"二大"上连选连任政治局委员。1983年6月23日多尔蒂科斯因患抑郁症自杀身亡。

卡斯特罗与古巴革命

我在古巴工作期间几乎跑遍了古巴全岛，寻访古巴革命的足迹。

给我印象较深的是东方省（即奥连特省），它是古巴革命的摇篮。19世纪古巴两次独立战争和20世纪的古巴革命都是在东方省首先发起的。东方省人民以叛逆精神著称，被称为"不驯服的东方省"。

到东方省来的人一般都先到"英雄的城市"圣地亚哥参观。它于1514年建成，1522年成为古巴第一个首都，现在是古巴第二大城市和第二大港口，面积6170平方公里，人口100万。我们参观了著名的以古巴第一次独立战争英雄蒙卡达命名的兵营。这是一群米黄色的建筑，我们到这里参观时已变成学校，其中一栋是博物馆，陈列着古

巴革命历史文物，其余均为教室，每个教室都以一位牺牲的革命烈士命名

1953 年 7 月 26 日，时年 26 岁的哈瓦那大学法律系毕业生菲德尔·卡斯特罗率领 160 余名爱国青年英勇地袭击了政府军第二个大兵营地"蒙卡达兵营"，企图以此唤起和发动全国人民拿起武器反对亲美的巴蒂斯塔独裁统治。面对驻扎在兵营 1500 名装备精良的政府军，他们斗志昂扬，英勇顽强，同敌人进行了殊死的决斗，但终因人少力薄而失败，起义者死伤过半，其余大部被俘。但这次起义点燃了古巴革命的火把，古巴人形容其意义相当于中国的南昌起义。

1971 年 10 月，作者（右后提包者）陪同张德群大使夫妇（左前）参观蒙卡达兵营博物馆。

菲德尔·卡斯特罗及其弟弟劳尔等少数几个人，事后不久也被捕，被投入松树岛（后改称青年岛）的监狱里。该岛位于古巴岛的西南部，是古巴第二大岛。在西班牙殖民统治时期，这里是海盗出没的地方，他们在海上拦劫西班牙的运输船只，把抢来的金银财宝藏在该岛的秘密山洞里，因此，起初该岛被称为"金银岛"。19 世纪，英国作家罗伯特·路易斯·史蒂文森的著名小说《金银岛》描写的就是该岛发生的故事。因该岛松树较多，又被称为"松树岛"。古巴革命后，许

多青年人响应政府号召来这里栽种果树，又有许多来自亚非拉国家的青年到这里上学，青年人便占了该岛的绝大多数，因此，又改称"青年岛"。该岛有个较大的监狱，过去一直是政治犯流放的地方。卡斯特罗兄弟俩被捕后分别关在两间简陋的牢房里，里面只有一张木板床和一个凳子。

卡斯特罗作为律师和法学博士，在被告席上大义凛然，慷慨陈词进行自我辩护，发表了《历史将宣判我无罪》的著名演说，其速记稿被一位地下工作者秘密带出监狱，印刷成册，在全国流传，成为控诉独裁统治、号召人民进行革命斗争的历史性文件，又称为《蒙卡达宣言》。但卡斯特罗等人还是被判15年徒刑。

作者夫妇在青年岛监狱外留影。

作者夫妇参观青年岛监狱。卡斯特罗兄弟曾在此坐牢。

菲德尔·卡斯特罗在向群众发表演说。

1954 年 11 月，独裁者巴蒂斯塔为了竞选总统收买人心，宣布大赦政治犯。1955 年 5 月，卡斯特罗及其在监狱的战友获释。他们出狱后于同年 7 月 26 日在哈瓦那成立秘密组织，以起义日命名为"七·二六运动"。初期大部分成员是青年知识分子，后来有农民和自由职业者参加。不久卡斯特罗等人离开古巴去了墨西哥，在那里购买武器，组织和训练秘密武装。当时正在墨西哥的阿根廷青年医生格瓦拉结识了卡斯特罗兄弟，参加了"七·二六运动"。

1956 年 11 月 24 日深夜，在卡斯特罗的带领下，包括劳尔和格瓦拉在内共 82 人，乘"格拉玛"号游艇从墨西哥尤卡坦半岛的多斯邦小港口出发，在海上同风浪搏斗了七天七夜，于 12 月 2 日黎明抵达现今的格拉玛省拉斯科洛拉多斯，即"红滩"。一上岸就被政府哨兵发现，遭到海岸守卫队和空军的扫射和轰炸，伤亡惨重，被迫撤退到马埃斯特腊山，清点人数时，只剩下卡斯特罗兄弟、西恩富戈斯、阿尔梅达、格瓦拉和雷内等八个人和七条步枪。他们上了马埃特斯腊山，开始了更加艰苦的游击战争。

我们来到马埃斯特腊山，首先参观了一个农民家庭，当时游击队领导人常在这里开会。院子里有一口枯井，游击队的武器就藏在这里。进山不久便到了一个接待站，这里有一所用棕榈叶盖顶的约 20 平方

马埃斯特腊山下一户农民院子里的枯井，是当年游击队藏武器的地方。（中间为张德群大使，右为作者）

米的简陋的木板房子，接待人员说这是当年劳尔率领的游击纵队的一个前沿指挥所，而屋里放着的两个沙发则是从 1958 年 12 月被起义军击落的政府军侦察机上拆下来的，是巴蒂斯塔送给劳尔少校的"圣诞礼物"。我们爬到海拔 1234 米高的一个叫"大石头"（重 75000 吨）的平台上向四面瞭望，只见马埃斯特腊山遍布热带森林，层峦叠嶂，山岭起伏，确是开展人民游击战争的好地方。古巴人称马埃斯特腊山是"古巴的井冈山"。

卡斯特罗等人进山后就同当地农民交朋友，在山区实行土改，建立革命根据地。起义军所到之处都得到人民的热烈拥护，迅速发展壮大，一年之后就扩大到 2000 多人，最后达到 50000 人之多。

马埃斯特腊山的英勇斗争极大地鼓舞了全国人民反对独裁统治的斗争。1957 年 3 月 13 日，有一批爱国学生在哈瓦那发起了攻打巴蒂斯塔总统府的战斗，失败后转移到中部山区打游击，开辟了一条新的战线。为了发起全国性的战略反攻，格瓦拉受卡斯特罗总司令之命，于 1958 年 8 月底率领起义军 144 名精兵强将实行新的远征。他们从马埃斯特腊山出发，奔袭 554 公里，连续作战 47 天，期间只吃 15 至 20 顿饭。起义军发扬了不怕疲劳和连续作战的大无畏精神，向驻守在圣克拉拉市的政府军主力发起了决定性的攻击，出其不意地攻占了政府最后一张王牌装甲火车，俘虏了火车上所有的政府军，接着又占领了当地驻军司令部所在地——大酒店，驻军司令维达尔向格瓦拉投降。被格瓦拉缴获的那列装甲火车还陈列在原地，成为向人民进行革命传统教育的基地之一。那家大酒店变成"自由圣克拉拉旅馆"。在格瓦拉广场纪念碑基座下安葬着后来在玻利维亚游击战争中牺牲的格瓦拉和他的战友们的遗骸。这里成为人们前来瞻仰和缅怀最频繁的地方。

独夫民贼巴蒂斯塔陷入了人民战争的汪洋大海之中，1958 年 12 月 31 日晚，携带少数死党仓皇逃往国外。几乎在格瓦拉攻占圣克拉拉的同时，卡斯特罗率领的起义军主力部队于 1959 年 1 月 1 日进入首都哈瓦那宣布具有历史意义的古巴革命的胜利。

美国和流亡国外的古巴反革命分子不甘心自己的失败，千方百计地运用经济封锁、外交制裁、武装入侵等手段制造了"吉隆滩事件"和"导弹危机"等轰动世界的事件，妄图搞垮古巴革命，都遭到了可耻的失败。

美古复交的前因后果

2014年12月17日，美国总统奥巴马和古巴国务委员会主席兼部长会议主席劳尔·卡斯特罗分别同时宣布，双方决定就恢复外交关系、实现两国关系正常化问题举行会谈。2015年4月11日，奥巴马和劳尔·卡斯特罗出席在巴拿马召开的第七次美洲国家首脑会议期间举行正式会晤，双方一致同意继续推进两国关系正常化进程。7月20日，两国决定恢复中断54年的外交关系。2016年3月21日至22日，奥巴马对古巴进行了历史性的访问，这是88年来美国总统第一次访问古巴。美国宣布将终止过去半个多世纪对古巴执行的"过时的"政策，转而寻求通过一系列新政策实现两国关系完全正常化。这一历史性变化，不仅对美古关系，而且对美拉关系都具有十分重要的意义。

这次美古关系正常化的谈判是由奥巴马政府主动提出的。2009年奥巴马上台时就表示要和古巴政府有"新的开始"，多次批评小布什政府对古巴政策是错误的，并放出愿同古巴改善关系的信号。2012年12月，他指示国家安全事务委员会副助理罗兹把对古巴的研究列为一项"重要任务"。2013年初，又派拉美事务顾问苏尼加到迈阿密调查居住在那里古巴移民的情况，发现年龄大一点的人已逐渐失去影响力，年轻人大都主张同古巴改善关系。他接着指派罗兹和古巴代表进行试探性接触，得到古方的积极响应。同年6月，双方代表开始在加拿大进行了长达18个月的九轮秘密磋商，其间在交换间谍问题上双方发生分歧，后在梵蒂冈教皇方济各的斡旋下得以解决，就两国关系正常化问题举行谈判并达成协议。

美国代表负责拉美事务的助理国务卿雅各布森和古巴代表何塞菲娜·比达尔轮流在对方利益代表处举行会谈，双方阐述了各自立场和主张并达成了一些共识。美国政府宣布减轻对古巴制裁、放松两国人员和经贸往来，其中包括美国人到古巴旅游和古巴移民侨汇的限制等一系列措施，并表示将同国会讨论取消对古经济封锁问题。奥巴马还希望两国元首出席 2015 年 4 月在巴拿马召开的美洲国家首脑会议之前实现复交和互设大使馆，但在将古巴从"支恐国家名单"中删除以及使馆人员权益等问题上还存在分歧。

奥巴马政府为什么急于同古巴改善关系？主要有以下几个原因：

第一，表明美国对古巴政策的失败和无奈。1959 年古巴革命胜利后，美国经历的从艾森豪威尔到小布什 10 任总统，都将古巴这个西半球唯一的社会主义国家视为眼中钉，对其实行经济封锁、政治孤立、外交施压直至雇佣军入侵等各种手段，企图搞垮古巴革命政权，但都未能得逞，相反古巴在拉美和国际上的地位和影响日益提升。美国的有识之士都认识到美国采取敌视古巴的政策已经失败，这不仅损害了古巴利益，也有损美国利益，必须作"重大调整"。同时，近年来古巴推行"经济社会发展模式更新"和对外开放政策，也有利于美古关系的改善。

第二，基于同拉美国家改善关系的整体着想。美国对古巴采取封锁敌对政策遭到拉美国家的普遍反对。美国在其"后院"的地位和影响力日益下降。前两次美洲国家首脑会议在是否邀请古巴领导人与会的问题上，美国与拉美国家严重对立。一些国家领导人表示，如果没有古巴参加，以后将不出席首脑会议，阿根廷和玻利维亚等国总统甚至退出会议，以示抗议。另外，目前美国的拉美裔人口已达 5000 万，占总人口的 16%，在美国经济和政治生活中起着十分重要的作用，而改善同古巴的关系无疑有助于团结和争取这部分选民的支持。因此，对古巴政策已成为影响美拉关系和美国战略后方以至国内稳定的大局。

第三，为了改善美国的国际形象。美国长期一意孤行地对古巴实施经济封锁和政治施压的霸权主义政策遭到整个国际社会的反对，严重影响美国的形象。从 1992 年起，联合国大会已连续 23 次以压倒性多数票通过古巴提出的反对美国封锁的提案。在 2014 年 10 月的大会上，有 188 个成员国对古巴提案投了赞成票，只有美国和以色列反对。美国空前孤立。

第四，为了给自己留下一笔外交遗产。奥巴马执政以来政绩不佳，内外交困，失去了对参众两院的控制权，又面临 2016 年的大选，急需在外交上有所突破，做出点能起到轰动效应的成绩来，而古巴就是这样一个很好的突破口，既能为民主党明年竞选总统造势，也能为自己留下一笔外交遗产。

古巴面临着机遇和挑战。美国对古巴实行半个多世纪的封锁和制裁措施，其中包括 1992 年和 1996 年美国国会分别通过的《托里切利法》和《赫尔姆斯 - 伯顿法》，给古巴经济和社会造成巨大的损失，严重制约了这个小国的发展，使古巴人民长期生活在贫困之中。但古巴人民勇敢地承受并战胜了这一切，取得了对美斗争的胜利。近年来，在苏联解体后，古巴最大的经济支持者委内瑞拉发生严重的经济和政治危机，无力他顾，使古巴又陷入新的困境。此时美国能坐下来同古巴谈判改善关系对古巴是一个难得的机遇。

奥巴马政府宣布减轻对古巴制裁措施，允许旅居美国的古巴移民向亲属汇款的数额从每人每季度 500 美元增至 2000 美元。目前古巴约有三分之一居民在美国有亲属，仅在迈阿密就有上百万古巴移民。古巴每年侨汇收入约 20 亿美元，主要来自美国。奥巴马还宣布取消美国人前往古巴旅行的禁令，目前每年来古巴的美国人不到 10 万人，取消禁令后第一年估计就会有 100 万人到古巴旅游。他们可在古巴使用美国银行卡消费，每人一次可带回 400 美元古巴雪茄和朗姆酒。从美国到古巴最近距离只有 160 公里，从迈阿密到哈瓦那空中飞行时间只需 30 分钟。美国人一年四季都可到古巴休假、度周末，享受那里得天独厚的自然风光。今后古巴旅游和侨汇收入将大幅度增加。古巴改革开放政策在深入发展，不久前又修改了外资法，放宽了投资条件。

作者夫妇在使馆主楼会客厅。

驻古巴使馆同志在哈瓦那海边合影。

古美关系的改善也带动了古巴同欧盟国家关系的发展。西方国家来古巴投资将大量增加。所有这些，对恢复和发展古巴经济都十分有利。

但是，奥巴马和其前任一样，改变古巴政权性质的战略目标并没有改变，只是改变了策略而已。他企图用软的一手，以"人权"、"民主"和"自由"为武器对古巴进行"和平演变"或"颜色革命"，达到改旗易帜的目的。古美之间在意识形态和价值观方面的斗争将更加复杂激烈，美国将利用电信业、互联网等先进手段向古巴民众传输美国文化和信息，支持古巴反政府、反社会主义势力，加大对私营企业的支持，逐渐改变公有制社会主义经济制度。古巴媒体评论说，美国是想用"新的胡萝卜"、"聪明的做法"摧毁古巴社会主义。这对古巴是新的挑战，更难对付。这正是古巴领导人所担心的。劳尔·卡斯特罗说："古巴不会为了改善同美国的关系和使关系正常化而放弃原则。"

看来美古双方都有改善关系的需求和愿望，两国关系将继续有所改善。奥巴马可以避开议会利用手中的行政权力放松对古巴的一些制裁措施，使两国关系有所改善。但要实现关系完全正常化，短期内尚难以做到。两国间最大问题是取消美国对古巴经济封锁，但这涉及有关法律，需要国会批准，而目前参众两院都被反对同古巴改善关系的共和党所控制，因此难以做到。不取消经济封锁，就不可能真正实现两国关系正常化。同时，古巴要求美国归还关塔那摩军事基地，短期内更难以实现。

巴西篇

中国和巴西岁月风雨 40 年

2014 年是东、西半球两个最大的发展中国家——中国和巴西建交 40 周年。两国关系经历了从民间到官方，从建交到"大象走路"，直到建立全面战略伙伴关系的曲折过程。目前，中巴关系已成为中国同拉丁美洲乃至全世界最重要的双边关系之一，对双方都有着重要的战略意义。

一、从民间到官方

新中国成立初期，巴西仍同中国台湾当局保持"外交关系"。中国对巴西实行"细水长流，以民促官"的方针，民间往来逐渐增加。

20 世纪 50 和 60 年代，为数众多的巴西文化、新闻、贸易等各界友好人士应邀访华，其中不少人受到毛泽东、周恩来、刘少奇等我国领导人的接见，成了长期对华友好的朋友。在他们的推动下，在里约热内卢和圣保罗市分别于 1953 年 9 月和 1954 年 3 月成立了"巴西—中国文化协会"。

1974 年 6 月，中国乒乓球代表团访古，受到古方的热烈欢迎。（前排左 3 为庄则栋，右 4 为邱钟慧）

中国也多次派出文化、艺术、新闻和贸易代表团访问巴西。例如，1956 年 9 月，以楚图南为团长的中国艺术团一行 85 人访问巴西，库比契特总统出席观看演出。1959 年 10 月，周而复率领的中国杂技团到巴西访问演出，受到巴西各界热烈欢迎。

1960 年巴西大选中获胜的夸德罗斯就任总统后，奉行较独立的外交政策。1961 年 4 月，由巴西贸易促进会主席席尔瓦率领的巴西代表团访华，向中国领导人转达了夸德罗斯同中国发展关系的愿望。同年 8 月，应董必武副主席的邀请，巴西副总统古拉特访问中国，中、巴领导人就双边关系和拉美形势深入地交换了意见，增进了相互了解和友谊，并达成许多共识。

但夸德罗斯总统在国内外右翼势力的反对下，于 1961 年 8 月 25 日被迫辞职。按宪法规定，古拉特继任总统，继续推动中巴关系的发展。新华社派出常驻记者王唯真和记者鞠庆东在里约热内卢建立了新华社分社。这是中国在巴西建立的第一个常设机构。1963 年 6 月，中国国际贸易促进会派出了中国纺织品进出口公司副总经理王耀庭担任贸促会驻巴西代表处副代表，同时被派去的还有工作人员马耀增、宋宝贵，以及为举办中国经济贸易展览会做筹备工作的侯法曾、王治、苏子平、张宝生四人小组。此时共有九名中国人在巴西工作。

二、震惊世界的"中国九人案"

在中巴关系逐步发展之时，巴西风云突变。1964 年 3 月 31 日深夜，巴西右翼军人在美国策动下，以古拉特企图在巴西推行共产主义革命为借口，发动了军事政变。古拉特政府被推翻，以总参谋长布兰科为首的"猩猩派"军人集团上台执政。军政府大肆逮捕进步人士，巴西处于白色恐怖之中。我国合法居留巴西从事新闻和贸易工作的九位同志也被无理逮捕入狱。这一消息传到北京后，我国领导人大为震惊和愤怒，毛泽东主席当即表示："岂有此理，要跟他们针锋相对地斗！"决定由总理周恩来挂帅、外长陈毅和外办主任廖承志直接指挥，外交部牵头，协同新华社和外贸部等有关单位马上展开营救工作。这就是

当时在巴西发生的震惊世界的"中国九人案"（又称"九人事件"）。

4月4日，在两国没有外交关系的情况下，我国外交部有关领导约见巴基斯坦和印度尼西亚驻华大使，请他们向其国内转达中国政府的请求：请他们驻巴西使馆代向巴西当局查询中国在巴西人员情况。通过上述渠道向巴西当局进行交涉，表明我九位同志都是得到巴西政府同意，按规定办理有关法律手续进入巴西居留的，他们所进行的新闻报道、筹备展览和促进贸易等业务，都是正当和合法的。要求巴方对他们人身安全和合法权益予以保护以便他们能够恢复自己的业务。

巴西政变当局不顾中国政府的严正交涉，对九名中国人员进行残酷的迫害、逼供、威胁和利诱，但均无济于事。我九位同志坚决不承认犯有任何罪行，怒斥巴西政府当局的无理行为。台湾方面还派特务到监狱进行策反活动，企图诓骗或绑架他们去台湾，但我同志严词拒绝，并发表抗议声明，宣布展开绝食斗争。消息传开，舆论哗然，对巴西政变当局形成强大的政治压力。我国政府就此提出严重抗议，指出巴西当局在美国的策划下，同台湾当局勾结，企图将九名被捕中方人员送往台湾的阴谋，并要求巴西立即释放中方人员，切实保障他们的人身安全和合法权益。巴西当局面对国内外舆论的谴责和国际社会的压力，不得不表示保证不将我九位同志送往台湾。

巴西当局还拟将中国人员用来交换在华被关押的美国犯人，这无疑暴露了"九人事件"是巴、美勾结玩弄的政治阴谋。中国政府断然拒绝，指出，巴西当局屈从美帝国主义的意志，长期非法扣留无辜的中国人员，已经在国际关系中犯下了史无前例的过错。希望巴方不要再上美国的当，以巴中友谊为重，立即无条件释放无辜被捕的中方人员，以免产生更严重的后果。

1964年10月12日，不顾中方的严正忠告，巴西军事法庭以九名中国人在巴西进行所谓"间谍和颠覆活动"为由，正式开庭审理。我九名同志刮净了胡须，梳理了杂乱的头发，穿上整洁的衣服，昂首挺胸走上军事法庭。法庭不让他们自我辩护，只能委托律师。中方曾聘请两名美国著名律师为我九名同志辩护，但遭巴西当局拒绝。

这时年已 72 岁高龄的巴西著名的平托大律师，挺身而出，勇敢地担当起为无辜的九名中国人辩护的重任。在那个时候为中国共产党人进行辩护，是要冒很大风险的。但平托大律师不畏强暴，根据九名中国人提供的 10 多万字的说明事实真相的材料，写出了长达 51 页的辩护词，提出了 182 项无可辩驳的事实和论据，证明九名中国人是在巴西政府同意下合法进入和留驻巴西的，他们在巴西依法进行有关贸易、筹备展览和新闻报道的业务活动，都是光明磊落的，他们是清白无辜的。平托大律师要求法庭立即宣布他们无罪，予以释放。

但巴西检方又以在九名中国人被捕 35 天后，在他们住处搜出一支无声手枪作为"颠覆"活动的证据，无理坚持对九人各判 23 年徒刑。平托律师反唇相讥："一个月后你们搜出了手枪，再过些时候，你们还可以搜出机关枪、大炮和原子弹！"话音一落，引起旁听者哄堂大笑。另外，17 名巴西人士，其中包括多名国会议员和政府高级官员出庭，证明九名中国人无罪。巴西前总统夸德罗斯还写了书面材料，证明九名中国人是他任总统期间批准他们来巴西从事新闻、贸易和筹备经济展览等业务活动的，并表示，必要时他可以出庭作证。巴西法官私下表示："这个案子很棘手，但为了巴西军队的名誉，为了美国朋友，我们不得不硬着头皮干下去。"一语道破了天机！

12 月 21 日，在最后一次庭审中，平托律师在陈述辩护词时对法官说："我从业律师 50 年，还从未见过如此无端的陷害。你们强加在九名中国人头上的所谓罪证，是我平生所耳闻目的最可耻的东西。本案事实已昭然若揭，巴西舆论也很清楚了。现在的问题不是你们不懂得怎么判决，而是如何向你们的上级交代！"

前后共进行了七次庭审，在检察官拿不出任何站得住脚的证据的情况下，法庭仍以"颠覆罪"判我九同志 10 年徒刑。对此，大律师平托表示："我要向全世界宣告，九名中国人是清白无辜的，他们是政治偏见的受害者。"我九同志和中国政府对此判决表示了强烈抗议。

在这里要用浓墨重彩把平托大律师写上一笔。

　　平托大律师 1893 年 11 月 5 日生于巴西米纳斯吉拉斯州巴尔塞纳市一个铁路员工家庭。1917 年毕业于国立里约热内卢法学院，从此开始了长达 74 年的律师生涯。他是天主教徒，无党派人士。1941 年参与创建里约热内卢天主教大学，并在该校长期执教。曾任巴西律师协会主席。他替人打过无数次官司，上至总统下至平民百姓，其中包括前巴西共产党领袖布列斯特斯。他为人正直，主持正义，喜欢"路见不平，拔刀相助"，人们称他为"正义先生"。

　　他是个著名的大律师，本来可以成为巴西最富有的人之一，但他淡泊名利，不重钱财，两袖清风，一直过着十分简朴的生活。他给自己定了一条规矩：为穷苦人辩护不收费，为受政治迫害的无辜者辩护不收费。他这次为九名中国人进行了出色的辩护。在承办了这件国际瞩目的大案后，中方按惯例要付给他律师费，他却拒不接受。他说，他之所以受理九人案，一是因为巴西政变当局不同意美国律师在巴西履行职务，二是看了有关中国九人案卷宗，认为指控罪名不能成立。他从办案一开始就表示愿免费为九人辩护。中方一再要他至少收下为此案四处奔波所花的开销。但他斩钉截铁地说："是义务，就不能收费，我主持的是正义，而不是为了钱。"就这样，直到最后，他未收中方一分钱。他认为，一个有良知的律师，应具有为真理和正义而献身的精神。

　　处在一个物欲横流、道德观念嬗变的社会里，平托律师能保持这种高尚的职业精神，十分难能可贵！

　　九人案是新中国成立后在拉美发生的最重要的涉外事件之一，在国际上产生了巨大影响。这一事件涉及当时对美和对台斗争问题，十分复杂。在周总理的领导下，多方组织营救工作。为此，先后召开了各种会议 400 多次，发表各种声明和文章数百篇，还请国际红十字会出面干预，以九人家属名义邀请日本、英国、法国、阿根廷、印度尼西亚、巴基斯坦和比利时等七国著名律师组成律师团敦促巴西当局释放九名中国无辜公民。在一年时间内，有 87 个国家的 1000 多个立法机构、政党、团体、工商等各界人士通过多种方式对九名中国人表示声援。在强大的国际舆论压力下，巴西当局于 1965 年 4 月 17 日以"不受欢迎的人"为借口"驱逐"我九同志出境。

同年 4 月 20 日，我九位同志在发表声明无罪，不承认任何判决的情况下，终于回到祖国首都北京。李先念副总理和首都各界代表以及九人亲属到机场欢迎。他们在敌人的酷刑拷打下，表现得那样英勇、无畏，铁骨铮铮，而此时此刻，却忍不住流下了滚滚热泪。

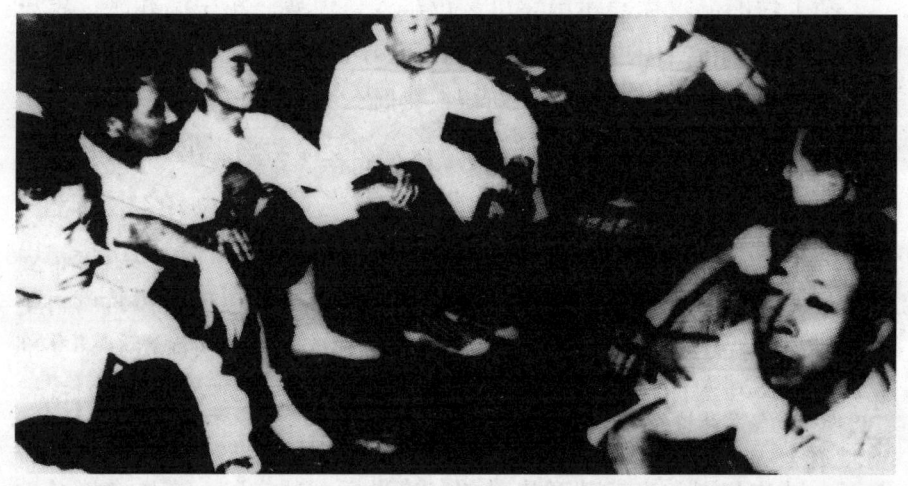

无辜被捕的中国同志在巴西监狱中（左 1 为王唯真，左 3 为张宝生，左 4 为王耀庭，右 1 为鞠庆东）。

随后，刘少奇主席和周恩来总理分别接见了他们，对他们表示亲切的问候，高度赞扬他们在巴西监狱和法庭上所表现的坚贞不屈的大无畏精神，称赞他们中华民族的好儿女。我国报刊则称他们为"九颗红心"。这是忠于党、忠于祖国的九颗红心。他们成为全国人民特别是外交战线同志们学习的榜样。

"九人事件"对中巴关系造成了严重影响，两国间原已建立的联系全部中断。此后很长一段时期，两国关系处于十分冷淡的状态。60 年代后期，两国仅有一点微不足道的贸易交流，人员往来也很少。

三、从建交到"大象走路"

20世纪70年代初,毛主席和周总理利用"乒乓外交",以"小球"推动"大球",中美关系"解冻"。中国在联合国的合法席位得到恢复,国际地位空前提高。世界上许多国家先后同中国建交。到1974年,已有10个拉美国家同中国建交。在这种情况下,作为拉美第一大国的巴西,再也不能忽视中国的巨大市场和在国际上的影响力而按兵不动了。

新上台的总统盖泽尔虽然也是位军人,但属三军中温和派,思想比较开明,奉行实用主义的外交政策。1974年春,巴西驻苏联大使马里尼奥主动同我国驻苏联大使刘新权接触,表达了巴西政府想和中国发展关系的愿望。同年4月3日,刘新权大使受命对马里尼奥大使表示:中方对发展两国关系同样持积极态度。

同年4月9日,巴西出口商协会主席科蒂尼奥率代表团访华,巴外交部亚大处布尔诺参赞随行,同我国外交部美大司林平司长进行了会谈。巴方提出要同我政府对话,并邀请中国政府尽快派遣有外交部官员参加的代表团访问巴西,以便进一步就发展双边关系进行对话。在会谈中,巴方明确表示,巴西政府考虑同中国发展关系,就要承认中华人民共和国,当然就意味着和台湾当局"断交"。李先念副总理接见了代表团全体成员,在谈话中提出:"过去中巴两国间发生过一点不愉快的事(指"九人事件"),在两国建交前应该采取措施消除这一问题。"

8月7日,中国对外贸易部副部长陈洁率领贸易代表团抵巴开始为期10天的访问。这是"九人事件"后第一个访巴的中国代表团,巴方对此次访问十分重视,给予破格礼遇。

中国代表团抵达巴西利亚当天,巴西外长西尔维拉就会见了代表团全体成员,提出要立即进行建交谈判,实现两国关系正常化。中国代表团在出访前即已做好了与巴方进行谈判的准备,并随身带来几套方案,但没有预计到进展会这么快。于是,代表团通过我国驻阿根廷使馆请示了国内。

根据国内指示，代表团成员、外交部主管拉美事务的副司长陈德和同巴西外交部部长办公室副主任瓦尔坎蒂开始了两国建交问题的具体谈判。一开始巴方提出在建交公报中不提及"台湾问题"，但陈德和强调"台湾问题"必须写入建交公报。陈洁副部长同西尔维拉外长又经过几次会谈，双方达成协议。中方进而提出中国台湾"使馆"馆舍属中国国家财产应归还中方的要求。巴方保证将此房产归还中方。对"九人事件"问题，巴方承认：1964 年对九个中国公民一案"政治上是错误的"，关于这一事件中的司法诉讼未了问题，巴西政府保证将采取措施予以撤销。

至此，中巴建交谈判的一切问题都得到了圆满解决。8 月 15 日，陈洁副部长代表中国政府同巴西政府代表西尔维拉外长正式签署了两国建交公报。巴西政府承认中华人民共和国政府是中国的唯一合法政府。中国政府重申，台湾是中华人民共和国领土不可分割的一部分。巴方表示注意到中国政府的这一立场。两国政府同意在互相尊重主权和领土完整、互不侵犯、互不干涉内政、平等互利、和平共处原则基础上发展两国之间的友好关系。

中巴建交时，双方还就"台湾问题"达成如下口头协议和谅解：自中华人民共和国和巴西联邦共和国建交之日起，巴西联邦共和国即同台湾终止关系，并采取有效措施使台"使馆"人员及其他所谓官方、半官方人员在一个月内撤离巴西。今后巴方不得同台湾发生任何官方和半官方的往来。不言而喻，巴西政府也不得同中国台湾地区搞任何变相的官方或半官方的机构。

中国驻巴西首任大使张德群于 1975 年 5 月 2 日抵达巴西，16 日向西尔维拉外长递交了国书副本，双方进行了友好谈话。西尔维拉对张大使说了一句意味深长的话："我们两个大国建交很重要，但两国关系的发展得慢慢来，像大象走路，稳步前进，有时可能坐下来，但倒退是不可能的。"这就是巴方对发展双边关系的底牌，成为比喻两国关系状况的一句名言。

19 日，张大使向盖泽尔总统递交了国书正本，双方进行了友好的交谈。盖泽尔表示："我对两国建交很高兴。我们不能忽视八亿人民的中国。欢迎中国首任大使，在发展两国关系中，有什么问题可随时找我，希望你在这里工作愉快。"

1975 年 5 月，中国首任驻巴西大使张德群向盖泽尔总统递交国书。

里约热内卢市郊的"中国茶亭"

建交初期，巴西政府由于对中国缺乏了解，对"共产党国家"抱有偏见，政治上存有疑虑，担心我国"支持革命"会影响其政权的稳定，加上受其内外反华势力的牵制，在处理两国关系问题上态度谨慎，特别是对两国政府间文化交流和人员往来采取严格控制的政策，在经贸方面也未取得实质性进展。这种情况一直持续到1977年才有转机。

四、大辩论推动了两国关系的发展

中国实行改革开放政策以来，外交工作打开了新的局面。中国对同拉美的外交工作也更加重视，特别是发展同巴西的关系。同时，巴西国内形势也发生了积极变化，开始重视同中国发展关系。

1977年10月，一直坚持反对同中国建交和发展关系的巴西陆军部长弗罗塔被解除职务，他发表了措辞强硬的声明，指责政府"与中华人民共和国接近，是向共产党势力妥协，构成了对巴西的威胁"。此事立即在巴西新闻界引发了一场"如何评估巴中关系"的大辩论。绝大多数人认为，同中国发展友好合作关系，有利于发展巴西的经济和提高巴西的国际地位。大辩论推动了中巴关系的发展。双方往来逐渐增多，级别也日益提高。

1978年1月，巴西驻华大使纳波莱昂和中国外贸部长李强代表各自政府签署了《中巴政府贸易协定》。这是两国建交后签订的第一个政府间协定，为两国间贸易的开展提供了切实保障。

1979年5月，中国副总理康世恩对巴进行正式友好访问，同巴西外长格雷罗签署了两国《海运协定》。这是中国政府高级官员首次访巴。

进入80年代，中巴关系得到了进一步发展。1984年5月，巴西总统菲格雷多对中国进行国事访问。这是两国建交后第一位巴西总统访华。他同中方领导人进行了坦诚友好的会谈，增进了相互了解和友谊，推动了双边关系的发展。

1988年7月，巴西总统萨尔内对我国进行国事访问。双方签署了《核准研制地球资源卫星的议定书》《在交通领域进行科学研究和技术开发合作补充协定》等8项文件。

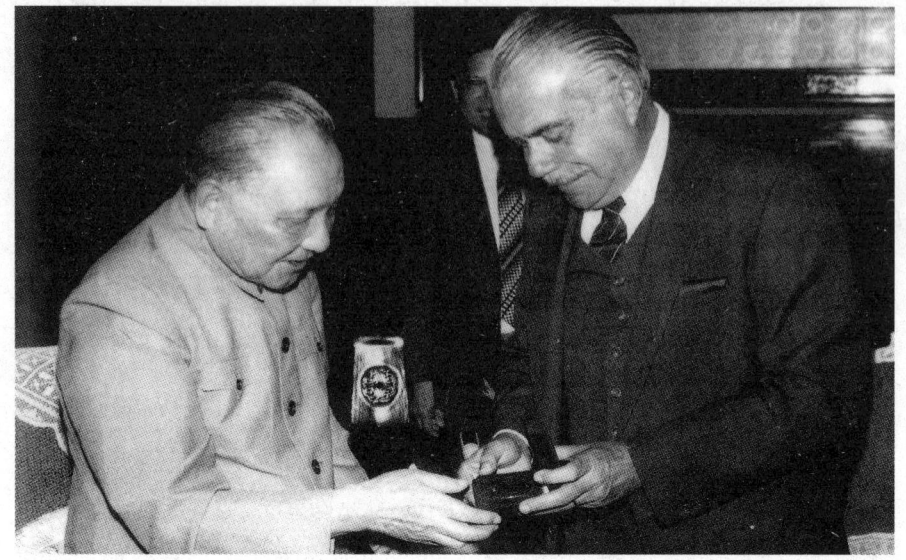

1988 年 7 月，中央军委主席邓小平会见来访的巴西总统萨尔内。

90 年代初，国际形势发生了巨大变化。苏联解体，东欧剧变，二战后形成的两极格局崩溃，世界进入美国独霸的新时期。1989 年春夏之交，中国同西方国家关系恶化。但巴西政府采取了对我国友好的立场，表示希望中国政府能迅速克服面临的困难，巴将继续发展两国间业已建立起来的友好合作关系。

1990 年 5 月，时任国家主席杨尚昆冲破西方国家的制裁封锁，对巴西、墨西哥、阿根廷、智利和乌拉圭五国进行了国事访问，这是有史以来中国国家元首第一次出访拉美国家。访问巴西期间，杨主席同巴西总统科洛尔进行坦诚友好的交谈，达成广泛共识，签署了一系列合作协议。

1993 年 11 月，时任国家主席江泽民访问巴西。他同佛朗哥总统会谈时表示，我们应当着眼未来，从战略高度来对待两国的友好合作，建立跨世纪的长期、稳定的互利关系。佛朗哥表示完全同意江主席的意见，认为巴中关系越来越成熟，相互之间也越来越信任。此次访问重要成果之一是双方同意建立战略伙伴关系。巴西从而成为世界上最早同中国建立战略伙伴关系的发展中国家。

1995 年 12 月，巴西总统卡多佐对中国进行国事访问，同江泽民主席进行了会谈。江泽民表示，中国十分重视同巴西关系的发展，双方应加强合作，谋求共同发展。卡多佐表示，巴中两国关系是一种战略合作伙伴关系，这种关系不仅体现在经贸、科技、文化合作方面，也反映在政治合作方面。

1996 年 11 月，国务院总理李鹏访问巴西，双方签署了《巴西在中国香港特别行政区保留总领事馆的协定》《可持续发展共同议程的联合声明》《和平利用外层空间科学和技术的联合声明》。

五、全面快速发展新时期

进入 21 世纪，经济全球化进一步发展，中国和巴西综合国力继续增强，为中巴关系的发展提供了良好的机遇和条件。两国关系进入了全面快速发展新时期。

高层互访频繁。2004 年 5 月，巴西总统卢拉对中国进行国事访问，同时任国家主席胡锦涛就双边关系和地区国际问题进行坦诚友好的会谈，双方签署了《关于建立中巴高层协调与合作委员会的谅解备忘录》《中巴刑事司法协助条约》《关于互免持外交、公务（官员）护照人员签证的协定》等文件。

同年 11 月，时任国家主席胡锦涛对巴西进行国事访问，同卢拉总统进行了深入坦诚的会谈。双方表示要进一步加强两国战略伙伴关系，并签署了《中巴引渡条约》《关于共同打击有组织犯罪合作协议》《中巴贸易投资合作谅解备忘录》等文件。

2009 年 2 月，时任国家副主席习近平访问巴西，会见了卢拉总统。习近平表示："中巴作为两个重要的新兴大国，进一步加强合作，其意义超越双边范畴，越来越具有全球性、战略性影响。"卢拉表示完全同意习副主席的看法，巴方愿同中方一道致力于深化战略伙伴关系。

2010 年 4 月，时任国家主席胡锦涛第二次访巴西。胡主席同卢拉

总统进行了深入和富有成果的会谈。双方签署了《两国政府 2010 至 2014 年共同行动计划》《中巴高层协调与合作委员会关于建立知识产权工作组的谅解备忘录》，以及两国有关资源卫星、石油化工、钢铁、空间技术、农业科学、金融等领域的 15 项合作协议。

2011 年 4 月，巴西总统罗塞芙对中国进行了首次访问，双方签署了 8 项合作文件，涉及国防、能源、通信、航空、农业、环保、文化、教育、体育等多个领域。

2012 年 6 月，中国总理温家宝对巴西进行正式访问。访问取得的重要成果之一是双方宣布将中巴关系提升为全面战略伙伴关系，这标志着两国全球性和战略性关系的日益提升，两国合作领域将更加广泛。双方还决定建立外长级全面战略对话机制。还签署了中巴《十年合作规划》，该规划将同《共同行动计划》一道推动双边务实合作取得实质性进展，

2014 年 7 月，习近平主席对巴西进行了国事访问。他同罗塞芙总统在会谈中对双边关系的顺利发展和取得的丰硕成果表示满意和高兴，并发表了《关于进一步深化中巴全面战略伙伴关系的联合声明》，把两国友好合作关系推向新的、更高的发展阶段。

上述高层互访，有力推动了中巴经济贸易关系的发展。据统计，1974 年两国贸易额仅为 1742 万美元，2013 年即达到 900 多亿美元。巴西是我国在拉美地区最大贸易伙伴，我国是巴西最大贸易伙伴。我国向巴西出口主要为机械、通信设备、仪器仪表、纺织品等，主要从巴西进口铁矿砂及其精矿、大豆、原油、皮革、纸浆等。

截至 2013 年底，我国对巴西累计投资总额为 176 亿美元，主要涉及能源、采矿、基础设施、农业、制造业等。同期，巴西在华投资 5.12 亿美元，主要涉及支线飞机制造、压缩机生产、煤炭、房地产、汽车零部件生产、水力发电、纺织服装等项目。2013 年 3 月，中巴两国央行签署 1900 亿元人民币和 600 亿巴西雷亚尔双边本币互换协议。我国在巴西还承包火电厂、天然气管道、港口疏浚等工程。

巴西利亚市的建设者雕塑

中巴在科技、文化交流与合作方面，有了突破性进展。中巴联合研制地球资源卫星项目被誉为南南合作的典范，已发射三颗卫星，并免费向非洲国家分发了图像。两国科技部签有《科技与创新合作工作计划》，将农业科学、农业能源、可再生能源、生物技术和纳米技术确定为优先合作领域。两国文化交流内容丰富。双方举行过各种文化和艺术展览，中国在巴西建有5所孔子学院和1所孔子学堂。

巴西拥有851万多平方公里领土面积，只有1.9亿人口，自然条件十分优越，资源极其丰富，经济和科技发展已达相当水平，成为世界第八大经济体。中国作为世界最大的发展中国家和世界第二大经济体，市场巨大，资金雄厚。两国各有优势，互补性很强，发展潜力巨大。同时，两国都实行积极的对外开放政策，有着发展关系的强烈愿望。两国在许多重大国际问题上有着共同利益和立场，在联合国和其他国际组织互相密切配合和支持，合作得很好。展望未来，中巴全面战略伙伴关系具有十分美好的发展前景。

巴西副总统古拉特访华

1961 年 8 月 13 日至 23 日，巴西副总统古拉特应中国国家副主席董必武的邀请，率领巴西政府贸易代表团访问了中国。这是巴西国家领导人首次访华，也是新中国成立后第一位来访的拉丁美洲国家领导人。我到外交部后，有幸第一次参加接待如此重要的外国领导人，这对我来说是个很好的学习机会。

我们和外宾都住在钓鱼台国宾馆。外国领导人来访的接待工作一般由外交部地区司、礼宾司和其他有关单位的领导组成接待办公室统一指挥。办公室下设礼宾、后勤、交通、安全和简报等几个工作小组。我在简报组工作，由陈光同志领导。简报组的主要任务是会谈时做记录和搜集外宾的反应，及时整理上报。当天活动简报，当晚就要写好送外交部办公厅打印，第二天上班之前送到中央有关领导同志手中。所以加班熬夜对我们来说是正常现象，有时要加班到第二天凌晨三四点钟，稍许休息后照样参加当天的活动。

古拉特来访的背景是 1959 年 1 月古巴革命鼓舞了拉美人民反美、反独裁统治的群众运动。古拉特来访对巴西也产生了较大的影响。巴西全国民主联盟的总统候选人夸德罗斯在 1960 年的大选中获胜，组成新政府。巴西工党领袖古拉特出任副总统。新政府实行独立的外交政策，主张同所有国家发展关系，其中包括社会主义国家。

13 日下午 2 时 25 分，古拉特一行所乘班机抵达北京，代表团成员有政府官员、国会议员、工商界代表和记者等 34 人。董必武副主席、陈毅和李先念副总理等有关各方领导 50 余人，以及群众 200 人到机场欢迎，奏两国国歌，检阅陆军仪仗队。代表团驻在国宾馆钓鱼台 4 号楼。中共中央主席毛泽东、时任国家主席刘少奇、副主席宋庆龄、董必武、全国人大常委会委员长朱德、国务院总理周恩来等我国主要领导人，分别予以会见或会谈。北京市、中拉友协还联合举行了万人群众欢迎大会。

13 日晚，董必武副主席会见并举行国宴欢迎古拉特，14 日下午进行了会谈。董副主席说，中巴两国都是爱好和平的大国，相同的遭遇和共同的任务把两国人民联系在一起。虽然两国社会制度不同，但不会妨碍两国人民之间友好关系的发展。中国人民永远是巴西人民和拉美人民忠实可靠的朋友。古拉特说，巴西和中国尽管相距遥远，但这并不能阻碍两国的接近，巴中两国能够而且应该成为好朋友。中国正在进行着一次真正的革命，在国际舞台上日益成为决定人类命运的重要因素。

14 日晚上，刘少奇会见了古拉特，并进行了友好的交谈。15 日上午和晚上，周恩来总理同古拉特就双边关系问题进行了具体、深入的会谈。周总理高度赞扬古拉特访华，这发展双边关系具有重要意义，但提醒他美国"对你来中国一定不放心，你要有精神准备"。

古拉特说，他们对此一定不高兴，但我们实行独立自主的政策，反对外来干涉。不只是古巴，拉美许多国家都出现了新的思想和觉悟。我们都希望和所有的国家建立关系，不问他们的思想意识形态如何。总统和我设想，我们两国可先签订官方的银行支付协定，然后互派常设商务代表机构。希望总理理解我们在国内所处的困难。这种困难使我们不能建立直接的关系，而互设商务代表团可以保持商品交流，最后达到建立希望的那种关系的目的。

周总理对巴西的处境表示理解，建议第一步可先签订贸易协定和银行支付协定，再研究第二步、第三步。如果达成贸易、银行协定，也可以达成默契，每年互派贸易代表团来往一次，这样可以避免"两个中国"官方代表的外交难题，因不常驻也可以解决两国的关系问题。这个办法可以作为第二步，即没有同意巴方互设商代处的建议。

古拉特表示，原来的想法是，如只签贸易、银行协定，而没有机构，协定就会成为一纸空文。现在提出的新办法很好，我个人完全同意，相信总统夸德罗斯完全能理解这一点。中国对人类起着决定性的作用。我们完全相信，不久中国将成为很强的国家，还要领导世界很大的一部分。周总理对此表示感谢，但指出：第一，中国要成为强国还需要很长时间，因为中国原来很落后；第二，中国强大了，也是站在平等地位，谈不到谁领导谁。因为国家不论大小贫弱，都应平等相待，都应是和平、合作和互相支援的关系。

18、19日，毛主席在杭州两次会见古拉特。古拉特首先转达夸德罗斯总统对毛主席的问候。他说，这次访华的第一个愿望就是拜会毛主席，如果访问中国不向伟大的领袖毛主席表示最高的敬意，访问就不能算是完全的，我不能空手而回，这是不可想象的。毛主席说，我看到巴西领导人和你的同事们，非常高兴。我代表我国人民和我们的党欢迎你们。

当古拉特介绍"在北京的贸易谈判是在谅解和友好中进行"时，毛主席说，从贸易关系开始，两国可以进一步发展到政治关系。我们两国没有利益冲突，我们不会去损害你们，你们也不会来损害我们。古拉特说，夸德罗斯总统采取了大胆的政策，努力适应人民的愿望。当知道中国政府对我的邀请时，总统就大胆派我来商谈同中国初步建立贸易关系问题。我作为拉美国家第一个政府领导人访华很自豪。今天我很感动，在离巴西很远的地方，旅馆门前飘扬着巴西国旗。

毛主席说，你们是大国，在西半球占有很重要的地位，你们要发展起来。为什么北美能有一个美国，南美就不能有一个美国？我讲的是要有一个经济上、文化上强大的巴西。再过一些时间，你们人口可以赶上美国，工业也要赶上美国。你们的地方比美国好。世界就要起根本变化，世界事情发展快一点，我也可以去巴西看望你们。我要去看望你们的总统，向巴西人民问候。

双方在交谈中，还谈到宗教问题。毛主席说，佛教是一种多神教，与基督教不同，基督教只有一个上帝。伊斯兰教也只有一个神——真主。佛教和道教徒同时信仰许多神。所以在这种情况下，也可以说他们不信神。如果天旱，不下雨，他们信仰龙王，求雨。如果这一年风调雨顺，就根本不理睬龙王，因为不需要了。帆船在江里走，怕翻船，信龙王。但是轮船、汽船就不信龙王，因为没有必要。乡下没有产科医生，妇女生孩子信观音菩萨，希望菩萨能保佑她。城市有产科医院，

1961 年 8 月，毛泽东主席同来访的巴西副总统古拉特亲切握手。

妇女生孩子就不信菩萨了。

　　古拉特访华期间，同中国领导人就国际和双边关系问题坦诚地交换了意见，并达成广泛的共识。除北京外，他还访问了杭州、上海和广州等地，参观了一些工农业项目和文化古迹。通过访问，增进了相互了解和友谊。双方签订了《中国人民银行和巴西银行支付和贸易协定》。访问取得了圆满成功。

"未来之国" 巴西在崛起

　　不论是从人口、面积的自然禀赋，还是从经济和科技发展水平看，巴西占有拉美第一大国的位置是不争的事实。但巴西不满足于此，一直在追求成为一个世界大国。进入 21 世纪以来，巴西综合国力迅速

增强，国际地位大为提高，成为具有重要影响力的新兴大国之一。巴西在崛起。

一、巴西的大国梦

早在 1941 年，著名的奥地利作家斯蒂芬·茨威格在对巴西进行多视角的考察后，写了一本书，名为《巴西：未来之国》。他在书中写道："如果世界上真正存在所谓的天堂，那么巴西应该距这里不远。"从此，人们就将巴西称为"未来之国"。巴西在为实现这一梦想而努力的过程中，经历了几个重要的发展时期。

一是"新国家"时期，即瓦加斯革命时期。瓦加斯在 1930—1945 年和 1950—1954 年两次执政期间实行了从农业寡头统治向资产阶级统治的过渡和由农业经济向工业现代化的过渡，成立了被称为"巴西工业化之母"的国家石油公司，建立了钢铁厂、发动机厂、制碱厂、淡水河谷矿业公司和国家经济开发银行等大型国有企业，其间工业产值已超过农业产值，初步实现了巴西工业化。

二是"巴西黄金时代"，即 1956—1961 年库比契克总统执政时期。库比契克推行"发展主义政策"，提出"5 年等于 50 年"的口号和一项庞大的全国发展计划，大力发展基础工业，并把首都从里约热内卢迁到巴西利亚，从而刺激了内陆和全国经济的快速发展。1957—1961 年国内生产总值年均增长 8.3%，实现了巴西经济的第一次起飞。

三是"巴西经济奇迹"时期，即 1968—1974 年梅迪西军政府执政时期。这一时期国内生产总值年均增长 11%，工业增长达 12%—18%，创造了经济奇迹，巴西一举成为世界第八经济大国。梅迪西还提出到 20 世纪末巴西要融入发达国家行列的奋斗目标。

但是很大程度上是依靠国家投资和从国际金融机构借贷取得的经济奇迹，导致 80 年代外债激增，又遇国际石油价格大幅上涨和信贷利率的提高，巴西爆发严重的债务危机，经济奇迹戛然而止，整个 80 年代成为"失去的十年"。后来，美国在拉美推行的"华盛顿共识"

也告失灵。巴西经济曾一度跌落到世界第15位。

四是"经济持续稳定增长"时期，即2003年卢拉总统上台执政时期。卢拉大刀阔斧地实行一系列改革措施，加强了宏观调控，调整经济结构，主持社会公平正义，缩小贫富差距，推行外贸多元化政策，全面开拓国际市场，逐步克服了新自由主义经济发展模式带来的负面影响，使国民经济得到了较快的恢复和发展。2003—2008年期间，巴西经济连续6年以年均4％的速度增长，其中2007年为5.4％，2008年尽管受国际金融危机的冲击仍增长5.1％。2009年经济受危机冲击较大，但下半年已企稳向好，有望在2010年恢复增长。

二、巨大的发展潜力和优势

巴西具有得天独厚的巨大发展潜力和优势。首先，巴西也有优越的自然条件。巴西国土辽阔，人口相对较少，土地肥沃，地理气候条件好，为农牧业发展提供了极为有利的条件。巴西领土面积为851.49万平方公里，列世界第五位，相当于中国面积的十分之九，而人口只有18961万，不及中国的七分之一。巴西可耕地占其领土面积的60％以上，达3.88亿公顷，开发利用率只有30％。中国现有耕地面积只有1.14亿公顷，是巴西的三分之一。巴西67％的国土被原始植被覆盖，森林面积为442万多平方公里，覆盖率达57％，拥有"地球之肺"称

巴西亚马孙河重要港口玛瑙斯风光

号的亚马孙地区森林面积的 70％。木材储量 658 亿立方米。巴西水力资源十分丰富，拥有世界 18％的淡水，人均淡水拥有量 29000 立方米。水利蕴藏量达 1.43 亿千瓦（年）。

其次，巴西矿产资源非常丰富，为工业发展创造了十分优越的条件。巴西在 29 种重要矿物中储量均很丰富。已探明铁矿砂储量为 350 亿吨，居世界第五位，产量和出口量均居世界第二位，铁矿砂平均含铁量达 56.1％。镍储量 5700 万吨，占世界储量的第一位。巴西是世界四大产锰国之一。铬储量 1 亿多吨，铝土储量 18 亿吨，均占世界重要地位。铀储量 24 万吨，居拉美之首。巴西稀有金属铌、钽、铍等储量居世界首位。石油探明储量至 2007 年底达 126.23 亿桶，此后在沿海陆续发现多个特大油气田，预期储量可能超过 500 亿桶。2008 年生产原油 1.2 亿吨，出口 3000 万吨。

第三，巴西已具有较高的经济发展水平。据统计，2008 年巴西国内生产总值达 1.61 万亿美元，重新居于全球第八大经济体的位置，人均收入为 8500 美元。同年，巴西外贸进出口总额为 3711 亿美元，拥有 2000 亿美元外汇储备，吸收外国直接投资 450.6 亿美元。2007 ～ 2008 年，巴西对外投资超过 500 亿美元。巴西已拥有一批颇具实力的全球跨国公司。

巴西农牧业发达，许多产品居世界前列或领先地位。2008 年农牧业产值占国内生产总值的 5.5％。咖啡产量和出口均居世界第一位，大豆产量居世界第二位，玉米和水果产量居世界第三位。巴西是世界最大的牛肉和鸡肉出口国，是全球最大的蔗糖生产国和出口国，也是世界重要的水稻生产国家之一。世界消费的 80％的浓缩橙汁是巴西出口的。

巴西工业基础雄厚，门类齐全，有些部门居世界领先地位。20 世纪 70 年代巴西已建成比较完整的工业体系。主要工业部门有钢铁、汽车、矿业、造船、石油、化工、航空、水泥、冶金、食品、纺织、制鞋等。2008 年工业产值占国内生产总值的 28.7％，粗钢产量 3370 万吨，汽车 321 万辆，铝 166 万吨，纸浆 1200 万吨。服务业占国内生产总值的 65.3％。巴西金融业也较发达。

巴西经济结构比较合理，已接近发达国家。一、二、三产业比例较均衡（大约为 9 : 25 : 66），农业现代化、工业化和城市化水平较高。国内国外两大市场比较均衡，外贸占国内生产总值比重为 25％，家庭消费对国内生产总值的贡献率高于 60％。经济增长主要靠内需拉动，国内市场潜力巨大，发展具有可持续性。

1985 年 10 月，作者陪同中国总理访问巴西期间参观当时世界上最大的水电站——伊泰普水电站。

第四，科技发展方面也取得了重大成果，在农牧业、生物燃料、航天、电信、水电、深海采油等方面均有较高水平。巴西在 20 世纪 70 年代就开始"国家酒精发展计划"，现在每天生产相当于 20 万桶石油的酒精，全国 80％的汽车使用乙醇和汽油混合燃料。2010 年 1 月启用全球首座酒精发电厂。在航天方面，20 世纪 70 年代至 80 年代就先后发射了七颗气象卫星，空间技术开始进入世界先进行列。近年来，巴西同中国联合研制和发射了三颗地球资源卫星，成为南南高端技术合作的典范。巴西在民用支线飞机制造方面也居世界领先地位。

巴西拥有世界上最先进的深海采油技术，在大型水电站建设上也居世界领先地位，世界50座大型水电站中有10座在巴西。

三、崛起之战略构想

进入新世纪，巴西经济持续稳定增长，综合国力有了较大的提升，在国际舞台上日益活跃。为达到崛起之战略目标，其具体做法是：立足本国，依托南美，主导拉美，走向世界，逐步达到崛起之战略目标。

对内，巴西集中力量加速发展经济，增强国力。为此，卢拉政府采取了一系列政策措施，例如：实施2007—2010年的加速增长计划，投资2500亿美元用于公路、港口、能源和城市基础建设等，以解决制约经济发展的瓶颈问题；实施国家科技创新计划，到2010年投资230亿美元，旨在扩大和加强全国科技创新体系；推出至2012年投资1120亿美元的开发计划，用于发展石油工业；在未来15年内投资1230亿美元，用于住房建设等民生工程。卢拉预测："在未来的10至15年内，巴西将成为世界第三或第四大经济体，如果不是很幸运，也将成为第五大经济体"。

巴西还制订了一项国家防务战略15年计划，确保巴西拥有"足以维护自主性的威慑力量"和"与巴西在本半球乃至全球重要地位相适应的国防工业。"计划将军队由目前的30万人增至50万人。

对外，巴西实行务实的多元化外交政策，重点搞好同本地区国家关系，推进地区一体化进程；继续同美国和欧盟国家保持传统的合作关系；重视南南合作，特别是同新兴大国的友好合作。

首先，巴西以南美为依托和平台，推动整个拉美地区的团结合作和一体化事业的发展。在其推动下，巴西于1991年3月建立南方共同市场；2004年12月成立南美国家共同体，2007年4月更名为南美国家联盟；2008年12月又成立南美国家防务理事会。巴西主导的里约集团对加强拉美国家团结合作和促进地区一体化起了十分重要的不可替代的作用。2010年2月在墨西哥举行的里约集团首脑会议上，巴西决定建立没有美国和加拿大参与的拉美及加勒比国家共同体，引起了世界的广泛关注。

其次，巴西以地区领袖身份，积极参与全球性重大的经济和政治决策的磋商和协调，敢于主持正义，为发展中国家讲话，在国际事务中发挥着日益重要的作用。卢拉2003年执政之初，就感悟到世界发展的大趋势，积极推动同新兴大国的联合之策。巴西倡议成立了"巴西—印度—南非对话论坛"机制，积极参加五国集团同八国集团的对话；倡导建立了二十国集团，积极推动金砖四国对话，并在2010年4月成功举办了第二次四国峰会。

第三，巴西在积极争取成为联合国安理会常任理事国，并已取得2014年世界杯和2016年奥运会的举办权，希望以此扩大在国际上的影响力和提升大国地位。卢拉说，巴西已厌倦扮演"二等公民的角色"，"21世纪将属于过去没有机会的那些国家"，"巴西与中国等新兴经济体不再是国际舞台上跑龙套的，而是主要角色"，"巴西是一个正在崛起的大国，相信巴西能够成为21世纪的强国之一"。

不可否认，巴西在崛起的道路上还有不少困难和问题，例如经济和社会发展不平衡，贫富差别过大，经济结构有待进一步调整，城乡、内陆和沿海的发展还有不小差距，科技、教育发展滞后等，加上一些不确定的国内外因素，都制约着巴西的发展，可能会产生新的困难和挫折，甚至反复。

但总的讲，巴西发展潜力巨大并有良好的基础，发展思路明确。从中长期看，巴西崛起的大趋势不可阻挡，巴西几代人的大国梦终将变为现实。（2010年1月）

巴西城镇化及其对中国的启迪

从里约热内卢市（以下简称"里约"）争得2014年世界杯和2016年奥运会主办权以来，巴西政府采取了一系列措施以改善里约的

社会治安状况，特别是加大了对该市贫民窟的整治力度，其中包括动用大批军警武装力量对社会黑恶势力进行大规模的清剿活动。

2011 年 6 月 19 日，巴西政府派了数百名军警驾驶着直升机和装甲车开进里约著名的曼盖拉贫民窟，打击当地气焰嚣张的贩毒和暴力团伙。曼盖拉地方不大，其居民只有 5 万人，但它很有名气，因为这里有全市最有名的桑巴舞学校，出过不少艺术家，又与能容纳 20 万人的世界最大的马拉卡纳体育场近在咫尺。上述两大世界体育盛会的开闭幕式都在这里举行，曼盖拉因而成为加强社会治安的重点地区。

同年 11 月 13 日，巴西政府又进一步派 3000 余名军警在装甲车和直升机的支持下，进入罗西尼亚贫民窟展开扫毒行动。这里住有 30 万人，是巴西、拉美以至全世界最大的贫民窟，落入毒贩之手已经长达 40 年。一个名为"朋友群"的黑帮组织在这里从事贩毒活动，每年收入高达 5000 万美元。在这次扫毒行动中，至少有 36 人在暴力冲突中死亡。至今，巴西政府已对里约市 20 多个贫民窟进行了整治，收到良好的效果。

里约的贫民窟数量之多，规模之大，世界闻名。据统计，全市有 600 多个（有的说 1000 多个）贫民窟，这里居住着 200 多万人，占全市人口的六分之一。实际上，贫民窟在里约无处不在，不论是高楼林立的市中心，还是美丽迷人的海滩旁，著名的耶稣山风景区，或是豪华的富人别墅区附近，都能看到成片简陋、破旧的棚户区，但规模较大的贫民窟还是集中在城市周围的山坡上，罗尼西亚贫民窟就是其中一个。这里的住房一般都由木板搭建而成，都属违章建筑，屋内设有很小的厨房和卧室，人口多的家庭，床多为上下铺。这里时常缺水断电，无厕所，大小便只能在住处附近找地方解决。大部分住户是移民的后代、外来务工者和失业者。贫民窟成了藏污纳垢之处，贩卖毒品和枪支的活动中心，层出不穷的盗窃和凶杀事件的策源地。这种情况严重影响了当地的社会治安，损害了里约作为世界闻名的旅游胜地的美好形象，特别对 2014 年世界杯和 2016 年奥运会能否顺利举行是个严重威胁。巴西政府也想利用这一机会，解决一下里约不良的社会治安这一老大难问题。

里约贫民窟形成的原因要追溯到葡萄牙殖民统治时期。16世纪葡萄牙人在这里建城的主要目的之一，是把它作为贩卖和管理来自非洲奴隶的中心。1888年奴隶们获得解放后，就在里约附近山坡上和其他一些闲置的空地上搭建简陋的房子定居下来，形成最初的贫民窟，后来因外来移民的不断涌入而扩展。20世纪70年代，随着工业化的发展，大批农村人口流入城市。他们对高价房望洋兴叹，只能住到廉价的贫民窟去。到了80年代，包括巴西在内的拉美国家爆发严重的金融债务危机，经济发展停滞，失业、贫困人口增加，贫民窟的规模再次扩大。在这里滋生的社会黑恶势力日益猖狂，他们对当地居民采取恐吓和收买（包括搞慈善活动）两手政策，使人们不敢或不愿举报，同时也由于政府警力不足疏于管理，对贫民窟多次进行整治均效果不大。贫民窟一直游离于正统社会之外。这种现象在巴西其他大城市也普遍存在。

贫民窟问题实际上是"城市过度化"带来的严重后果的集中表现。"城市过度化"是指城市化速度过快，而工业发展水平无力支持庞大城市人口的需要，因而产生许多严重社会后果。

20世纪70年代中期，巴西制造业就业人口占就业总人口的20%，而城市人口已占总人口的61%（2000年已达到81%），大大超过世界同期平均水平（46%）。美国曾用近100年时间使城市人口的比重从30%提高到70%，而巴西达到同等程度仅用了40年。巴西城市化地域差别也很大，东南部沿海地区城市人口比重为89.3%，其中南美最大城市圣保罗人口即达1733万，里约人口为1200万（包括城郊）；东北部地区城市人口为65.2%；北部地区仅为62.4%。另外，还出现大都市化现象，即城市无限扩张，逐渐与其郊区连为一体，例如圣保罗市和里约市。这是一把双刃剑，它既为经济和社会发展提供了条件，集聚了巨大的变革创新的力量，也集中了大量的社会矛盾和冲突。

巴西超前过度城市化带来了多方面的不良后果，人们统称为"城市病"。所谓"城市病"，主要表现在由于发展的需要和受城市现代化生活的吸引，大量农村人口涌入城市，而城市基础设施和社会服务条件，都不能满足大量人口集聚的需要，引起一系列的社会问题，如住房紧张、交通拥挤、水电供应不足、失业增加、贫富悬殊加大、生活环境恶化、犯罪率上升等。里约贫民窟就是典型的例子，这里平均每天有 20 多人被杀害，成为世界上暴力活动最多的城市之一。人们的道德沦丧问题也十分严重，在巴西约有 25 万至 60 万少女沦为童妓。

巴西政府采取了不少应对"城市病"的政策措施。首先，调整和规划城市发展布局。在政策上限制沿海大都市的无序扩张，鼓励中、小城市特别是内陆城市的发展。大胆决定把首都从沿海的里约迁到了内陆巴西利亚，从而带动了人口稀少、经济落后的中央高原地区的发展，使新首都发挥了全国政治、文化和交通的中心作用，调整了全国城市发展布局。这是带有长远战略意义的重大举措，收到了很好的效果。其次，控制城市人口增长，同时在大城市周边地区发展卫星城，以分散和减少市区人口。第三，加强城市基础设施建设，增建住宅、医院、学校，以及交通等其他公共服务设施。同时控制基础设施建设用地，合理设置道路。宪法规定，凡超过两万人的城市都要制定交通运输发展总体规划。中心大城市的交通车辆要以天然气替代汽油。第四，加强城市管理，特别是社会治安工作。巴西专门设立了全国城市规划和管理委员会，并由城市发展秘书处下属的专职机构负责实施。同时重视利用社会力量，发挥民间机构的作用，为此成立了巴西城市管理协会，充分听取民意。目前社会治安工作的重点是整治贫民窟。为打击黑恶社会团伙，增加了警力，并动用了军队。现在军警不再是"打了就走"，而是在贫民区设立哨所，安营扎寨，进行长期作战。

1992 年 6 月，联合国环境与发展大会在里约召开。会后，为了从根本上医治贫民窟等城市病和保证全国经济社会能够走上可持续发展的道路，巴西政府制订了中长期发展战略行动目标，其中包括：逐步消除贫困，缩小贫富差距，解决就业问题，收入分配向贫穷阶层倾斜，对弱势群体增加扶持和救助的力度；合理利用能源，不能过度利用自然能源和石油资源，发展节能低耗工业，开发生物技术，处理和深化利用垃圾废物，石油和水电在今后 20 年内作为主要能源，且占巴西能源消耗的 60%—70%；建立生态平衡经济发展区，如亚马孙地区、半干旱地区、稀树草原区等，根据本地区自然地理条件因地制宜，制定可持续发展行动计划；发展农业多品种种植和食品多样化，保护生物多样性，开发多样性生物制品，巴西拥有世界上最大的自然遗传种子宝库，合理利用这一宝库具有重大意义；加大经济投入，促进科研开发和高新技术产业的发展；培养人才，扩大教育面，增强全民环保和可持续发展意识；重视城市环境保护工作，把建设绿色城市作为城市可持续发展的重要前提，把人与自然、环境与发展、建设与保护、经济增长与社会进步、物质生产与文化素质、外在形象与精神内涵的高度统一作为城市建设的目标。上述行动计划的实施取得了良好的效果，但存在的问题是长期历史形成的，不是短期内所能克服的。

巴西的"城市病"现象在拉美其他国家也普遍存在。拉美国家城市化进程和遇到的问题同巴西基本相似，主要是城市化的发展速度超过了工业化的发展速度。由于各国内部问题复杂繁多和英美等外来势力的渗透与干预，拉美国家独立后未能有效推行国家重建工作，工业化进展缓慢，城市发展停滞不前。19 世纪末，随着现代化进程的启动，人口的增长和外国投资的增加，以及政局逐渐稳定，拉美国家城市化得到了较快发展。1870—1930 年，拉美城市人口的比重大幅提高，在拥有一万人以上人口的城市中，阿根廷的城市人口占全国总人口的比重从 17.3% 增至 38.1%，智利从 15.2% 增至 38%，委内瑞拉从 16.8% 增至 36.7%，巴西、哥伦比亚、墨西哥和秘鲁等国这一比重在 1930 年均达 15%。第二次世界大战期间，拉美国家工业有了进一步发展，推动了城市化进程。1940 年巴西城市人口比重已达 31%。战后，拉美国家实行进口替代工业化战略，加快了工业发展速度，1950—1980 年间，工业生产增长 5 倍，年均增长 6.6%。拉美城市人口更迅速增加，50 年代增加 45%，1970—1980 年增长 43.6%，1980—1990 年增长 40.3%。1990 年拉美城市人口的比重已达 72%，与发达国家的比重相当。

　　城市化应是伴随着工业化和现代化的进程而逐步发展起来的，但拉美城市化的发展却大大超过了工业化发展的速度，在这背后隐藏着一种危机。20 世纪 70 年代中期，拉美城市人口比重为 60% 而工业人口比重为 20%—30%。按正常的发展速度，当时拉美城市人口应为 1520 万，但实际已达到 3000 万，超过正常水平近一倍。世界银行提供的数字表明，墨西哥的工业化和工业发展水平远低于发达国家（如瑞士、奥地利、荷兰、意大利等），但 1993 年墨西哥城市化率已达 74%，明显高于奥地利的 55%，荷兰的 62%，意大利的 67%。70 年代中期，巴西制造业就业人口占就业的总人口的 20%，而城市人口却已占总人口的 61%（2002 年已达 82%）。2000 年拉美人口的城市化率已上升到 78%，其中阿根廷为 89.6%，巴西为 80%，乌拉圭为 93.7%。超前过速城市化给巴西和其他拉美国家的经济社会发展造成了严重的不良后果。巴西里约市的贫民窟就是这一不良后果的集中表现。

　　巴西和其他拉美国家工业化和城市化开始较早，已积累了丰富的经验教训，值得正在加速城市化的中国借鉴和思考：

　　第一，城市化是一个逐步自然发展的过程，急不得。要遵循其自身存在的客观规律，不从人的主观愿望出发。城市化是任何一个国家实现现代工业化的必由之路，工业化催生了城市化，城市化又推动了工业化，它们是相辅相成、互相促进的关系。城市化要和工业化发展水平相适应，城市化的发展不能过快，也不能滞后，过快会带来如巴西等拉美国家的"城市病"，滞后会影响工业化的进程乃至整个经济发展。

　　第二，城市化要因地制宜，不能一刀切。要根据不同的情况，采取相应的方针政策，切不可靠行政命令，一哄而上。目前我国正在进行新农村和城镇化建设，不仅要因地制宜，而且要考虑到各方面的因素，特别要尊重农民的意见。

　　第三，城市规模不宜过大，大城市要控制农村人口的盲目涌入。对流入的人口要进行培训，以适应就业的要求。要重视中小城市的发展，其中包括卫星城的发展，以分散人口，避免大城市人口的过度集中。

外交部在我国驻巴西使馆召开驻拉美各国使节片会期间，部分与会同志合影。

要实事求是，从实际出发，量力而为，慎提国际大都市和世界城市建设。

第四，要控制贫富悬殊的加大，特别是控制城乡之间和各地区之间收入差距过大的问题。

第五，城市建设和管理要以人为本。首先要解决好市民衣食住行、医疗、教育等基本生存和发展需要问题，搞好公共服务设施的建设和管理。要重视绿色建设，使之成为一个环境优美、卫生文明的宜居城市，这是城市建设的首要任务。在城市管理方面，既要严格、文明执法，同时又要对市民进行法制和文化素质教育，动员社会力量参与管理。

第六，目前在城镇化建设中，要特别注意克服重速度、轻质量，重建设、轻管理，重表面、轻内涵，重眼前、轻长远等急功近利的浮躁风气。（2011 年 12 月）

阿根廷篇

新中国与阿根廷建交 40 年回顾

2012 年是新中国与阿根廷建交 40 周年。40 年来，两国关系一直稳步发展。进入 21 世纪，中阿关系有了较快的发展，各个领域友好合作日益扩大。2004 年两国建立了战略伙伴关系，标志着中阿关系进入了全面、深入发展的新阶段。

一、细水长流稳步前进

阿根廷位于南美洲东南部，幅员辽阔，土地肥沃，物产丰富，农牧业发达，是一个十分美丽富饶的国家，有"世界粮仓"和"世界肉库"之称。阿根廷国土面积 2780400 平方公里（不含马尔维纳斯群岛），是仅次于巴西的拉美第二大国。人口 3626 万（截至 2001 年），白种人占 97%，多属西班牙和意大利人后裔，受欧洲文化影响较大，因此阿根廷被公认为拉美最欧化的国家。

中国与阿根廷的交往史大致起于 19 世纪中叶。当时大量华工到美洲谋生，先后到了美国、墨西哥、秘鲁、古巴和中美洲地区，其中有些人又移居到阿根廷。19 世纪后期，阿根廷还向上海派了商务委员。1945 年国民党政府代表陈介与阿根廷大使奥斯卡·伊瓦罗·加西亚在美国华盛顿进行建交谈判。5 月 26 日，两国正式建立了外交关系。7 月 25 日，阿根廷政府任命何塞·阿尔塞为阿根廷首任驻华大使，12 月 4 日向蒋介石递交了国书。1946 年 7 月，阿根廷政府通过中国驻阿大使陈介表示，阿根廷愿与中国建立通商和直航关系，拟派经济代表团赴华进行考察访问。当时国民党政府正忙于发动内战，只同意阿根廷经济考察团来访，其他已无暇顾及。1947 年 2 月 10 日，陈介大使与阿根廷外交国务秘书阿蒂略代表各自政府，在布宜诺斯艾利斯签订了《中阿友好条约》。新中国成立前夕，即 1949 年 9 月，阿根廷政府令其驻中国大使胡安·卡洛斯·罗德里格斯离沪回国。此后，阿根廷仍同中国台湾地区保持"外交关系"，但一直未派驻过大使。

中华人民共和国的成立在拉美引起较大反响。但拉美一直被美国视为它的"后院"，美国在政治、经济、军事等各方面对拉美国家严格控制，阻挠中拉关系的发展；同时，拉美国家大都同中国台湾地区保持着所谓"外交关系"。这是新中国同拉美国家发展关系的主要障碍。面对这一现实，我国对拉美国家的基本方针是：积极开展民间外交，争取建立友好联系，发展经济、文化往来，逐步走向建交，即"细水长流，以民促官，稳步前进"。我国同阿根廷的关系正是根据这一方针进行的。

阿根廷是拉美国家中同中华人民共和国进行交往较早的国家之一。新中国十分重视发展同阿根廷的关系，阿政府也曾数度通过亚太和会、红十字会代表同新中国接触，表达发展关系的愿望。阿根廷驻苏联大使等向我国表示愿来华访问，其他一些驻外人员也向我国索要介绍中国情况的材料，对我国表示友好。

20 世纪 50 年代，两国间有以下一些重要往来和友好活动：1953

阿根廷民族英雄圣马丁纪念碑。圣马丁是仅次于玻利瓦尔的南美最重要的独立战争领导人和解放者。

年 12 月，阿根廷一些对华友好知名人士在布宜诺斯艾利斯成立了阿中文化协会。当年该协会举办齐白石画展时，阿根廷总统庇隆致电祝贺。

1954 年 10 月，应中国国际贸易促进会的邀请，阿根廷工商界代表团访华，成员中有代表阿外贸部长的政府观察员奥拉西奥·诺博阿和工业协会主席爱卡维拉多。这是拉美国家第一个带有官方色彩的代表团访华。在近一个月的访问中，阿根廷代表团同我国工商界进行了广泛接触，双方签署了一项贸易合同。代表团还同中国国际贸易促进会发表了推动和发展两国贸易关系的联合声明。

同年 11 月，阿根廷驻瑞士使馆临时代办马里奥雷·莫里诺通过苏联驻瑞士使馆向我国驻瑞士使馆表示，希望同我国商谈关于中阿建交问题。在接触中莫里诺说，阿根廷政府的政策是和所有国家发展贸易关系，贸易关系是其他关系的基础。中方亦表示，愿与世界各国在平等互利基础上发展贸易关系。莫里诺后来对我国外交人员表示，由于阿根廷在内政方面有困难，目前还不准备承认新中国，但希望与我国继续保持非正式联系。我方表示，愿在平等互利、互相尊重主权和领土完整的基础上同阿谈判建交问题，在谈判建交前愿同阿根廷发展平等互利的贸易关系。

1956 年 10 月，中国对外文化协会会长楚图南率中国民间艺术团访阿根廷。该团集中了李少春、袁世海、杜近芳、云燕铭等我国久负盛名的京剧表演艺术家，以及我国中央民族歌舞团的一流演员。如此高规格的艺术团在阿演出，在中阿关系史上还是第一次。近半个月的演出在阿根廷引起轰动，盛况空前。

1957 年 6 月，我国外贸部局长陈明率中国银行代表团访阿，在考察访问中同阿根廷工商界、外交界、文化界人士进行了广泛接触，结交了不少朋友，向阿根廷人民介绍了中国，增进了相互了解和友谊。代表团拜会了阿财政部长和中央银行行长，双方商签了两国银行间支付协定的草案。后来该草案虽因阿方原因最终未能正式签署，但通过此访，两国银行之间建立了直接联系，并就中方购买阿根廷 3800 吨烤胶、150 吨硼砂、向阿出售 10 万吨煤达成协议。

1958 年 2 月，阿根廷举行大选，不妥协激进民主同盟候选人弗朗迪西当选总统。他在记者招待会上表示，阿根廷将保持同一切国家的关系，其中包括共产党中国，有意使阿政府成为拉美同中国建交的第一个政府。自此中阿关系有了进一步发展，友好往来明显增加。同年8 月，以周而复为团长的中国杂技团访问了阿根廷；11 月，阿根廷著名的奥斯瓦尔多·普格列赛探戈乐队访华，周恩来总理会见并观赏了乐队的精彩表演。但由于美国的压力和阿根廷国内政局不稳，弗朗迪西同中国建交的愿望未能实现。

60 年代初期，阿根廷议员团、文化代表团、民间艺术团、法律代表团、阿中人民之友代表团、报刊工作者联合会代表团，以及著名作家贝尔纳多·克林顿和奥古斯丁·韦萨尼等先后访华。1963 年 10 月，阿根廷新总统伊利亚入主玫瑰宫，政局稍有好转。由于受中法建交和中国从阿根廷大量进口粮食的影响，中阿关系出现某些发展的新迹象。1964 年 2 月，阿根廷谷物局主席多次向中国华润公司副总经理俞敦华表示，希望不久能看到中国在阿根廷有常驻人员，我国对此给予了积极回应。同年 3 月，我国以国际贸易促进会主席南汉辰的名义致电阿根廷工商部长，表示为进一步开展两国贸易和友好关系，建议在阿根廷建立非官方的贸易代表机构，即中国国际贸易促进会驻阿代表处。但对方一直没有答复。60 年代后半期，我国对外政策受到极"左"路线的干扰，阻碍了中阿关系的顺利发展，两国间既无官方联系，也无民间往来。

二、冲破藩篱开花结果

进入 70 年代，世界形势发生了重大变化，中美关系打破了长达 20 年的僵局，阿根廷国内形势也发生了大的变化。比较开明的军人总统拉努塞上台执政，提出打破"意识形态边界"，与不同社会制度的国家发展关系。他出于国际国内政治、经济多方面的考虑，决定加快发展对华关系的步伐。当时美国总统尼克松访华"公告"的发表，智利总统阿连德访阿时同拉努塞谈到与中国关系正常化问题，加之中国

市场的巨大吸引力（中国从阿根廷进口大量小麦，最高年度达一亿美元），所有这些都促使阿根廷政府下决心同中国发展关系。

1971年8月22日，罗马尼亚副外长布尔拉库告诉我国驻罗马尼亚大使张海峰，称阿根廷外交部副国务秘书何塞·马利亚·鲁达（以下简称鲁达）曾约见罗马尼亚驻阿根廷大使，表示："鉴于罗马尼亚与中国、罗马尼亚与阿根廷的良好关系，阿根廷政府请罗马尼亚政府协助转告中方，阿根廷国家元首拉努塞倡议阿中代表进行首次接触，讨论两个问题，一是阿中关系正常化的可能性，二是阿同中国发展贸易关系的可能性。阿方将派外交副国务秘书鲁达赴布加勒斯特同中国驻罗马尼亚大使进行初步会谈，希望对此保密，以免美国知道后对阿根廷施加压力。"中国政府对阿方倡议持积极态度，表示完全同意。

同年9月3日，在布加勒斯特开始了中阿建交谈判。参加会谈的中方代表为我国驻罗马尼亚大使张海峰，阿方代表为外交副国务秘书鲁达。阿方在谈判中表示，阿政府准备承认中华人民共和国政府为合法政府，但考虑到当时的情况，阿方还不能很快行动，在有些问题上希望中方谅解阿方的处境，鉴于第二十六届联大即将举行，对于能否恢复中国在联合国的合法席位，阿方没有把握。张海峰大使全面介绍了我国同各国建交基本原则，其中包括反对"两个中国"的立场。10月25日，在第二十六届联大表决恢复我国在联合国合法席位问题时，阿根廷在美国压力下投票支持美方的"重要提案"，对支持我国的阿尔及利亚和阿尔巴尼亚的"两阿提案"投了弃权票。11月3日，阿根廷外交副国务秘书鲁达通过罗马尼亚驻阿大使向我方提出，希望继续同中国进行关系正常化的谈判，并解释了阿在二十六届联大的投票受到国内和美国的强大压力，同时对中国在联合国的合法权利得以恢复表示欢迎和祝贺。中方表示同意继续同阿方进行关系正常化的谈判。

1972年2月8日，罗马尼亚第一副外长马科维斯库约见张海峰大使，转达阿根廷政府决定加速同我国建交谈判的愿望。11日，张海峰大使同阿根廷外交副国务秘书就建交问题继续商谈。阿方主动提出建交公报草案，经过三轮谈判，双方就公报草案进行了补充和修改，终于达成了协议。此时阿根廷总统拉努塞指示外交部立即向中方提出建议，两国建交公报必须在 2 月 19 日尼克松访华之前发表，因为他不愿意造成中阿建交是受尼克松访华影响的印象。于是双方商定，中阿建交公报由中华人民共和国驻罗马尼亚大使张海峰和阿根廷共和国外交副国务秘书鲁达分别代表各自政府于 16 日在布加勒斯特签字，19 日双方同时发表。公报的主要内容为：

中华人民共和国政府和阿根廷共和国政府根据互相尊重主权、领土完整、互不干涉内政或对外事务、平等互利的原则，决定自 1972 年 2 月 19 日起使外交关系正常化。

阿根廷共和国政府承认中华人民共和国政府为中国的唯一合法政府。

中国政府重申：台湾是中华人民共和国领土不可分割的一部分。阿根廷政府注意到中国政府的这一立场。

中华人民共和国承认阿根廷共和国对邻接其海岸的 200 海里范围以内的海域的管辖权。

两国政府同意采取积极措施以发展两国间的贸易关系。

中华人民共和国政府和阿根廷共和国政府同意，一俟行政手续和准备工作就绪，即互派大使。为此，两国政府同意按照国际法，在各自首都为对方建馆及其执行任务提供一切必要的协助。

关于建交后的"台湾问题"，阿方在谈判中作了澄清：阿方将立即照会台湾"大使"，通知阿根廷已承认中华人民共和国政府为中国唯一合法政府并要求台蒋"使馆"人员在尽可能短的时间内撤离阿根廷，阿根廷也将撤回驻台北"使馆"人员。阿根廷同台湾的贸易和邮电关系是私人关系。阿根廷外交副国务秘书还作了下述口头保证：自建交之日起，阿根廷将与台湾断绝"外交关系"，同台湾不保持官方和半官方的关系。但由于 1972 年 7 月，台湾在阿根廷设立台湾驻布宜诺斯艾利斯商务办事处，又将"大使馆新闻处"改为"东方编辑部"，1984 年改为"台湾文化中心"并迁往商务处一起办公，台中央社还在阿根廷设有记者站。

阿根廷外交部还单方面发表了新闻公报，对建交公报逐段作了解释性说明，强调从谈判一开始，阿方就提出应把外交关系正常化和贸易关系正常化放在同等重要的位置上，这是阿方的一个创举。

关于使馆规模问题，阿方提出因阿根廷是维也纳外交公约的参加国，受该公约的约束，如无特殊规定，接受国得规定派出国使馆的规模。中方尊重阿方的意见，并达成协议：中方驻阿使馆编制由大使和其他9名外交官、21名行政管理人员人组成，不包括工作人员配偶；阿驻华使馆人员将少于中方驻阿使馆人员。

经过双方共同努力，历时半年的谈判，终于冲破重重阻力，跨越意识形态藩篱，达成中阿建交协议。1972年9月1日，我国驻阿根廷使馆正式开馆。9月16日，中华人民共和国驻阿根廷共和国首任特命全权大使郑为之抵达布宜诺斯艾利斯，26日向阿总统拉努塞递交了国书。1973年1月5日，阿根廷共和国特命全权大使爱德华多·布拉德莱依抵达北京，8日向中国人大常委会委员长朱德递交了国书。

中阿邦交正常化不仅在阿掀起了前所未有的"中国热"，在拉美也引起了重要反响，对整个中拉关系的发展起到了推动作用。

建交后，由于阿政局一直不稳，加上阿方对"共产党中国"仍存戒心，两国间政治往来不多，层次不高，以经贸关系为主。1972年7月，应中国外贸部的邀请，阿农牧渔业部副部长访华。同年10月，我国农林部副部长梁昌武率团出席在阿举行的第七届国际林业大会。1973年4月，中阿政府签订了三年购粮协议，约定1973年至1975年间中国每年从阿根廷购买50万吨粮食。同年，中国经济贸易展览会在阿首都举行，庇隆总统和夫人会见了展团人员。1973年5月7日，应中国外交学会的邀请，阿根廷前总统庇隆夫人、正义党第一副主席伊萨贝尔·马丁内斯·德·庇隆访华。此行主要目的是为胡安·庇隆访华做准备，"并为进一步发展两国关系制造气氛"，同时着重了解中国妇女及青年工作情况。周恩来总理会见了庇隆夫人，同她进行了友好的、长时间的谈话，双方就如何发展两国友好关系和一些重大国际问题交换了看法。

1976 年 3 月 24 日，阿根廷发生军事政变，推翻了庇隆夫人政府，陆军司令魏地拉任总统，当晚阿根廷外交部照会中方要求予以承认。经过慎重考虑，根据我国不干涉别国内政的原则，29 日复照阿方，表示"中国政府将根据中阿建交公报的原则，继续保持和发展中阿两国的关系"。这是我国根据和平共处五项原则处理国家之间关系的一个范例。

同年 12 月 10 日至 15 日，应外贸部部长助理刘希文的邀请，以索列吉塔为首的阿根廷政府贸易代表团访华，受到外贸部长李强的接见。期间，双方签订了 1979 年 1 月至 6 月中国购阿根廷 20 万吨小麦合同。

1977 年 2 月 2 日，郑为之大使和阿外长卡洛斯·帕斯托分别代表各自政府签署了中阿政府贸易协定。协定指出，缔约双方相互给予最惠国待遇，并同意成立双边贸易混委会。根据该协定，1979 年至 1981 年间，中方每年从阿购买 80 万—100 万吨玉米、小麦，25000 吨原棉。同年 6 月，以袁庚为团长的中国政府海运代表团访问阿根廷，双方草签了两国政府间海运协定。

1978 年 5 月 28 日至 6 月 2 日，以经济部长何塞·阿·马丁内斯·德奥斯为首的阿根廷经济代表团访华。这是中阿建交以来阿根廷第一个部长级代表团来访。邓小平副总理会见了代表团。30 日，外贸部长李强和交通部长叶飞分别同马丁内斯签署了关于交换中阿贸易协定正式生效文件的纪要和中阿海运协定。陈慕华副总理会见代表团并出席了签字仪式。在签字仪式上，中阿双方还交换了有关商标注册和相互免除海运企业税捐的文件。同年 10 月 5 日，在阿根廷经济部长的支持下，阿中商会在布宜诺斯艾利斯成立。阿出口商会主席胡里奥·韦特因任商会主席。

1979 年 4 月，阿根廷经济部计划和经济协调国务秘书克莱因率阿根廷经贸代表团访华并参观了广交会。同年 6 月，我国外贸部副部长陈洁率中国政府贸易代表团访问阿根廷并同阿方举行了贸易混合委员会第一次会议。双方还达成了阿根廷向中方提供三亿美元贷款用来购

买阿根廷非传统产品的协议，该协议于 1980 年 6 月 4 日在北京正式签署。1979 年 9 月 4 日至 16 日，中国经贸展览团在阿举办经贸展览会，阿总统魏地拉致电祝贺并会见了代表团。

三、互有需要，共谋发展

拉美国家 80 年代爆发债务危机，90 年代又受到新自由主义发展模式的破坏，经济处于十分困难的境地。为了改变这一状况，从 90 年代末期起，各国普遍实行政策调整，对内在经济方面加强宏观调控和国家干预，进行结构性改革，注重改善民生，缩小贫富差距；对外实行多元化、务实的开放政策，着力吸引外资，重视发展同中国等新兴大国的关系。这一时期，中国正在加强改革开放的力度，实行走出去的方针。中国同包括阿根廷在内的拉美国家，都需要加强和发展双边关系。正是在这一背景下，中阿关系有了突破性进展，开始了高层互访，从而带动了其他关系的发展。

1980 年 6 月，邓小平副总理会见来访的阿根廷总统魏地拉。

　　1980 年 6 月 5 日至 10 日，应国务院总理华国锋的邀请，阿根廷总统魏地拉对中国进行了正式访问。这是两国关系史上阿根廷总统首次访华。魏地拉来访前夕接受记者采访时说，这次对中国的访问是一次具有历史意义的重大事件，将为建立阿中之间更密切、更良好的关系奠定政治基础，希望能够找到加强两国在各个方面合作的可能性和途径。访问期间，他同华国锋总理举行了两次会谈，双方就国际和地区形势、各自国内情况及双边关系，坦诚地交换了意见，达成了广泛共识。魏地拉表示，两国在维护主权、坚持不干涉原则、建立新的经济秩序等方面有相同立场，这使阿中有可能建立一种协商制度，中国的四化进程也有利于双边关系的发展，阿根廷已做出政治决定，同中国在各个领域合作。华总理说，中国需要一个和平的国际环境，但必须反对霸权主义，才能维护世界和平。中国愿在和平共处五项原则的基础上，同所有国家发展友好关系。相信总统这次访华将使两国关系进入一个新的阶段，是两国友好关系取得重大进展的里程碑，无疑将对进一步发展这种关系产生深远的影响。

1988 年 5 月，杨尚昆主席会见来访的阿根廷总统阿方辛。

邓小平副总理在会见魏地拉时说，我们有共同的愿望，不仅要维护民族尊严、独立，而且要发展经济，争取较长时间的国际和平环境。80 年代是充满危险的年代，我们应清醒地认识并充分地估计到这种危险，才能采取有针对性的战略和策略，来对付这个危险。这就是中国在国际事务中采取措施和政策的出发点。

魏地拉访华期间，双方签署了中阿经济合作协定、科技合作协定、金融合作协议和文化交流换文。

访问结束后，魏地拉对随行记者说，他这次访华的目的完全实现了。他和中国领导人的对话是积极、深刻和真诚的。尽管有细微的分歧，但取得了积极的一致。阿在国际舞台上有了一个盟友，在寻求市场方面有了一个经济盟友。阿媒体对魏地拉访华给予了广泛报道和高度评价。

1980 年 8 月，阿根廷谷物委员会主席拉克罗塞访华，同中方签订了为期 4 年的粮食协议，阿根廷每年向中国出售 100 万至 150 万吨小麦、玉米和大豆。

1984 年 11 月，应阿根廷外交部的邀请，国务委员兼外长吴学谦对阿进行了正式友好访问。这是中国外长首次访问阿根廷。吴学谦拜会了阿根廷总统阿方辛，同阿根廷外长卡普托进行了会谈，在阿根廷国际关系委员会作了有关我国对外政策的报告。1985 年 4 月，阿根廷外长卡普托对我国进行了正式友好访问。两国外长的首次互访，增进了相互了解，促进了两国关系的发展。

1988 年 5 月 13 日至 16 日，应时任国家主席杨尚昆的邀请，阿根廷总统阿方辛对中国进行了正式访问。期间，杨尚昆主席和邓小平主席分别会见了阿方辛。邓小平在会见阿方辛时说，整个第三世界是最大的和平力量。第三世界每发展一步，和平力量就发展一步。第三世界的发展就是和平的保障，世界和平是有希望的。我们至少需要 50 年的和平，以便发展自己，这是可能的。在谈到亚洲和拉美发展前景时，邓小平说，人们常讲 21 世纪是太平洋时代，我认为真正的太平洋时代的到来，至少还需要 50 年。我同时相信那时也会出现一个拉美时代。

我希望太平洋时代、大西洋时代和拉美时代同时出现。在会见中，杨尚昆主席表示，中国政府十分重视加强同阿的友好关系，各个领域的合作有着巨大的潜力。李鹏总理同阿方辛就双边关系和重大国际问题交换了意见并达成广泛的共识。双方签署了航天科学研究和应用合作协定、南极合作协定、动物检疫及卫生合作协定、两国农业科学院合作计划协定和关于互设总领馆协议等 5 项双边合作文件，并就建立政治磋商制度和阿在华建立示范农场意向书达成协议。此外还签订了中国向阿供应动力煤和炼焦煤意向书，规定 1989 年到 1991 年，中方每年向阿供应动力煤和炼焦煤各 10 万吨。双方还签署了中国购买阿根廷钢管、粮食和食糖的意向书。

阿方辛在访问结束时表示，此次访问达到了一个基本政治目标，即全面发展同中国的关系。阿准备从中国进口原煤、建立合资企业、向第三国出口产品，逐步实现两国贸易平衡。1989 年中阿双边贸易额为 5.76 亿美元，历年我国累计逆差达 36.4 亿美元。

1989 年阿根廷举行大选，正义党候选人梅内姆当选总统。7 月，中国政府特使、冶金部长戚元清出席了其就职典礼。梅内姆在会见中国特使时指出，阿中友好合作关系是阿本身利益所在，任期内将加强两国关系，希望大力发展贸易和文化方面的密切合作。

80 年代，阿议会同中国人大的交往也较频繁。阿副总统兼参议长维克多·马丁内斯、众议长胡安·卡洛斯·普列塞以及其他议员先后来访。全国人大常委会副委员长黄华率领的访阿代表团是建交以来访阿的第一个全国人大代表团。根据阿方建议，我国全国人大于 1986 年 3 月成立中阿友好小组，武衡任主席。同年 9 月，阿根廷议会也相应成立了阿中之友议员小组。80 年代，中阿间军事、文化和体育等领域的交流与合作也有了显著增加。

90 年代，中阿政治高层往来增多，经贸关系也有了进一步发展。1990 年 5 月 26 日至 29 日，时任国家主席杨尚昆对阿根廷进行了国事访问。这是我国元首第一次访问阿根廷，双方对此次访问高度重视。杨主席在同阿总统梅内姆会谈中就双边关系和共同关心的问题进行了

1990 年 11 月，江泽民总书记在北京会见来访的阿根廷总统梅内姆。

坦诚、友好的会谈。杨主席说，阿根廷是拉美大国，中国一直很重视同阿根廷发展关系。阿根廷是最早同新中国建立直接贸易关系的拉美国家。两国建交以来，在各个领域的友好合作都取得了可喜的进展，中国将永远是阿平等友好的伙伴。中国政府明确支持阿根廷和其他拉美国家反对强权政治、维护国家主权的斗争，联合自强推进地区一体化的努力，公正合理解决面临的外债问题的立场。中国愿同包括阿根廷在内的拉美国家，在平等互利、讲求实效、形式多样、共同发展的原则基础上，发展双方经济技术合作关系。中拉经济发展水平相近，互补性较强，合作前景广阔。梅内姆总统表示，杨主席此次访问十分重要，为两国关系注入了新的活力。他认为中国革命的成功是个里程碑，中国的改革很有现实意义。中国是世界和平的关键性因素，特别感谢中国在马岛冲突中对阿的支持，并表示支持中国收回香港的进程和在南极开展科考工作。访问期间，双方签署了互发使馆、总领馆人员四年多次签证协议。90 年代，乔石委员长、中共中央常委胡锦涛、朱镕基副总理、李岚清副总理、吴邦国副总理、中共中央常委尉健行等先后访阿。

1990 年 11 月 14 日至 16 日，阿总统梅内姆首次访华，分别会见了杨尚昆主席、江泽民总书记，并与李鹏总理进行了会谈。访问期间双方签署了领事条约、两国政府磋商制度议定书、关于促进建立合营企业协定和谷物贸易意向书，草签了中国向阿提供 2000 万美元出口信贷协议。1995 年 10 月 2 日至 5 日，梅内姆总统第二次访华。期间，梅内姆总统与江主席进行了会谈，并会见了乔石委员长、朱镕基代总理。双方举行了第 12 次经贸混委会会议；就阿根廷在上海开设领馆和中国在阿保留设领权利进行换文；签署了 1996 年中国从阿根廷进口 10 万吨钢管的意向书。北京大学授予梅内姆名誉法学博士学位。

四、展望未来前景美好

进入 21 世纪，中阿关系得到全面、深入、多层次的发展。高层互访频繁，相互了解和信任加强。2000 年 9 月中旬，阿总统德拉鲁阿访华，同江泽民主席进行了会谈。江泽民表示，中阿分别是亚洲和拉美地区重要的发展中大国，在许多重大国际问题上有共同的利益和相似的立场。中国历届政府都十分珍视同阿根廷的关系，希望两国政府站在战略的高度，共同构筑中阿 21 世纪全面合作伙伴关系。德拉鲁阿表示完全同意江主席的看法，重申坚持一个中国政策，支持中国实现完全统一。江主席重申中国政府一贯支持阿根廷人民对马岛主权的要求，希望阿根廷同英国通过和平谈判尽早解决争端。中阿双方签署了文化交流及地学领域合作协议。

2001 年 4 月上旬，时任国家主席江泽民对阿根廷进行国事访问，同德拉鲁阿总统再次进行了会谈，双方就双边关系及共同关心的地区和国际问题深入交换了意见，并就建立中阿 21 世纪全面合作伙伴关系达成共识。双方签署了中阿关于民事和商事司法协助条约、生物技术和生物安全协议、中国国际电台与阿根廷因特网公司合作协议等。同年应邀访阿根廷的还有全国人大常委会委员长李鹏。

2004 年 6 月下旬，阿根廷总统基什内尔访华，同国家主席胡锦涛进行了会谈。胡主席说，中阿建交 32 年来，两国关系稳步发展，高层互访不断，政治互信关系加深，经贸合作逐步扩大。提议从以下四个方面发展双边关系：第一，保持高层互访和接触，带动各部门、各层次的交流合作；第二，加强和扩大经贸合作，努力实现互利互赢；第三，扩大两国人员往来和交流，拓宽两国民间友好的基础；第四，加强两国在联合国、世贸组织、东亚合作论坛等多边机制中的协作与合作。基什内尔完全同意胡主席的建议，重申继续加强和发展两国友好合作关系的愿望。会谈后，双方签署了两国关于民航、卫生、文化、投资和农业等方面的合作协议。双方主管部门还表达了在铁路建设方面的合作意愿。

同年11月中旬，胡锦涛主席对阿根廷进行了国事访问。在半年内两国元首实现互访，这在国际上是很少有的事，说明双方对发展两国关系的高度重视。双方就共同关心的问题进行了深入的会谈，在政治、经贸、科技、文化和国际等各个领域的合作达成广泛的共识。双方签署了和平利用外层空间合作的框架协定、中国旅游团队赴阿根廷实施方案谅解备忘录、铁路工程合作谅解备忘录和加强教育领域交流与合作谅解备忘录等双边合作文件。双方确定建立和发展中阿战略伙伴关系，在新的基础上全面发展两国友好关系。这对中阿关系的发展具有重要的指导意义。胡主席在阿参众两院还发表了重要演讲，高度评价中阿、中拉关系发展取得的积极成果及其重要意义，表示中国和拉美国家应抓住机遇，共同努力，推动双边关系迈上新台阶。

2010年7月中旬，阿新上任的总统克里斯蒂娜·费尔南德斯·德基什内尔对中国进行国事访问。她同胡主席回顾了中阿建交38年来双边关系的成功发展，双方强调2004年建立战略伙伴关系具有重要意义，在当前复杂的国际形势下，两国更应以战略和长远眼光看待和发展中阿友好合作关系。中方重申坚定支持阿在马岛问题上的主权要求，希望重启有关谈判，根据联合国有关决议的规定，寻求马岛问题最终和平解决。阿方重申坚定支持一个中国政策，支持台海两岸关系和平发展与中国和平统一。双方相信两国在促进投资和贸易多样化、质检部门的合作、牛遗传物质领域的合作以及在基础设施建设和铁路领域的合作将取得新的进展；继续和加强在文化、教育、科技、天文、农业、食品技术、体育、旅游等方面的合作；探讨在和平利用核能和空间活动方面开展合作的可能性。中方欢迎阿根廷驻广州总领馆开馆，并愿提供方便和协助。

进入新世纪以来，中阿经贸关系有了很大发展。两国贸易额从1999 年的 10.86 亿美元增加到 2011 年的 147.95 亿美元，增加了 15 倍之多。阿根廷已成为我国在拉美第五大贸易伙伴，我国是阿第二大贸易伙伴。中方主要出口机械设备、计算机和通信技术、电器和电子产品、纺织纱线、织物及制品，进口大豆、原油和皮革等。

截至 2010 年底，我国对阿投资累计为 66.5 亿美元，涉及能源、机械、化工等行业。阿方累计在华投资项目 399 个，实际使用投资金额 1.74 亿美元，主要投资领域为制造业、房地产开发、水产品加工等。同一时期，我方累计签订承包工程和劳务合作合同 29.9 亿美元，完成营业额 8.94 亿美元，主要承担工程项目为造船、港口龙门吊安装等。

中阿政府间建有经贸混委会，已举行 18 次会议。混委会下设经贸互补性研究、铁路及基础设施建设合作、矿业合作、反倾销事务、贸易救济合作等工作组。

2004 年 11 月，阿政府宣布承认中国市场经济地位，但迫于国内产业界压力，至今还未落实。阿是世界上对我国产品采取贸易救济措施最多的国家之一。截至 2011 年，阿方对我国共发起 86 起贸易救济措施，其中反倾销调查 81 起，保障措施 5 起，涉案金额 15.04 亿美元。

展望未来，由于中阿同属发展中国家，有着相似的历史遭遇，面临和平发展的共同任务，经济发展水平相似，互补性较强，40 年来已建立起坚实的合作基础，在许多方面拥有共同的利益和立场，双方又具有发展关系的强烈的政治意愿，因此，中阿两国友好合作关系的发展有着十分美好的前景。（2012 年 2 月）

马岛争端与中国立场

　　2012年是阿根廷和英国之间为争夺马尔维纳斯群岛（简称"马岛"，英国称为"福克兰群岛"）而爆发战争30周年，双方从政府到民间都举行了一系列的纪念活动，再度勾起了人们对那次不幸战争的痛苦回忆。

　　马岛位于南大西洋，由780座岛屿组成，总面积12173平方公里，现有居民3000人，多为英国人。马岛距阿根廷本土最近510公里，离英国本土约13000公里。马岛是海上交通要道，附近海域又蕴藏丰富的石油资源，具有重要战略意义。

　　关于马岛主权，历来存有争议。西班牙声称根据1494年托尔德西利亚斯条约，该岛属西班牙管辖范围。1520年麦哲伦船队第一次发现该岛，命名为马尔维纳斯群岛。英国宣称，该岛由英国人戴维斯于1592年发现，1690年英国船长斯特朗到此，将它命名为福克兰群岛。1764年法国人到此，1767年又将该岛转让给西班牙，成为其殖民地，属布宜诺斯艾利斯政府管辖。1816年阿根廷独立后，宣布继承对群岛的主权。1833年英国出兵赶走阿根廷地方当局

作者夫妇在麦哲伦塑像前留影。双腿横跨在大炮上的麦哲伦塑像，征服者的形象被淋漓尽致地表现出来。

和居民，占领该岛。阿根廷历届政府始终拒绝承认英国的占领，并一直设法通过外交途径收回对马岛的主权。二战后，英国同意该岛非殖民化，但主张根据岛民意愿决定其归属。1964 年联合国非殖民化特别委员会向联大提交报告，认为非殖民化宣言适用于马岛，希望阿、英政府根据联合国宪章和《非殖民化宣言》以及该岛居民的愿望，通过谈判和平解决主权争端问题。1965 年第 20 届联大通过决议，要求阿、英通过谈判解决争端。70 年代后，附近海域发现了丰富的石油资源（估计蕴藏量为 10 亿桶），双方争端更加激烈。1982 年 2 月，双方在纽约举行的谈判破裂，两国关系紧张，战争一触即发。

1982 年 4 月 2 日，阿根廷加尔铁里政府为缓和国内矛盾，出动三军攻占了马岛。英国撒切尔夫人政府立即宣布与阿断交，并派遣两艘航空母舰为核心的特混舰队远征南大西洋，向马岛进发。双方经过激烈的战斗，阿根廷军队终因综合力量弱不敌强，于 6 月 16 日在斯坦利港投降，宣告失败。英军重新夺回了马岛。

这场战争历时 74 天，阿方参战兵力 6.5 万人，作战舰只和辅助船只 33 艘，合计 12 万吨，飞机 350 余架，地面部队 1.3 万人；英方参战兵力 3.5 万人，各型舰只 118 艘，合计 100 余万吨，各型飞机 340 架，地面部队 9000 余人。这场战争造成阿军阵亡 650 人，伤 1300 人，被俘 11800 人；英军阵亡 255 人，伤 777 人，被俘 210 人。

这是二战后在南大西洋上爆发的一场规模最大的海空作战，是一个欧洲强国与南美洲发展中国家之间进行的一场大量使用先进武器的现代化战争，被称为"导弹时代的首次战斗"。

战争爆发后，4 月 3 日，应英国要求，联合国安理会召开紧急会议，通过了第 502 号决议，呼吁英、阿通过外交途径谈判解决争端，但双方立场差距大，无法实行。5 月 26 日，安理会一致通过 505 号决议，授权联合国秘书长恢复斡旋活动。6 月 4 日，在英军进逼马岛的情况下，英、美在安理会上否决了一项要求英、阿双方在马岛立即停火的决议草案。在这次马岛战争中，拉美国家普遍支持阿根廷。不结盟国家会议通过决议，支持阿根廷对马岛主权的要求。苏联起初态度暧昧，之后明确表示支持阿根廷。欧共体国家则支持英国，对阿根廷进行制裁，宣布完全禁止从阿根廷进口货物和向阿根廷出售武器。新西兰和加拿大也站在英国一边。

美国起初宣称英、阿都是"好朋友"，对争端持"中立"和"不偏不倚"的态度，在英、阿之间进行斡旋，但实际上偏袒英国。4月30日，美国政府发表声明，放弃在英阿争端中的中立立场，停止斡旋、调解活动，完全站在英国一边，同欧共体国家一起在军事和经济方面制裁阿根廷，积极响应向英军提供支持的要求，美国总统里根在一次谈话中甚至说阿根廷是"侵略的一方"，表示"不允许这种武装侵略得到成功"。美国对马岛战争的立场引起拉美国家的强烈不满和反对，谴责美国背叛了自己提出的泛美主义原则和1947年9月在里约热内卢签订的《美洲国家间互助条约》（又称"泛美联防公约"）。该条约规定："整个美洲大陆及其周围海域（面积约一亿平方公里）都属于条约联防地区；任何国家对美洲一国的武装攻击应视为对全体美洲国家的攻击，缔约国均应共同防御和集体自卫。"很显然，美国违背了自己庄严的承诺。

1985年11月，作者在布宜诺斯艾利斯市五月广场喷泉前留影。

在马岛问题上，中国政府一贯坚定地支持阿根廷的立场。1982年3月31日，马岛形势紧张时，阿根廷外交部副部长罗斯约见我国驻阿使馆临时代办鲁晋，通报马岛形势并希望支持。鲁晋表示理解和同情阿根廷在马岛问题上的立场。4月1日，章文晋副外长应约会见阿驻华大使苏维萨时表示，中国政府坚决反对殖民主义，支持一切国家维护主权和领土完整。中国希望阿、英通过直接谈判使这一问题得到解决。同月4日，我国驻联合国代表凌青大使在安理会上解释中国对马岛问题立场时指出，历次不结盟会议均指出了马岛主权归属问题，呼吁双方通过谈判以求和平解决。我们注意到不结盟国家的上述立场。中国代表团希望阿、英继续通过谈判谋求和平的合理的解决。6日，我国外交部发言人也重申，中国政府一贯坚决反对殖民主义，支持各国维护主权和领土完整的正义立场。11月2日，第37届联大开始审议马岛问题，根据阿根廷和19个拉美国家提出的关于要求阿英两国通过和平谈判解决马岛争端问题，4日就此通过决议。中国投了赞成票。但英国拒绝，声明不与阿谈判马岛主权问题。我国外长黄华在大会上发言时指出，马岛事件提醒人们，战后非殖民化的进程还未彻底完成，我们和广大第三世界国家一道，衷心地希望有关方面通过和平谈判公正合理地解决马岛问题。阿根廷外长胡安·阿吉雷拉·拉纳里和总统比尼奥内中将分别致电外长黄华和全国人大常委会委员长叶剑英，对我国在联大投票中支持阿在马岛问题上的立场表示感谢。

马岛战争结束后，阿、英仍坚持各自的原则立场。2004年8月22日，阿在新宪法中增加了维护马岛主权的条款，同时先后提出以赎买、马岛悬挂两国国旗共管、主权共享等解决方案，但英国未作让步，坚持由马岛居民投票决定该岛归属问题。岛上居民绝大多数为英国人，因此阿也无法接受。后来，阿根廷所在的南方共同市场（包括巴西、乌拉圭和巴拉圭等国）决定禁止悬挂马岛旗帜的船只在本国港口停靠，阿根廷还对英国威廉王子抵达马岛并在一艘军舰上服役表示不满。所有这些，都导致阿英关系紧张。

马岛战争以后，在阿、英有关争端中，中国政府继续支持阿根廷。在两国领导人的互访会谈中，都会涉及马岛问题。2000年9月江泽民主席在会见来访的阿总统德拉鲁阿，以及 2010 年 7 月胡锦涛主席会见来访的克里斯蒂娜总统时，都重申了中国政府坚定地支持阿根廷对马岛主权的要求，呼吁阿、英两国根据联合国的有关决议，和平、公正、合理地解马岛争端问题。2014 年 7 月，习近平主席访问阿根廷时，重申了我国支持阿根廷对马岛主权要求的立场，支持根据联合国相关决议，重启有关谈判，和平解决这一问题。

一望无际的潘帕斯大草原

1985 年 11 月初的一个上午，阳光普照，空气清新。我随着中国代表团乘车参观了久已向往的潘帕斯大草原。

离开布宜诺斯艾利斯市不久，我们就被那一望无际的绿色平原所吸引。崭新碧绿的牧草和蔚蓝色的天空好像连在一起，我们犹如行使在绿色的大海之中。阿根廷人自豪地说："我们的大草原呀！从大西洋一犁耕到安第斯山麓，在草原上骑马奔驰，都不会碰到一块石头。"

黄昏时分的潘帕斯大草原，更加美丽迷人。

一路上，只见那白、黑、黄等色彩相间的无数牛群遍布原野。它们有的在低头贪婪地吃着娇嫩的青草，有的在悠闲地散步或东奔西跑。辽阔美丽的草原风光令人陶醉。此时，我才真正理解俄罗斯作家果戈理赞美草原的一句话："大自然中的任何东西都不可能比它们更美丽了。"

阿根廷陪同人员介绍说，"潘帕斯"在印第安语中意思就是大草原。它是拉普拉塔河平原的一部分，包括布宜诺斯艾利斯、科尔多瓦、拉潘帕、圣菲和恩特雷里奥斯五个省，面积为70万平方公里，约占阿根廷全国面积的25%。这里地势平坦，土质肥沃，气候温和，雨水充足，牧草茂盛，只要进行适当轮作，不施肥料就能长出很好的牧草和庄稼。

美洲本来无牛马。公元16世纪时，西班牙殖民者门多萨和加拉伊先后从欧洲带来了牛和马等牲畜，在肥沃的潘帕斯大草原野生放养这些牛马繁衍迅速，为阿根廷畜牧业的发展打下了基础。起初，人们主要是捕杀野牛，剥取其皮向欧洲出口。18世纪20年代，开始人工游牧驯养。19世纪50年代，采用铁丝网围栏放牧，引进了优良畜种，并大规模种植紫花苜蓿。有时我们看到牛在地里大摇大摆地吃着青玉米和高粱。陪同的阿根廷朋友解释说，这是为了调剂牛的食谱。这样不仅能促进牛的生长和繁殖，并且能提高其肉的质量。20世纪30年代，牛的存栏数发展到3200万—3400万头之间，80年代以来基本保持在5000万—5600万头的水平上。潘帕斯草原地区牛的存栏数约占全国总量的80%。1999年牛的存栏数为5000万头，屠宰量为1241万头。牛肉产量为265万吨，出口33.8万吨，出口收入6.5亿美元。阿根廷也是世界有名的粮食出口国，因此有世界"肉库粮仓"的美称。阿根廷牛肉的3/4供国内食用，每年人均牛肉消费量为90公斤左右。可以说，牛肉是阿根廷人的主食，以烤肉为主。阿根廷的烤牛肉是世界闻名的，就连盛产牛肉的巴西，也只有使用进口的阿根廷牛肉烤出来的才算上乘。阿根廷人解释说，因为阿根廷牧场地势平坦，牛的运动量小，肉比较松软，烤出来的肉好吃，而巴西牧场多为丘陵地带，牛的运动量大，肌肉紧而硬，烤出来效果就不一样。但对我们中国人来说，都同样好吃。在潘帕斯草原上，还随时可看到美丽的红灶鸟。它是阿根廷的国鸟，禁止捕捉。在公路两旁的电线杆的横木上、树枝上、房顶上和牧场的栅栏柱上，都可看到红灶鸟营造的奇特的环形鸟巢。这也是潘帕斯草原的一大景观。这种鸟巢是红灶鸟用草秸、湿泥和牛粪建造的。它们把这三样东西搬运到一起，用嘴和脚灵巧地调和，使其具有更大的粘合力。用这些材料筑成的巢像石头一样坚硬，即使被石块击中，也不会破裂。巢一边的进出口直径约10厘米，巢内分为两室，外面是休息室，里面是育儿室，两室中间有一道较低的栏栅隔开，以便保护巢内的蛋。育儿室还铺垫着细草。鸟巢呈红色，好像窑烧的红砖，形状如同烤面包的炉子，因此红灶鸟又有一个外号叫"面包师"。雌鸟产蛋在巢中，蛋孵化约5个星期后，幼雏长满羽毛就离巢而去，从此再不返回。

探戈的摇篮

如果说阿根廷是探戈故乡，那么布宜诺斯艾利斯则是探戈的摇篮。阿根廷人视探戈为国宝和民族骄傲，和中国京剧一样，已成为"民族文化遗产不可分割的一部分"。因此，外国人到了阿根廷如不看探戈表演，就等于白来一趟。

闻名世界的阿根廷探戈舞

春天的一个晚上，我们有幸应邀观赏了阿根廷艺术家们表演的探戈。这是一个歌剧院式的表演大厅，可容纳上千人。当帷幕拉开，乐曲响起，一对青年舞蹈演员登上舞台。男的身穿黑色晚礼服，扣着大红领结；女的穿一身红绸衣裙，斜圆下摆一侧开叉，在长发齐耳处插一朵红花，给人以清新高雅之感。随着节奏感极强的舞曲，二人翩翩起舞，时而快如流星，时而舒缓顿挫。一连串的交叉环绕的舞步，变化无穷的优美造型，目不暇接的踢腿、旋转、折腰、回首、跳跃，错综复杂，令人眼花缭乱。他们好像一对处于热恋中的情人，在谈情说爱，又好像在做一种游戏，尽情地展现着青春的活力与浪漫。动作热情奔放，又轻松自然，达到了刚柔结合、神情交融、高雅浪漫兼备、出神入化的境界。

探戈诞生于 19 世纪末叶，那时阿根廷经历战乱已进入新的发展时期，从农村流入城市的贫苦牧民和来自西班牙、意大利等国的大批欧洲移民，大都在拉普拉塔河码头打工谋生。每当夜幕降临，他们便集聚到"博卡"（西班牙文"河口"之意）平民区的小酒店和咖啡间喝酒消愁，狂欢作乐。他们把从各自本土带来的不同风格的音乐、舞蹈糅合在一起，创作了表达自己思想感情的歌曲和舞蹈。或宣泄自己内心的苦闷，倾诉思乡情怀；或抨击不良社会现象，寄托对未来的希望，这就是最早的探戈。博卡便成了探戈的发源地。如今这里仍是一个旧码头，街道两旁是被漆成花花绿绿的小木屋，作为一个旅游点，许多人到这里来寻找探戈的根。这里有许多小商店和地摊，出售着以探戈为主题的纪念品，如绘画、雕塑、服装、钥匙链等。

探戈是西班牙文 Tango 的译音，其原意为非洲人伴舞演奏用的一种皮鼓。探戈最早流行于下层社会的娱乐场所和街头巷尾，很受老百姓的喜爱，被称为"带泥污的天使"。然而上层社会却视探戈为猥亵淫秽之物，认为其有伤风化，并下令禁止。但植根于人民之中的探戈具有顽强的生命力，它冲破重重阻力，迅速传播到布宜诺斯艾利斯以至全国，并越过国界传播到了巴黎，继而进入欧洲各国，成为风行一时的社交舞蹈。

初期的探戈，多为小提琴、吉他和笛子的三重奏，后又加上六角手风琴，变成四重奏。到了二十世纪二三十年代，探戈音乐的杰出代表胡里奥·德卡罗创造了以六重奏和管弦乐演奏的探戈舞曲，并融合了拉美、欧洲和非洲各种不同的音乐风格。被誉为"探戈之王"的卡洛斯·加尔德尔，为舞蹈音乐填进歌词进行演唱，从而发展了探戈舞曲，逐渐地形成把舞蹈、填词、声乐和乐器融为一体的探戈文化。

加尔德尔1890年12月11日出生于法国，家庭贫寒，但才华横溢，天生一副洪亮的歌喉，一生演唱、作词和收编的探戈乐曲共800多首，风靡于世，经久不衰。1935年他在一次巡回演出时，因飞机失事而不幸遇难。为了纪念他，阿根廷政府将他的诞辰12月11日规定为全国探戈日。阿根廷的另一位探戈大师是普列赛，他1903年12月2日出生于布宜诺斯艾利斯，1995年7月25日去世。他为探戈舞曲的定型，以及将其发展成20世纪30年代美欧流行音乐的主要体裁做出了重大贡献。他还把节奏较强的乐曲融入通俗的探戈乐曲，改造成大众喜欢的舞曲。40年代他谱写的探戈舞曲，传遍了整个拉美和欧洲一些国家。

经过上述几位大师的改造，阿根廷的探戈日臻成熟、完善，达到了炉火纯青的程度。

为了继承和发扬探戈文化，阿根廷政府组织专门力量在全国推广，要"让探戈无处不在"。阿参议院还专门通过一项法案，规定一切宣传和推广探戈艺术的活动都为"代表国家的利益"；以探戈为主题的文学、音乐和视听艺术作品，音乐节、文艺演出和造型艺术展览，关于探戈的教育和文学研究以及对探戈有纪念意义的场所和物品等，均受法律保护；政府免征探戈演出税，以鼓励国家文艺团体继承和发扬这一艺术；阿根廷的文化和旅游部门必须把探戈作为有代表性的民族文化，贯穿其对外宣传活动。阿根廷如此重视保护和发扬民族文化，其经验和做法，值得借鉴和学习。

墨西哥篇

中墨友好的故事

在墨西哥的阿卡普尔科港口的拉克布达广场上，高高耸立着一座"中国之船"纪念碑。这是阿卡普尔科当地政府于 1936 年 11 月 20 日建立的，其目的是纪念 400 年前抵达这里的一条中国帆船。

中国和墨西哥是地处东、西半球的两个文明古国，两国之间友好往来历史悠久，源远流长。据史书记载，公元 5 世纪中国佛教大师慧深和尚远渡重洋到过的那个扶桑国就是墨西哥，他在那里生活了 40 年。《梁书》中描写的扶桑木就是盛产于墨西哥的龙舌兰。在我国明朝万历三年，即墨西哥等拉丁美洲国家仍处于西班牙殖民统治初期，中国货物，如丝绸、瓷器、棉纱、茶叶、象牙雕刻等手工艺品，通过被西班牙人占领的马尼拉输入墨西哥，又将墨西哥的白银、玉米、花生、西红柿等带到中国，繁荣了双方之间的贸易。通过商品交换，大量墨西哥银圆流入中国。因银圆上的国徽铸有鹰的图案，而被称为"鹰洋"。鹰洋在中国流通了 300 多年，至 1911 年约有三亿元。由此可见当时中墨之间贸易的盛况。

墨西哥人称来自马尼拉的运送中国货的帆船为"中国之船"。大量墨西哥的银圆的流入，促进了我国商品货币关系的发展和币制改革，也促进了两国商业和人员的交流。16 世纪在墨西哥城就出现了美洲第一条唐人街，即中国人居住的街。这一切都是中国之船所带来的结果。"中国之船"已成为中墨两国人民友好交往的象征，在双方领导人讲话中常被引用。

在墨西哥还流传着一个传奇性的感人故事：1614 年，一个 13 岁的名叫美兰的中国姑娘随其父母出洋前往印度德里，途中遭海盗袭击，美兰被劫持到马尼拉卖给西班牙一个船长当女奴，到了阿卡普尔科又被卖给了梅尔·苏萨将军，该将军把她带到普埃布拉城家中给其夫人当女仆。美兰聪明、漂亮，又善良，赢得了主人的好感，后被收为义女，并接受天主教洗礼改名嘉达莲娜·尼·依芳。美兰心灵手巧，擅长编织和刺绣，绣的衣裙图案优美，色彩艳丽，深受墨西哥人民喜欢。她把中国传统的刺绣和剪裁方法传授给当地妇女，逐渐形成一种融合中墨两国民间服装特色的中国—普埃布拉女服，一直流传至今。美兰在传授技艺的过程中同当地妇女结下了深厚的友谊，她把墨西哥当作自己的第二故乡。她死后，当地人民在普埃布拉城古堡下花园里为她建墓，树碑立传，并设立纪念馆。纪念碑上高高耸立着身穿彩色绣花衣裙的美兰雕像，周围有一道青花瓷砖墙，在墙正面一块铜牌上写着："普埃布拉的中国姑娘"，墓志铭为："她出生于高贵的摇篮，那种谦虚的品格令人敬爱。她生存了 87 个年头。她的逝世，使大家惋惜、悲痛。1688 年。"

就这样，美兰的故事成为中墨两国友好的千古佳话，代代相传。直至今天仍，激励着人们为中墨友好关系的发展而共同努力。

墨西哥于 1821 年宣布独立后，中墨关系有了新的发展。清政府驻美国公使伍廷芳同墨西哥驻美公使阿斯庇罗斯于 1899 年 12 月 14 日签订了《中墨友好和通商条约》，两国首次建立正式外交关系。民国期间，两国于 1944 年 8 月 1 日又签订《中墨友好条约》，将两国关系从公使级升格为大使级。

新中国成立后，墨西哥仍同中国台湾当局保持"外交关系"，但同我国友好往来增多。墨西哥前总统卡德纳斯、希尔、哈拉将军等知名人士先后访华，受到毛泽东、周恩来等中国领导人的接见。通过访问，增进了相互了解和友谊，促进了两国经贸和文化关系的发展。1970 年底墨西哥埃切维里亚总统就任后，积极推动两国关系的发展。1972 年1 月，两国常驻联合国代表黄华和加西亚分别代表各自政府，进行建交谈判，很快达成协议。同年 2 月 14 日，签署建交公报，15 日由双方同时发表。该建交公报是在墨方提供的草案基础上形成的，是一份独特的建交公报，其主要内容如下：

一、按照各国在法律上平等、互相尊重主权、独立和领土完整，不进行侵略以及不干涉他国的内政或对外事务的原则，中华人民共和国政府和墨西哥合众国政府决定自即日起建立外交关系，并尽快互派

大使。

二、中国政府和墨西哥政府同意，在平等和对等的基础上并按照国际法和国际惯例，在各自首都为对方建立外交代表机构及其履行职务互相提供一切必要的协助。

三、中国政府支持墨西哥和其他拉丁美洲国家关于建立拉丁美洲无核武器区的正义立场，并主张所有拥有核武器的国家作出不对这一地区和这些国家使用核武器的保证。墨西哥政府赞赏地注意到中国政府的这一立场。

该公报的特点是：第一，十分简洁，正文只有 290 个汉字；第二，公报中未提"台湾问题"。这是因为，墨方此前已经主动发表正式声明，承认中华人民共和国为"中国唯一合法的代表"，承认"中国的主权和领土完整不可分割"，并已主动宣布与台湾当局断绝所谓的"外交关系"。双方还达成口头谅解：中墨建交后，如在墨还有台湾"官方"人员，墨方将迅速采取措施使其离境。第三，公报中特别写了一条有关拉美无核区的内容。因为墨方对此十分重视，中方也一直表示支持。

从此，两国人民之间的传统友谊和两国友好合作关系，进入了崭新的全面发展时期。

墨西哥是拉美大国，面积 196 万多平方公里，在拉美列第三位，仅次于巴西和阿根廷；人口 1.2 亿（2014 年底），在拉美居第二位，仅次于巴西。2013 年墨西哥的国内生产总值为 12592 亿美元，人均 10293 美元。墨西哥地理位置特殊，地跨两大洋，扼墨西哥湾和加勒比海，战略地位重要。墨西哥是拉美唯一的北美洲国家，是北美自由贸易区成员，在拉美地区起着举足轻重的作用，在国际事务中也有一定的影响力。因此，我国同墨西哥建交并保持友好合作关系具有重要意义。

革命制度党丧失政权和东山再起的经验教训

2012 年 7 月 1 日，墨西哥举行 6 年一度的大选，革命制度党与绿色生态党组成的竞选联盟"对墨西哥承诺"的总统候选人培尼亚·涅托，获得 38.21％的选票，居第一位；由民主革命党等党派组成的选举联盟"进步运动"候选人洛佩斯·奥夫拉尔多获得 31.59％的选票，居第二位。两人只相差 6.62 个百分点。根据选举法规定，在大选中获得相对多数票者即可当选。但奥夫拉尔多认为选举中有舞弊，要求重新举行大选。经审核，墨西哥联邦选举法庭于 8 月 30 日正式宣布大选结果有效，培尼亚·涅托当选墨西哥新一任总统。曾于 1929 年至 2000 年持续执政 71 年的革命制度党，在 2000 年失去政权 12 年后又重新夺回政权，东山再起。

那么，革命制度党为什么在 2000 年会失去政权，12 年后又能东山再起呢？其中有许多经验教训值得记取。

一、世界上执政时间最长的政党之一

为了介绍墨西哥革命制度党，不得不提到有着伟大历史意义的具有反帝反封建性质的 1910—1917 年墨西哥革命，以及当时世界上最激进的 1917 年宪法。它们为墨西哥资产阶级民主制度的建立和巩固创造了条件，也为于 1929 年 3 月 4 日革命制度党的成立打下了思想政治基础。

该党起初称为国民革命党，是由时任总统卡列斯倡议成立，其成立目的是改变因受世界资本主义经济危机影响而产生的国内动乱局面。它由 200 个全国性和地方性政党、团体联合组成。1938 年该党改称墨西哥革命党，1946 年又改称革命制度党。该党组织机构遍布全国，党中央下设工人阵线、农民阵线和人民阵线，控制全国绝大多数的工人、农民、国家机关职员和自由职业者。该党还按照行政区域建立各州及联邦区委员会，协调各地区内部和各阵线之间的关系。该党当时

拥有 1300 万党员，约占全国人口的 20%。

革命制度党成立后即开始执政，连续执政到 2000 年，达 71 年之久，是世界上执政时间最长的政党之一。它有着辉煌的过去，创造过令人瞩目的业绩。它将墨西哥从一个落后的农业国，建设成为新兴的工业国家；它高举民族民主革命的旗帜，在国内建立了一套独特的资产阶级民主制度，使政局长期保持稳定；它使社会经济得到很大发展，民生不断提高和改善，受到广大人民群众的支持。该党历届总统候选人在大选中的得票率一般都在 90% 以上，占有国会中 70% 以上席位。各州州长也全部由该党包揽。

长期雄居墨政坛的革命制度党产生过几位举世闻名、深受人民爱戴的杰出领袖，他们是该党的灵魂人物，对党和国家的发展作出过重大贡献。拉萨罗·卡德纳斯将军就是其中之一。他执政期间（1934—1940）认真执行 1917 年宪法，实行了一系列激进的旨在维护国家主权和民族独立的社会经济改革措施：允许共产党和其他政党公开活动；修改和加强劳工法，承认工人有罢工权利，实行 8 小时工作制；积极进行土地改革，将 1821 万公顷土地分配给百万户以上农民，成立全国农业信贷银行，向农民提供贷款；建立村社，推行合作化，帮助农民建立农场；推行国有化政策，先后将铁路和石油收归国有；奉行民族主义的独立自主的外交政策。1959 年 1 月，卡德纳斯作为世界和平理事会副主席访华，中国国家主席毛泽东、国务院总理周恩来和全国人大常委会副委员长宋庆龄分别会见了他。卡德纳斯的改革将墨西哥资产阶级革命向前推进了一大步。

洛佩斯·马特奥斯总统任内（1958—1970），在经济方面，继续实行土改，将 1140 万公顷土地分给 30 多万农户；实行进口替代工业化政策，发展了民族工业；加强了国家对经济的控制，对电力工业实行国有化。在政治方面，改革选举制度，建立了"政党代表制"，规定凡是在全国选举中得票超过总选票 2.5% 的政党，都有权派代表参加国会，使国家行动党在 1964 年获得 20 个众议院席位。在社会方面，提高了职工的工资，发展教育，开展公共卫生运动，改善居住条件等。

在外交方面，他一上台就宣布捍卫国家独立和主权，实行外交三原则：各国一律平等，不干涉原则和自决原则。

埃切维里亚总统任期内（1970—1976），于1972年10月墨西哥革命制度党召开了党的七大，首次正式提出以革命民族主义为党的基本纲领，通过和平的途径进行必要的改革，建立一个更加公正的新社会。埃切维里亚在经济上加强了国家的干预，实行"分享发展战略"，让更多的人分享经济发展成果；继续向农民分配土地，同时进行财政和税制改革；对外资采取既利用又限制的政策；对外积极倡导国际经济新秩序，主张团结第三世界，推动不结盟运动的发展，反对帝国主义和霸权主义，扩大与日、欧贸易，减少对美国的依赖；对中国友好，1972年2月同新中国建交。

以上三位总统实行的对内对外政策，集中代表了革命制度党"革命民族主义"的基本纲领和路线，反映了广大党员和民众的心声，是该党政绩比较突出、影响较大的时期。

墨西哥革命制度党历届政府，对外均能奉行独立、自主、开放和不干涉主义政策，反对一切政治和经济的霸权主义，突出表现在以下几件事上：1950年朝鲜战争爆发后，墨西哥顶住美国的强大压力，拒绝出兵朝鲜；1954年在第十次泛美会议上，反对美国武装干涉危地马拉；1959年古巴革命后，美国施压拉美国家同它一起对古巴实行封锁和制裁，都遭到墨西哥的抵制，墨西哥是当时唯一没有同古巴断交的拉美国家；1974年2月，第29届联大通过了墨西哥倡议制定的《各国经济权利和义务宪章》；1975年10月，在墨西哥的倡导下25个拉美国家签署了《巴拿马协议》，正式成立了"拉美经济体系"地区一体化组织；1976年7月，正式宣布200海里承袭海权利；1977年墨西哥外长在联大重申对外政策四项原则：不干涉别国内部事务，各国人民自决，和平解决争端、不诉诸武力，各国主权平等，该倡议得到各国普遍好评和赞同；1979年9月，墨西哥又在联合国提出制定"世界能源计划"的建议，得到许多国家的支持；1980年1月，倡议召开联大紧急会议，讨论阿富汗问题；1981年10月，在墨西哥坎昆举行

1986 年 12 月，邓小平会见来访的墨西哥总统德拉马德里。

了关于合作与发展的国际会议；1983 年，为和平解决中美洲争端，墨西哥总统德拉马德里先后访问了拉美多国和美国，促成了"孔塔多拉集团"的成立，对推动中美洲和平进程发挥了重要作用。通过这些积极的外交活动，墨西哥在国际上的影响力得到了提升，国际地位有了显著提高。但后来，墨西哥形势逐渐发生了变化。

二、丧失政权的原因及其教训

2000 年 7 月 2 日，墨西哥举行大选，革命制度党总统候选人拉瓦斯蒂达只获得 36.10％的选票，反对党国家行动党候选人福克斯获得 42.52％的选票。拉瓦斯蒂达以 6.42 个百分点之差，输给了福克斯。在 2006 年 7 月 2 日举行的大选中，革命制度党总统候选人马德拉索得票率仅为 22.23％，再次失败，并且退居第三位。民主革命党候选人奥夫拉尔多得票率为 35.31％，上升到第二位。国家行动党候选人卡尔德龙得票率为 35.89％，仅以 0.58％的微弱优势，经联邦选举法庭裁决获胜。执政 71 年的革命制度党，连续两次在大选中失败，落为在野党，绝非偶然，有着自身深层次的原因。

首先，革命制度党放弃了革命民族主义旗帜，背叛了建党纲领和指导原则。在历史上，墨西哥长期遭受西班牙、英国和法国的殖民主义统治，19世纪中叶又遭受美国的武装侵略，被吞并了比墨西哥现有国土面积还要大的230多万平方公里的领土（包括今天美国的得克萨斯、加利福尼亚、新墨西哥、亚利桑那州的全部和科罗拉多、犹他、内华达州的一部分）。因此，长期以来墨西哥人民怀有强烈的民族主义情绪，特别是对美国吞并其大片领土深为不满。在墨西哥流传着一句话，墨西哥的不幸是"离上帝太远，离美国太近"。革命制度党正因为高举了革命民族主义旗帜，顺应民心，得到人民的广泛支持和拥护，才得以长期保持执政地位。

但从萨利纳斯执政（1988—1994）起，革命制度党逐渐放弃了革命民族主义，而用社会自由主义和新民族主义，即新自由主义，取代了革命民族主义，动摇和改变了建党的思想基础和指导原则，引起党内思想混乱和政治上的分歧，也引起党的同情者、支持者的质疑和不满。在塞迪略执政期间（1995—2000），革命制度党虽在十七大决定重新举起革命民族主义旗帜，而实际上仍然推行新自由主义政策。

正如该党十八大通过的《原则宣言》所指出，美国"新自由主义模式给墨西哥带来很大的伤害，使我党同社会阶层的传统联盟关系恶化……使革命制度党在公民及党员面前丧失了它的特征"。该党全国执行委员会委员奥尔蒂斯尖锐地指出，党在大选中失败是由于"背离了革命的方向和建党原则"，"将民族主义变成新自由主义，将主权变成全球化"。

其次，经济社会政策失误，贫富悬殊扩大，社会不公，失去了广大群众的支持。墨西哥是拉美地区经济比较发达的国家，也是二战后发展中国家经济发展速度较快的国家之一。20世纪60年代末至70年代初，全国已建立起比较齐全的工业部门。1976年后大量新油田的发现和开采使墨西哥经济发展进入了一个以石油工业为动力的新时期，即"石油繁荣时期"。1978—1982年，墨西哥国内生产总值以年均8.5%的速度增长。但好景不长，这期间以美国为首的西方发达国家大幅提高贷款利率，加之国际贸易条件恶化，特别是石油等初级产品价格大幅下跌，外贸收入减少，资本外流，使拉美国家外债负担日益沉重。墨西哥原以为有了石油，可以大势举债加快国家经济发展。1982年墨西哥的外债高达846亿美元，占其国内生产总值的47%，需偿还到期债务和利息占其出口收入的275%，根本无法用石油出口收入偿债。1982年8月，墨西哥率先宣布无力还债，接着巴西也宣布无力偿债，从而引发了一场几乎涉及所有拉美国家的旷日持久的债务危机。1982年墨西哥陷入了以债务危机为特点的经济危机，国内生产总值的增长率降到负0.3%，几乎所有经济部门都大幅减产，全国失业和半失业超过1000万人，通膨率从1976年的20%上升到1982年的98.8%。为了克服石油债务危机，墨政府接受了国际货币基金组织的一揽子稳定紧缩计划，继而实行美国制造的新自由主义经济发展模式。

在新自由主义思想的指导下，墨西哥政府大力推行国企私有化、经济市场化、外贸自由化，政府放弃了对经济的宏观调控，强调自由竞争。这一发展模式虽然取得一定成效，但其负面影响日益显露。私有化的实行，使民族工业受到强烈冲击，到1987年有600家国有企业实行了私有化；自由竞争，使大批中小企业倒闭；放弃政府宏观调控，破坏了经济社会的均衡发展。最终社会分配不公，忽视民生，失业率增高，贫富悬殊扩大。据统计，1980—1996年，墨西哥国内生产总值年均增长率仅为2.07%，同期人口年均增长率为2.58%，即经济增长率低于人口增长率。1989—1996年，贫困人口占全国人口的比重从39%增至43%，赤贫人口从14%增至16%。到20世纪末，贫困人数达4600万，其中赤贫人数达2700万。占全国人口10%的富人拥有全国80%的财富。以上社会不公情况引起广大人民对政府的不满，革命制度党受到强烈冲击，动摇了其统治的社会基础。原来作为党的支柱的三大职团系统，即工人阵线、农民阵线和人民阵线，已名存实亡。全国人民组织联合会已完全解体，全国农民联合会另立山头，全国工人联合会自1985年起就不团结，组织涣散，无战斗力了。

第三，党内政见不一，派系斗争激烈，争权夺利加剧，导致党的分裂。对建党原则和对新自由主义发展模式的态度等方面的分歧导致一部分党员在 1989 年退党，退党后的成员后又联合其他几个党派组织成立了民主革命党，该党后来成为革命制度党在大选中的主要竞争对手之一。在 2000 年大选之前，革命制度党有四人在党内预选中争夺总统候选人，互不相让，甚至互相指责和谩骂，在党员和民众中产生了恶劣影响，成为反对党攻击自己的炮弹。科罗西奥是党内预选四名总统候选人之一，他担任过党的主席，经常深入基层，拥有广泛的群众基础，在墨西哥被公认为杰出的政治家。他在 1994 年 3 月去北方蒂华纳市开展竞选活动时惨遭杀害，据说凶手就是党内竞争对手。这一事件震惊了全世界，对革命制度党造成极大的伤害。由于对革命制度党失去了信心，有一部分党员在 2000 年的大选中甚至改投国家行动党的票。时任总统塞迪略本人，在大选中也未全力支持本党候选人拉瓦斯蒂达。在 2006 年的大选中，以革命制度党总书记埃尔瓦·埃斯特尔为首的一派，坚决反对党的主席马德拉索为总统候选人，并拉拢一部分党的州长、工会领导人和党员另立山头，明目张胆地支持他们脱党，另组新联盟党，使革命制度党失去 200 万张选票，导致马德拉索的失败。

墨西哥学院教授费尔南多·埃斯卡兰特认为，革命制度党主要存在三个问题：一是党内在选举党的总统候选人时矛盾重重；二是党的主席和总书记之间存在争夺控制党的领导权的斗争；三是党在指导思想问题上存在两种不同的意见或派别，一种是传统派，主张以革命民族主义为党的指导思想，另一种是革新派或现代派，同意萨利纳斯的主张。由于缺乏统一明确的主导思想，党的力量大大削弱，党的干部流失，党的威信下降，在大选中失去许多选票。

第四，执政时间长了，党内成员忽视党的自身建设，滋生骄傲自满情绪、官僚主义作风，严重脱离群众，贪污腐败现象盛行，又缺乏自我约束和监督机制。

三、革命制度党为何能东山再起

革命制度党在失去政权 12 年后,为什么能够重整旗鼓,东山再起?

1. 主要因为在两次大选失败后,全党进行了反思和检讨,总结和吸取了教训,采取了一系列重要改革措施,并取得了效果

首先,重申党的性质和目标,统一了思想,保持政治和行动上的一致。为此,2008 年 8 月召开了党的二十大,修改了党章和行动纲领。修改后的党章指出,党的性质是一个人民的、民主的、进步的和包容的政党,是以社会的事业、国家的最高利益为己任,是贯彻墨西哥革命原则及其包含在墨西哥合众国宪法中的思想内容的政党;党的口号是民主和社会正义,党的目标是要把党建设成为 21 世纪的先锋党。修改后的行动纲领指出,革命制度党是墨西哥伟大的改革者;是墨西哥发展的决定性的行为者;无论作为执政党还是反对党,它都是政治稳定和治理的保障;它将为开放和民主的巩固起着决定性的作用。

其次,整顿党的组织纪律,反对分裂,加强党的团结。如前所述,革命制度党在 2000 年和 2006 年两次大选中失败的重要原因之一,就是党的高层领导互相争权夺利,导致党的分裂。为了克服这一致命的危险倾向,革命制度党加强了对党员的组织纪律教育和违纪惩罚力度。2006 年 7 月,党中央根据党章第 227 条规定,开除了带头闹分裂的原党的总书记埃尔瓦·埃斯特尔的党籍。新当选的党主席帕雷德斯表示,要吸取经验教训,加强党的团结,党不会再分裂。

第三,在 2012 年的大选中,革命制度党为改变自己的形象,提出了年富力强的"少壮派"培尼亚·涅托作为全党统一的总统候选人,并提出具有针对性和吸引力的竞选纲领。培尼亚 1966 年 7 月生于墨西哥州,曾就读于墨西哥泛美大学和蒙特雷理工学院,分别获得法律学士和企业管理硕士学位。18 岁时便加入革命制度党,积极参加各种政治活动。39 岁就担任重要的、经济发达的墨西哥州的州长。他在 6 年的州长任期内(2005—2011)共完成了 790 项工程和 63 项州政府行动,修建了 196 家医院和医疗中心。他以斐然的政绩和年轻务实的

个人魅力震惊墨西哥政坛，被视为"60后的政坛新星"。

他提出以变革为核心的竞选纲领，承诺要建设一个更安全、更繁荣、更平等的墨西哥。他在任内要实现三个目标：一是保障和促进所有墨西哥人的权利，特别是健康权、教育权和体面的住房权；二是刺激和促使墨西哥实现其真正的经济潜力，以创造具有体面工资的就业，使移民仅仅成为墨西哥人的一种选择而非为生活所迫；三是恢复墨西哥在拉美的领导地位和国际声誉。他特别强调，要摆脱意识形态的束缚，进行政治、经济、社会和教育改革，恢复经济增长，创造更多的就业机会，减少贫困，改变扫毒战争的策略，改善社会治安状况等。这一变革主张很有针对性，得到大多数选民的支持。

第四，革命制度党虽两次在大选中失败，但它一直保持墨西哥第一大党的地位，在全国仍拥有相当的影响力和群众基础。经过几年全国党组织的努力整顿后，革命制度党仍保有1000万党员，同时恢复了党所控制的全国工人、农民和自由职业者的组织活动。这次大选前，党在全国31个州和1个联邦区中占有19个州长席位，该党领导的州、市约占全国总人口的60%；在众议院500个席位中占241个席位，居相对多数；在参议院128个席位中占23个。以上表明，该党仍具有相当的实力基础。

2. 国家行动党政府政绩不佳，使民众大失所望

该党成立于1939年9月15日，是墨西哥右翼政党，主要代表大资本家和富人阶层的利益，同美国关系较好。它执政12年来，政绩不佳，经济增长乏力，贫困人数增加，暴力活动猖獗。国家行动党自2000年执政后，许多承诺未能兑现。

福克斯曾提出在2000—2006年执政期间，经济年均增长7%的目标，结果只增长2%；允诺每年创造120万个就业岗位，结果只达到14.6万个。卡尔德龙总统任内（2006—2012），新增贫困人口1200万，贫困率从2008年的44.5%增加到2011年的50%；虽对贩毒走私集团进行了大规模的清剿，甚至动用了军队，但贩毒暴力活动越来越猖獗，

并且从墨美边境发展到全国各地，从 2006 年至今，全国已有 6 万人死于与毒品有关的暴力活动。更为严重的是，许多警察、司法部门人员甚至高级政府官员都被贩毒集团收买，参与其非法活动。毒品暴力活动已成为墨西哥一大顽症，政府长期解决不了，人民生命财产得不到保障，引起全国民众的极大不满。同时，国家行动党内部同样存在着严重的不团结问题。前总统福克斯在这次大选中，不支持本党候选人莫塔，转而支持革命制度党候选人培尼亚。时任总统卡尔德龙对本党候选人莫塔也不表示支持。

经济未搞好、政府扫毒不力和内部分裂是国家行动党在大选中失败的三大原因。人民重新选择了革命制度党，可以说是对国家行动党的惩罚。

3. 民主革命党内派别林立、主张各异、矛盾重重是其失败的主要原因

该党于 1989 年 5 月 6 日成立，由革命制度党分裂出来的民主潮流派、社会党、争取社会主义运动、全国农民委员会、自由党等 11 个政党和团体组成，自称是为劳动者利益而斗争的政党，是墨西哥左翼政党。在 2006 年的大选中，其候选人奥夫拉尔多仅以 0.56％ 的得票率之差输给了国家行动党候选人福克斯，成为第二大党。但后来党内也出了问题。

2008 年 3 月，民主革命党党内对党主席的选举发生分歧，导致选举结果无效。在 2009 年 3 月的中期选举中，奥夫拉尔多作为党的主要领导人，居然不支持本党候选人，而公开投劳工党候选人的票。所有这些，在党内外造成恶劣影响，在民众中威信大幅下降。在 2012 年 7 月的大选中，许多党员提名联邦区长官埃夫拉尔德为总统候选人，但奥夫拉尔多坚持要参选，否则将作为劳工党的候选人参选。经过民主革命党内民意测验，他稍为领先，才使他得以参选。由于他的上述恶劣表现，相当一部分党员和选民对他心存余悸，不投他的票。

综上所述，革命制度党执政权的失而复得、国家行动党执政权的

得而复失、民主革命党在两次大选中均告失败的过程，可以得出一个共同结论：即一个政党的成功和失败，可能有许多原因，但主要取决于自身建设。每当一个党能坚持正确政治方向，团结一致，清正廉洁，密切联系群众，为国为民谋利益，并作出成绩的时候，就会得到人民的拥护，取得和保持政权的稳定。否则，结果则相反。墨西哥革命制度党的83年的兴衰史，就是一面镜子。

在这次大选中，革命制度党获胜，培尼亚·涅托于2012年12月1日就任总统大位。他将面临一系列挑战，例如：在持续发展的国际金融危机的不利影响下，如何恢复经济增长，根深蒂固的社会不公和贫困问题一直影响着经济发展，墨西哥的基尼系数高居OECD榜首；严重的地区发展不平衡问题，能源、劳工、财政等一系列关键领域的结构改革；长期严重影响社会治安和人民正常生活的贩毒暴力活动；墨西哥已形成革命制度党、国家行动党和民主革命党三足鼎立的局面，革命制度党在这次大选中只取得微弱优势，在议会中也不占绝对多数席位，其重大政策议案的通过可能受到反对党的抵制。因此，培尼亚对选民提出的要建设一个更安全、更繁荣、更平等的墨西哥的承诺，能否兑现，有很大难度。在这次大选中获胜，对革命制度党来说，既是机遇，又是挑战，更是考验。

培尼亚·涅托执政以来墨西哥形势评析

一、国内政局保持稳定，经济增速趋缓，安全形势好转

培尼亚在2012年7月的大选中获胜，在其于同年12月就职以来的墨西哥形势倍受关注。总的看，培尼亚政府上台后开局良好。他积极落实竞选承诺，各项改革措施稳步推进，并取得初步成效。

在政治方面，为了最大限度地凝聚社会共识，推动结构性改革，

大力推动各政党合作，促成执政党同主要反对党国家行动党、民主革命党以及全国 27 个州的主要领导人，于 2012 年 12 月签署了《墨西哥协定》。该协定的宗旨是"打破垄断，变革治国"，以提升国家实力，促进政治、经济民主化和社会保障普及化，扩大公民参与国家政策的制定、执行和评估为三大支柱，涵盖政府民主治理、反对腐败、公民权利和自由、社会安全和公正、经济增长和就业等五大领域。由政府和三大政党推举内政部长、财政部长和各党主席等人组成的"协定"领导委员会，负责提案审议、修改和党派之间的协调工作。在其框架下，政府提交的教育、劳工、电信等领域的改革法案已获国会通过，财税、能源改革法案也将于近期内在国会讨论通过。但该协定只是各党派的共识，不具法律效力。三大党各有自己的利益考量，以后在关键时刻能否继续合作，有待观察。协定的命运将在一定程度上对培尼亚的执政产生重要影响。

在经济方面，培尼亚政府推出一项未来 6 年"2013—2018 年国民经济发展计划"，将投资 3000 亿美元重点用于修建公路、铁路、港口、机场和电信等基础设施建设，作为拉动发展和提高国家竞争力的重要引擎，力争将墨西哥打造成高附加值的全球物流中心；推进能源改革，加强与私有企业合作，减少投资限制，向外资开放能源和矿产领域，2013 年上半年引资额是 2012 年同期的 2.5 倍；推动实施产业升级计划，振兴制造业，制定全国科技和创新战略；积极推动金融改革，增强金融市场稳定性；提倡包容性增长，将消除饥饿、减贫、缩小贫富差距等作为重要目标，相继提高养老金补助标准，为单身母亲提供人寿保险，发起全国"反饥饿运动"和"减贫计划"等惠及民生举措，得到中下层群众的普遍欢迎。

受全球经济复苏乏力、新经济体增速放缓等因素的影响，墨西哥经济发展动力不足，2013 年上半年经济增长仅为 1%，远低于墨央行 3% 的预期。9 月初墨政府又把 2013 年的经济增长预期调低到 1.8%。外贸由长期保持顺差转为逆差。通货膨胀持续走高，预计全年为 4% 左右。但外汇储备创历史新高，达 1669.62 亿美元。

在安全方面，涅托上台后大力改善社会治安状况，对安全战略进行了重大调整，摒弃前任政府过度依赖军队力量剿灭毒品犯罪的做法，着眼于降低犯罪率和保护公民安全。改组社会治安体系，将公安部撤并到内政部，全国划分为五大治安区域；建立由内政部、国防部、海军部、总检察院、全国安全委员会组成的联邦政府安全内阁，并同各州长举行月度会晤；统一全国警察部队编制，加强对使用军队打击犯罪的规范力度，因地制宜使用资源力量；加大司法制度的保障力度，颁布《受害人法》《全国暴力及犯罪社会预防项目》等司法条例。目前社会治安状况有所改善，2013 年上半年凶杀案同比减少 20%。

上述改革措施实行以来得到广泛支持，收到初步效果，但政府仍面临严峻挑战。一是结构性改革将进入攻坚期，由于墨西哥市场欠透明，以及监督机制不健全，国内形成较多的垄断行业成为阻碍改革的绊脚石；二是国际形势复杂多变，存在许多不确定因素，世界经济正走到新的"十字路口"。所有这些都是影响墨西哥改革和发展的重要因素。

二、对外开展多元外交，重振墨西哥大国地位

国家行动党执政期间，推行较为亲美的外交政策，疏远了拉美国家，国际地位也有所下降。涅托上台后，以革命制度党传统的民族主义纲领为指导，根据国际形势的发展变化和国家利益大局考量，对外政策作了一些调整，全面开展多元外交，力图重振墨西哥大国地位。

立足本地区，强调墨西哥的"拉美属性"，提出"重返拉美"。首先密切同中美洲国家的关系，加强在中美洲一体化进程中的主导地位，充分发挥连接南美和北美国家的桥梁作用。涅托上台后不久，即访问了智利、秘鲁和乌拉圭等国，并出席委内瑞前总统查韦斯的葬礼。积极参与本地区多边组织的各种活动。

高度重视亚太地区的工作，重点发展同中国、日本和印度等大国的关系，把中国置于优先地位。积极参与跨太平洋伙伴关系协定的谈判。

同时保持同美欧传统关系的合作力度。涅托于 2012 年 11 月访问美国，美国总统奥巴马于 2013 年 5 月访问墨西哥。双方都表示要深化两国关系，巩固战略关系的基础，促进两国经济一体化，将北美变为世界最具影响力的地区之一。强调在安全和移民问题上合作的重要性。双方就解决毒品犯罪暴力活动问题交换了意见。奥巴马表示赞成墨政府将战略重心转向减少暴力，同时不放松对有组织犯罪的打击，并加强合作。

在重要的国际组织中，墨西哥也积极参与各项活动，努力发挥自身的作用，以扩大影响，提升其国际地位。

三、中墨确立全面战略伙伴关系，友好合作进入新阶段

中墨于 1972 年 2 月建交后，两国关系一直发展良好，但在墨西哥前任总统卡尔德龙执政期间，双边关系一度比较冷淡。涅托政府十分重视对华关系。他于 2013 年 4 月访华，同中方签署了多项合作协议，决定向我国出口石油，同意中方参与墨西哥计划投资 3000 亿美元用于基础设施建设的合作项目。同年 6 月 4 日—6 日，中国国家主席习近平对墨西哥进行了国事访问。这是一次具有历史意义的访问。在两个月内，双方实现了国家元首互访，这在国际关系中是少见的。访问墨西哥期间，习主席同涅托进了亲切友好的会谈，在墨西哥参议院发表了重要演讲，双方还发表了联合声明。两国元首宣布中墨建立全面战略伙伴关系使两国关系进入新的发展阶段。也就是说，中墨关系已超越两国关系的范畴，而具有全局性和战略性。

访问期间，双方签署了 12 项合作协议和备忘录，其中包括在能源、矿业、经贸、新兴产业、基础设施、电信、金融、海关、文化和教育等各个领域的合作。

近年来，在双方的共同努力下，中墨经贸关系有了新的发展。2012 年两国贸易额为 366.6 亿美元，其中我国出口 275.2 亿，进口 91.6 亿。2014 年中墨贸易额为 434.5 亿美元，中方出口 322.6 亿，进口 111.9 亿。中国成为墨西哥第二大贸易伙伴，墨西哥是我国在拉美

的第二大贸易伙伴。中国在墨投资约 6 亿美元，有 177 家中资企业，承包劳务合同 34.75 亿美元。

随着中墨全面战略伙伴关系的确立，今后两国在各个领域的友好合作关系必将有较大幅度的发展。两国领导人一致同意始终从战略高度和长远角度看待两国关系，增进政治互信；契合各自发展战略，加强务实合作；利用各自作为文化大国的优势，扩大人文交流。特别是在经贸和投资方面，两国合作的，潜力巨大。两国关系的发展正进入黄金期。

墨西哥猖獗的贩毒暴力活动

墨西哥有组织的贩毒暴力活动的猖獗，世界闻名。2006 年至 2012 年卡尔德龙总统执政期间，墨西哥政府发动了持续六年的对贩毒集团的战争，然而收效甚微，毒品暴力活动有增无减，包括古斯曼领导的锡那罗亚集团在内的几个主要贩毒组织，都在这一时期扩大了地盘和影响力。

据统计，六年期间至少有 60000 人死于墨西哥军警和贩毒集团之间的斗争，受害者达到 3100 万人。暴力犯罪活动严重影响了墨西哥政局的稳定和人民生命财产的安全，也影响到北方邻居美国的安全。美国军方和政府高级官员甚至认为，墨西哥可能出现巴基斯坦那样"最坏的情况"，或成为"比伊拉克问题更多"的国家。美国司法部一份报告指出，墨西哥贩毒集团能够在整个美国领土上活动，控制着除东北部地区以外的所有美国毒品交易，并成为美国面临的最广泛的威胁。美国国务卿希拉里·克林顿也惊呼："墨西哥暴力贩毒集团越来越像叛乱组织了，它们有力量挑战政府对大片国土的控制。"墨西哥经济部长鲁易斯甚至警告说："倘若打不赢禁毒战，墨西哥未来的总统将是大毒枭。"美国《时代》周刊将墨西哥反毒战争评为 2010 年十大国际新闻之一，可见问题之严重。

2012 年，涅托当选墨西哥总统后，继续进行缉毒战争，但采取了不同的策略：擒贼先擒王。多个贩毒集团头目被抓获或者击毙。

一、毒品走私犯罪活动的特点

墨西哥毒品走私犯罪活动有以下一些特点：

第一，在国内外已形成庞大的有组织的犯罪活动网络。在墨西哥有许多大小不等的贩毒集团，其中重要的有海湾集团、赛塔斯集团、锡那罗亚集团、米却肯州家族集团、贝尔特兰·莱瓦集团、费利克斯集团和堂马里奥集团等。这些贩毒集团的活动基地主要分布在北部同美国临近的一些州、市，在其他地区设有分支机构，已渗透到政府、军警以及经济、社会和文化等各个部门。这些贩毒集团在墨西哥境内盘踞已久，根深蒂固，而且财力雄厚，成为墨西哥政府头痛的顽疾。

这些贩毒集团还在中美洲和加勒比国家设有活动据点，在美国亚特兰大市、芝加哥市和洛杉矶市等地建立毒品集散中心。毒品从墨西哥运到这些城市，再扩散到美国其他地方。墨西哥贩毒集团在美国200 多个城市进行营销活动。

墨西哥贩毒集团早已和南美洲毒品生产基地"银三角"，即哥伦比亚、秘鲁、玻利维亚的贩毒集团，建立了密切的毒品供销关系。哥伦比亚年产可卡因 600 吨（居世界第一位），秘鲁年产 300 吨（居世界第二位），而在玻利维亚，缉毒特种部队仅在 2009 年就缴获 15.5 吨可卡因以及其他大量毒品。这些毒品主要通过墨美边界运往美国。这样就形成了从毒品产地"银三角"经中转站墨西哥到主要消费市场美国，这样一个完整、庞大的毒品产、运、销网络链。

第二，墨西哥一些贩毒集团已发展成为"准军事组织"。他们号称拥有 10 万武装人员，并且装备精良，除先进的轻重型武器外，还拥有飞机、军舰和潜艇。这些武器装备主要是从美国购买的，贩毒组织已成为美国武器的稳定客户。墨西哥贩毒集团已经"哥伦比亚化"，即像哥伦比亚反政府武装那样拥有庞大的组织系统，运用游击战术袭击政府机关和警察部门，进行绑架和暗杀活动。

贩毒集团还用高价收买军警和政府官员，同时在社会上招兵买马，特别是青少年成为他们招募的重点对象。他们在境内外建立培训基地，对被招募的人员进行贩毒和军事训练。据《华盛顿邮报》估计，目前墨西哥有 15 万人受雇从事毒品走私活动。特别是赛塔斯贩毒集团，就是在 20 世纪 90 年代由从墨西哥部队中招募的精英分子组成的，具有相当的作战能力，并且杀人成性，手段残忍。人们一听到赛塔斯的名字就感到恐惧和害怕。

2006 年底以来，墨西哥政府曾先后派出近五万人的军队，加上地方警察高达 10 万人，到北部新莱昂州、格雷罗州、米却肯州、蒂华纳州等贩毒暴力活动重灾区进行扫毒，同盘踞在那里的贩毒武装组织进行了多次激烈战斗。双方伤亡惨重，是真正意义上的"战争"。有一次，墨政府派出 1100 多人组成的特种部队在蒂华纳同当地持有重型武器的费利克斯贩毒集团展开了一场你死我活的惊心动魄的"城市巷战"，双方伤亡多人，包括无辜平民。

另外，几个大的贩毒武装集团之间，为了争夺地盘和毒品运输通道，多次进行激烈的内斗，其惨烈程度一点也不亚于同政府军的战斗。2010 年 6 月 14 日，关在马萨特兰市一座监狱中的赛塔斯和锡那罗亚两个贩毒集团的囚犯互相发生火并，导致 29 名囚犯死亡。

第三，贩运毒品的渠道和方式多种多样。贩毒集团利用在历史上被美国夺取的 55% 以上墨西哥国土后形成的 3000 公里长的两国边界作为向美国走私毒品的主要通道。为了逃避墨美双方对陆路地面的搜查，贩毒集团在边境挖了数不清的大小、长短、深浅不等的地道，为毒品走私提供了更加隐蔽的途径。有的地道修有行车轨道，能高效运输毒品，直达美国一些城市。有的地道花费超过百万美元，挖出来的土需数百辆卡车才能运走。警方在墨美边境城市蒂华纳发现一条长达 2400 英尺长、数个楼层深的地道，里面通了电，有通信设备，有排水系统，还修了混凝土顶。2010 年 11 月，美墨边境又发现两条新的贩运毒品的地道，其中一条长 2200 英尺，从墨西哥蒂华纳一幢住宅的厨房通向美国圣迭戈一个工业区的两座仓库。自 20 世纪 90 年代以来，

美墨边境已发现 125 条暗道。人们称此为"墨西哥毒品地道战"。

贩毒集团还通过空中和海上走私毒品。哥伦比亚海军司令巴雷拉证实，最近三年来在中美洲和墨西哥太平洋海域出没的走私毒品的单人小潜艇，如今已演变成装有卫星导航、运量达七吨的 18 米长豪华改良型，装有 3500 加仑柴油的潜艇可以直航墨西哥，至少有 60 艘已在墨西哥顺利登陆。墨海军当局于 2008 年曾缉获 11 艘来自哥伦比亚的潜艇。

第四，犯罪活动手段残忍，不计后果。他们除积极参与绑架、勒索、走私和偷渡等活动外，还对扫毒人员及其家属、亲友进行残酷的打击报复，抓到就杀，有的全家抄斩，抛尸街头、广场、教堂、学校等公共场所，事后张贴字条，上面写着："你们杀我们一个兄弟，我们将以十倍奉还。"

贩毒团伙在多个城市的中小学校内制造恐怖事件。例如在蒂华纳市，犯罪分子多次绑架和杀害无辜的学生和老师，导致 90% 的家长不敢让孩子上学，该市中小学校一度关门停课。不仅如此，他们还杀害数十名新闻记者和教会人士。

2010 年，贩毒集团的暴力暗杀活动进一步升级。1—4 月，在华雷斯市有 500 人被他们杀害。他们还枪击了美国驻该市的领事馆，导致三人遇难。华雷斯已变成"谋杀之城"和"死亡之城"。卡尔德龙总统不得不宣布，从 2010 年 4 月 1 日起，联邦政府派遣 8500 名军人和 2300 名联邦安全人员对华雷斯市实行军管，执行扫毒任务和接管该市权力机关。同年 5 月，墨中部旅游城市塔斯科发现 55 具被贩毒集团杀害的尸体，墨西哥执政党要员费尔南德斯·德塞瓦略斯失踪，多名准备参加地方选举的政要被杀害。6 月，革命制度党塔毛利帕斯州州长候选人鲁道夫·托雷被暗杀，这是墨西哥近年来最严重的暗杀事件；在塔斯科市附近的一座废矿中发现 55 具尸体；在米却肯州有 15 名警察遭伏击身亡，另 13 名警察受伤。7 月，在华雷斯市一垃圾场发现 51 具尸体。8 月，在墨美边境一农场发现 72 具尸体，据调查为毒贩所为，当地的警察局长也被杀害。10 月，在锡那罗亚州，至少有 8

名警察在巡逻中被枪手打死。在华雷斯市，2010年发生2666起凶杀案，累计有一万名因暴力事件失去单亲或双亲的少年儿童；在蒂华纳，有2000人遭枪杀。2016年1月，当选特米斯科市的女市长莫塔，就职后14个小时即被暗杀。据统计，近10年来墨西哥已有百名市长被杀害。

二、贩毒暴力活动猖獗的原因

墨西哥之所以成为贩毒活动的重灾区，主要有以下几个原因：

首先，美国消费者对毒品需求迅速增加，毒品走私者又可获得高额利润。早在20世纪初，毒品就开始从美墨边境输入。后来，又由于美国打击从加勒比和迈阿密转运毒品的通道，越来越多的毒品改由墨美边境流入。1991年，50％运往美国的毒品经由墨西哥，目前这一比重上升到90％。美国现有600万毒品消费者，每年从墨西哥运往美国的毒品价值达400多亿美元。

墨西哥本国的毒品消费者也有470万，占全国一亿多人口的5％，年消费550吨，开支超过8亿美元。据墨西哥公共安全部长卢纳说，1千克可卡因在哥伦比亚售价为2198美元，在墨西哥为1.25万美元，在美国为9.74万美元，利润高达5000％，因此毒贩们大发横财，每年有150亿到250亿美元流入他们的手中。锡那罗亚贩毒集团头目华金·古斯曼以10亿美元名列《福布斯》2009年富豪榜。美国以500万美元悬赏捉拿此人。

其次，贫富差距过大和贪污腐败是毒品走私的深层次原因。墨西哥是拉美仅次于巴西的第二大国，综合经济实力较强，开放程度也较高。但自20世纪80年代至90年代中期，连续遭受债务危机和金融危机，经济严重衰退。90年代后期实行一些改革措施，取得一定成效。但2008年以来，由于受美国金融危机的冲击，经济又大幅下滑，失业增加，人民生活更加困难。据统计，墨10％的人口占有49％的国内生产总值，贫困人口占总人口的45％，极端贫困人口占总人口的18％，有1000多万人过着2美元一天的生活。正是贫困使一些生活无着的人，特别是青少年，在贩毒集团的金钱引诱或武力胁迫的情况下，走上毒品犯罪的道路，被称为"毒品少年"。他们起初为贩毒集团跑腿送信，或兜售毒品，后来就接受杀人任务，每杀一人可得数百美元。贩毒集团还在中美洲国家和美国招募青少年从事贩毒和谋杀等犯罪活动。人们惊呼："毒品走私暴力活动正在毁掉年青的一代。"

腐败是墨西哥长期以来的一个顽症，近年来有了进一步恶化，毒品走私团伙正好可以大加利用。他们用糖衣炮弹和武力威胁两面手法，迫使一些政府官员和军警入伙，互相勾结利用，他们甚至控制一些权力机构，进行贩毒等罪恶活动。他们用重金收买了大批从地方到中央的高级官员，其中包括警察局长以至总统身边安全人员。2008 年 12 月，总统卫队陆军少校冈萨雷斯，因向锡那罗亚贩毒集团提供有关总统活动情报、出售武器和帮助训练杀手等罪行被捕。他每月可从贩毒集团那里领取 10 万美元的报酬。2009 年 5 月，在卡尔德龙总统家乡米却肯州有 10 名市长和其他 18 名政府官员，因向贩毒集团提供情报和充当保护伞而被捕。同年 6 月，墨联邦总检察长办公室宣布，在一次反腐反毒行动中，拘捕了 93 名向赛塔斯贩毒集团提供保护和合作的高官，其中包括联邦政府和地方政府官员以及警官等。他们的大名都列在被缴获的一份从贩毒团伙那里领取酬金的详细清单上，她们中有的定期"领取工资"，一个月最多领取 22.5 万美元。这是墨西哥近几年反腐行动中规模最大的一次。7 月，在米却肯州又有被收买的 10 名警官因涉嫌参与谋杀联邦政府派来扫毒的 12 名警官被捕。2010 年 8 月 30 日，墨西哥联邦警长宣布，当年因腐败、不称职或涉及犯罪等问题已开除 3200 名联邦警察，占全国 3.45 万联邦警察的一成，还有 1000 多人将面临违纪处罚。

因此，正如美国外交关系委员会研究员、美拉关系特别工作组主任香浓·奥尼尔所说，墨西哥的首要挑战是日益严重的经济危机，致命弱点是腐败。政府的主要对手并非贩毒集团，而是政府本身，只有把政府内部关系理顺，才有希望携手军方、警方和民众一起打赢禁毒战争。

第三，贩毒集团对政府加大扫毒力度进行疯狂的报复行动，也是近年来斗争升级的一个原因。2006年12月，卡尔德龙总统执政后，把打击贩毒集团和有组织犯罪、保障家庭和公共财产安全作为政府的首要任务。在全国范围内，特别是北部地区进行大规模的缉毒斗争。贩毒集团凭借其庞大的贩毒网络和先进的武器装备与政府对抗，进行反扑，刮起一轮暴力活动高潮。卡尔德龙政府也不示弱，继续重拳出击。2006年12月至2009年9月期间，墨西哥政府共逮捕8万名涉毒嫌疑犯，其中包括堂马里奥贩毒集团头目丹尼尔·伦东·埃雷拉（其团伙制造了3000多起谋杀案）等10名大毒枭。安全部队还逮捕了1400名绑匪，关押或解雇了200多名涉嫌给毒贩提供保护的政府工作人员。2009年12月，墨西哥最大的贩毒团伙之一贝尔特兰·莱瓦集团头号人物阿图罗·贝尔特兰·莱瓦在南部城市库尔纳瓦卡与海军交火中被击毙。他控制着墨中部、南部和首都墨西哥城的贩毒渠道。其弟弟卡洛斯也在同年12月30日被捕归案。2010年1月，墨政府悬赏240万美元缉拿的另一个大毒枭加西亚·西门塔被捕。同年3月，由墨西哥向美国走私海洛因的重要毒贩何塞·安东尼奥·梅迪纳，外号"海洛因之王"，也相继落网。他每月从墨西哥向美国运入200公斤海洛因，月收入1200万美元。同年7月，墨军方在西部瓜达拉哈拉市一次扫毒行动中击毙有"冰毒之王"称号的大毒枭伊格纳西奥·科纳内尔。他控制着墨西哥至欧美贩毒路线，其运营范围涵盖整个美国、部分欧洲国家和中南美洲国家，美国联邦调查局悬赏500万美元捉拿他。这被视为2010年以来墨政府缉毒行动中取得的最大胜利。8月，墨西哥大型贩毒集团重要头目之一，绰号为"芭比"的美国人埃德加·瓦尔德兹在墨西哥城周边地区落网，美国政府曾悬赏200万美元捉拿他。9月，绰号为"大块头"的贩毒组织贝尔特兰·莱瓦的二号人物巴拉甘被捕。同月，墨西哥海军在普埃布拉市抓获了主要贩毒头目之一塞尔西奥·比利亚雷亚尔。墨西哥安全部队在缉毒行动中还查获105吨大麻，价值3.4亿美元，是近年来墨西哥破获的最大一起毒品案。11月，在墨美交界的马塔莫罗斯市，墨海军150余名官兵与毒贩激战两小时后，击毙号称"风暴托尼"的海湾贩毒集团头领之一安东尼奥·埃塞基亚尔.卡德纳斯，其悬赏身价为500万美元。

就这样，一方面是墨政府加强缉毒力度，并取得重要成果，另一方面是贩毒集团进行更加疯狂的报复活动，斗争更加激烈、复杂，双方伤亡人数进一步增加，更使得墨西哥人心惶惶，没有安全感。

三、墨美在缉毒工作中的合作和分歧

由于历史和地理上的原因，墨美两国关系十分密切。墨80%的出口（超过2000亿美元）输往美国。每年1500万美国游客给墨西哥旅游业带来110亿美元的收入。移民美国的墨西哥人和墨裔美国人分别为1200万和2900万之多，每年向其在墨的亲属和朋友汇回250亿美元。目前生活在墨的美国人也有100万。在长达3000公里的两国边界上，每天有100万人员和10亿美元的贸易过境，现有的边境基础设施和边防人员远不能满足需要，导致长期存在的边界滞留、管理混乱问题无法解决。一些非法移民和毒品走私者混杂在正常往来的人员中间难以辨认。正是这种漫长而混乱的边界环境，给贩毒者提供了极好的条件。这对墨美两国来说，都是十分头痛的事情，加强联合缉毒行动就显得更加重要，因为这涉及两国安全的切身利益。

墨美采取了一系列联合缉毒的措施，其中包括美国帮助墨西哥加强安全设施建设，对警察等缉毒人员的技术培训，提供武器装备，互通情报信息等。

2005年美国政府推出耗资67亿美元用于在墨美边界设置"虚拟围栏"的计划，即利用一个由照相机、地面传感器和雷达组成的监视和保障整个边界安全的网络，但收效甚微。美国还决定在两国共同边界上修建一道1126公里长的隔离墙，以阻止非法移民和毒品走私活动，但遭到墨政府和人民的反对。

2008年6月，美国国会通过布什总统2007年访问墨西哥时提出的"梅里达倡议"联合缉毒一揽子计划。根据该计划，三年内美国向墨西哥提供14亿美元供军队、警察和司法机关购买有关缉毒方面的设备、软件和技术援助，但直至2009年4月只拨付7亿美元，且只使用了700万美元。2010年8月13日，美国参议院通过一项法案，拨款 6 亿美元用于增加在美墨边境地区的警员数量和警戒设备。美国将向两国边境地区增派 1000 名巡逻警员，并配备新的通信设备和无人驾驶侦察机。

墨美还采取措施加强管治非法武器交易（墨西哥从贩毒团伙手中缴获的枪支有 90% 是从美国流入的）和阻止非法资金的流动等。

但上述美国的援助计划对墨西哥扫毒工作来说只是杯水车薪，且很少落实。双方在一些政策和做法上也不一致，有时矛盾和分歧较大，互相指责缉毒不力。墨西哥强烈反对美在缉毒合作中附加政治条件。卡尔德龙总统公开要求美国在打击贩毒斗争中承担责任，因为美国是世界上最大的可卡因消费市场。

香浓·奥尼尔也认为，美国对墨西哥缉毒工作重视不够，援助太少。例如，2008 年之前，美国每年向墨西哥提供的安全保障资金只有 4000 万美元，而拨给哥伦比亚的却达 6 亿美元。2009 年美对墨的援助不到 500 万美元，而拨给哥伦比亚的援助却是墨西哥的两倍。他说，美应认识到"墨西哥是美国一个永久性的战略合作伙伴，而不是一个常被遗忘的邻居"。

四、缉毒斗争取得初步成效

涅托总统于 2012 年执政后，更加重视缉毒斗争。他对有关机构进行了整合，加强了组织领导，强调情报工作的重要性，改进了斗争策略。整改了备受关注和诟病的警察系统，整饬甚至解散被"黑帮"渗透的地方政府，并解散全国 1800 个市级警察部门，将其职能交由州级执法部门代行，以根除"警匪勾结"的劣迹。

上述措施取得了明显成效。至今，墨西哥政府悬赏抓捕的 122 名"最高等级的罪犯"中，已有 98 人相继落网，特别是全球通缉的要犯大毒枭、绰号"矮子"的华金·古斯曼，于 2016 年 1 月 8 日第三次被缉拿归案，5 月 20 日被引渡到美国受审。这是墨西哥反毒斗争的一次重要胜利。

古斯曼 1954 年 12 月出生于墨西哥锡那罗亚州山区一个普通农民家庭，父亲种植罂粟。小学三年级就辍学了，帮父亲种植和贩卖罂粟。

15 岁时和四个远房亲戚一起包下了一片种植园，种植大麻。20 岁时离开家乡投奔叔叔佩德罗·阿维莱斯，墨西哥毒贩的"先驱者"之一，从此加入了有组织的犯罪集团。1989 年古斯曼成立了锡那罗亚贩毒集团。他以 2000 美元从哥伦比亚或秘鲁购买一公斤可卡因，可在美国卖到 10 万美金，由此逐渐发家。他是美墨边境地下运毒通道的"首创者"。为争夺对毒品集团的控制权，他和菲利克斯兄弟多次发生火拼，在 1993 年的一次交火中误杀了瓜达拉哈拉的红衣主教奥坎波。此事震惊了全世界。古斯曼逃到了危地马拉后，被危地马拉当局逮捕并押解回墨西哥，但于 2001 年 1 月得以越狱逃跑。2014 年 2 月，在墨西哥海滨城市马萨特兰一处公寓内落网，2015 年 7 月再次逃走。2016 年 1 月 8 日，古斯曼在其家乡锡那罗亚州被军方抓获，第三次落网。涅托总统表示，这是有利于法治国家的成就，安全力量和情报部门是国家的骄傲，成功抓捕古斯曼表明，墨西哥人只要团结一心，任何目标都是可以达成的。美国毒品管理局对古斯曼落网表示"极其满意"，并对墨政府表示祝贺。

古斯曼领导的锡那罗亚集团迅速扩张，成为全球最大的贩毒集团，控制墨西哥全国近一半的毒品交易。据统计，直接或间接死于古斯曼手上的有 38000 人。美国曾以 500 万美元悬赏缉拿他。

总的讲，近几年来墨西哥缉毒工作取得初步成效，但任重道远，难度仍很大。因为问题涉及许多方面，包括墨西哥自身的经济、社会问题，特别是贫困和腐败等深层次问题，美国日益增长的毒品需求和南美毒品生产国"银三角"等问题，只靠墨是解决不了的。只有相关方共同努力，进行综合治理，从消除贩毒暴力活动产生的根源着手，才能使问题缓解，并限制在"可控范围之内"。正如香浓·奥尼尔所说："在安全方面，美国和墨西哥最大的希望也就是使有组织的犯罪能成为一个虽然长久存在，但可以管理的执法问题，类似于美国的非法生意。"也就是说，墨西哥反对贩毒暴力活动的斗争将是长期的、复杂而艰巨的任务，短期内是不可能解决的。

世界上最大的国旗

我曾多次去过墨西哥，令我难忘的不仅是那里独特的美丽风光和灿烂的玛雅文化，还有那多处可见的巨幅墨西哥国旗。其中，有一面长度为 56 米、宽度为 32 米，总面积 1792 平方米，重 147 公斤，旗杆高 113.8 米，堪称世界之最。这是墨西哥特有的令人震撼的一景，吸引着无数游人注目致敬！

墨西哥国旗为从左至右为绿、白、红三个面积相等垂直的长方形，长宽比例为 7:4，绿色代表独立和希望，白色代表团结与和平，红色象征民族英雄的鲜血。旗面中间绘有美丽的国徽图案，国徽图案是一只展翅待飞的雄鹰嘴里叼着一条蛇，站在一棵仙人掌上。这是根据一个古老传说绘成的。传说，公元 13 世纪中叶，墨西哥北部游牧民族阿兹特克向南迁移寻找定居点时，战神指示该部族的祭司，必须在国徽所描述情景的地方定居，部族才能兴旺发达起来。果然，有一天阿兹特克人来到了这样一个地方，就是今天墨西哥城所在地。

特奥蒂华坎太阳金字塔，是阿兹特克文化的重要标志。

墨西哥人民在长期反对西方殖民统治的独立斗争中，曾以绿、白、红三色旗为战旗。1821年9月16日独立时，将上述三色旗定为国旗色，1823年在旗面上增加了国徽图案，1968年又对国旗和国徽略加修改，便成了今天使用的国旗。

墨西哥人看到国旗时，就会想到舍生取义的6名少年英雄。故事发生在1846年至1848年墨美战争期间。在这场战争中，美国夺去了墨西哥一半的国土。1847年9月13日，入侵墨西哥的美国军队攻打墨西哥城查普尔特佩克城堡。驻守在这里的墨西哥军校的200名士官生在国旗的照耀下奋勇抵抗，最后双方进行了肉搏战，伤亡惨重。在这场战斗中，有6名14岁至19岁的少年士官生表现尤为突出。他们有的为守卫炮台献身，有的倒伏在敌人的枪林弹雨之下，有的身负重伤流血过多而亡。面对强大骄横的敌人，最后一位名叫胡安·埃斯古迪亚的少年士官生，不甘被俘受辱，为了捍卫庄严的国旗，不让它落入敌人之手，他把仍高高飘扬在上空的国旗顺着旗杆降了下来，将它

祖国纪念碑，又称"小英雄纪念碑"。

紧紧裹在自己身上，英勇地从城堡的悬崖上跳了下来，以身殉国。事后，一个美国军官在清点战场时，看到这些牺牲的少年士官生英俊稚嫩的脸庞时，大为惊讶地失声道："他们还只是一些少年呀！""少年英雄"的称谓由此而来。

6 名少年英勇的事迹在墨西哥广为传播，家喻户晓。1884 年，墨西哥政府将他们命名为"查普尔特佩克少年英雄"，永远列入军事学校的学员名册；决定在他们为国捐躯的地方，建立少年英雄纪念碑（后改为"祖国纪念碑"），纪念碑 1952 年落成，英雄们的遗体就安葬在纪念碑下。纪念碑中央是一位母亲的坐像，怀里抱着孩子，两旁树立着 6 根洁白高耸的石柱，象征着牺牲的 6 名少年英雄。

6 位少年英雄牺牲的 9 月 13 日，被列为全国纪念日。每年这一天，由国家总统在这里主持纪念活动，参、众两院议长和内阁全体成员参加，并邀请外国驻墨使节出席。纪念仪式开始，在高昂宏伟的国歌声中，鲜艳、庄严的国旗冉冉升起。按惯例，由总统对 6 位少年英烈高声逐一点名，每点到一位，在场的群众齐声回答："他为国捐躯了！"接着由军校士官生代表发言，颂扬少年英雄的爱国情操，表达新一代

作者夫妇在墨西哥城人类博物馆。

士官生不忘光荣传统，立志报效祖国的决心。由海陆空三军院校组成的仪仗队鸣枪，向英烈致敬。军乐队吹响军号，全场默哀。总统率出席纪念仪式的墨西哥领导人，一起守灵。纪念仪式十分感人，是一堂生动的爱国主义教育课。

　　墨西哥人民十分热爱自己的国旗，上述 6 名少年英雄就是他们的代表。他们还独出心裁，把国旗无限制地放大，以表达对祖国的热爱。1955 年，墨西哥国防部为了弘扬军人的爱国主义精神，在总统卫队马尔特营地竖起了一面长 50 米、宽 28 米、重 170 公斤的巨型国旗。1977 年，塞迪略总统在墨西哥城南圣赫罗尼莫大街与环城快速路相交的街心，亲自为第二面巨型国旗的升旗仪式剪彩。这面国旗长 50 米，宽 28.6 米，面积 1430 平方米，重 157 公斤，旗杆高 100 米，重 98.3 吨，基部直径 1.98 米，顶部直径 0.4 米。国旗升起后在空中迎风飘扬，气冲霄汉，人们从数公里之外就能看到。1999 年起，墨西哥政府开始在全国有重大历史意义的地方推行修建巨型国旗的计划。截至 2005 年，全国已有 63 面巨型国旗，其中包括本文开头提到的那面世界上最大的国旗。这面国旗建在格雷洛州的伊瓜拉市，因为那里是正式签署墨西哥独立文件和第一面国旗诞生的地方。

秘鲁篇

太阳子孙的国度

秘鲁是一个很有特色的国家，是南美洲古代文明的中心，印加文化的故乡。有个印加神话故事说，太阳的两个儿子一个叫曼科·加巴克，另一个叫玛玛·奥克略，他们从的的喀喀湖的深处浮出水面，来到人间，创造了一个帝国，即后来的印加帝国。因此，印加人很崇拜太阳，奉太阳为最高神灵，认为自己是"太阳的子孙"，秘鲁也就被称为"太阳子孙的国家"。

秘鲁位于南太平洋东部。北与厄瓜多尔、哥伦比亚为邻，东与巴西交界，东南与玻利维亚毗连，南与智利接壤，西濒太平洋。海岸线长 2254 公里。全境从西向东分属热带沙漠、高原和热带雨林气候。秘鲁面积 128.5 万平方公里。人口 2566 万（2000 年），其中印第安人占 41%，印欧混血种人 36%，白人占 19%，其他人种占 4%。西班牙语为官方语言，一些地方通用克丘亚语、阿伊马拉语等 30 多种土著印第安语。96% 的居民信奉天主教。

秘鲁是美洲文明古国之一。早在 2 万多年前，就有人类在此繁衍生息。在公元前 3500 年至公元 12 世纪，秘鲁先后经历了查文、莫奇卡、纳斯卡、缔亚瓦内科、奇穆、帕拉卡斯文化的发展阶段，称为古典时期或前印加文化。

公元 12 世纪，居住在的的喀喀湖地区的克丘亚人部落逐渐强大起来，建立了印加帝国，定都库斯科。极盛时期（1493—1525 年）帝国疆土北到今厄瓜多尔的帕斯托，南到今智利的马乌莱河，西到大海，东到今玻利维亚中部。人口达 1000 万左右，拥有一支 20 万人的军队，并建立了严密的行政体系和统治机构。印加人在继承和发展前期各种文化的基础上，创造了灿烂的印加文化。

在农业方面，印加人培育和种植的玉米、马铃薯、印加小麦（基诺亚谷）、甘薯、木薯、花生、棉花、菜豆、菠萝、葫芦、南瓜、番茄以及烟草和古柯等四十余种农作物传播到世界各地，为人类的生存和发展做出了重大贡献。纺织、制陶、冶金、金属加工等手工艺方面也发展到相当水平。

作者在库斯科古城留影。

　　印加人在建筑工程方面也有突出的成就。他们修建了贯穿全国的王家大道，全长 18000 公里。主要干道有两条，一条称海岸大道，从通贝斯直至智利中部；另一条称高原大道，从厄瓜多尔穿过秘鲁至玻利维亚中部，再分别通向阿根廷西北部和智利。两条干道间又有若干支线，将全国连成一片。道路经过沙漠地区和沼泽地带，穿山越岭，架桥凿洞，每 30 公里设有客栈，3 公里设有驿站并驻信使传递消息。王家大道为加强印加帝国统治和促进各地经济文化的发展和交流起了重要作用。后因西班牙殖民者入侵，疏于管理，逐渐被破坏。

　　在科学方面，印加历法相当精确。为观测天象，印加政府在库斯科城东、西两侧建造了四座观测塔，在市中心还建了一个观测高台，以观察太阳起落，确定冬至、春分的时间。印加有两种日历：一为太阳历，一年为三百六十五又四分之一天，分 12 个月，每月 30 天，10天为一周，另加 15 天的短月；一为太阴历，一年三百六十四天。

印加历法与农业生产紧密相关。为方便农事，开辟梯田的山上一般都竖有太阳历晷。印加人在医学方面也有较高水平。在利马市的黄金博物馆有一件十分珍贵的出土文物：陶器上雕着一个手持石制解剖刀的医生在给病人施行开颅手术。这种开颅手术刀已成为印加文化的一个象征和代表。它现在被复制成精美的手工艺品，是到秘鲁去的外国人必购的纪念品。古印加人还知道用草药治病，这些草药直到今天还在使用，类似中草药，很有效，颇受秘鲁人民欢迎。古印加人还知道采用十进位计数法。尹家的诗歌、口头文学、音乐、舞蹈、雕刻艺术等都发展到了一定水平。印加文化是安第斯山文明的集大成者，是拉美古代三大文明之一（另两大文明为玛雅文明和阿兹特克文明），是世界文明中的瑰宝。

图米，是印加人用来给病人施行开颅手术的解剖刀，是印加文化的象征和代表。

但好景不长，1532 年 11 月，西班牙征服者弗朗西斯科·皮萨罗率领 179 人在通佩斯登陆，趁印加帝国发生王位继承危机之时，长驱南下库斯科，征服了印加帝国，使印加文化遭到了严重破坏。1535 年皮萨罗定都利马，开始了长达 300 年的殖民统治。16 至 17 世纪，西班牙国王设立的秘鲁总督区包括了大半个南美洲。西班牙人对印第安人进行的残酷的殖民统治和剥削，引起当地人民的强烈反对。1780 年在库斯科地区发生了美洲殖民地中最大规模的反对西班牙殖民统治的起义。圣马丁将军在解放阿根廷和智利后，率领 4000 名解放军远征秘鲁，占领利马后于 1821 年 7 月 28 日宣布秘鲁独立。南美解放者玻利瓦尔于

1824 年率领哥伦比亚解放军和秘鲁爱国军先后发动胡宁战役和阿亚库乔战役，彻底摧毁了西班牙王室军队。1826 年 1 月，在卡亚俄负隅顽抗的小股殖民军投降。南美反对西班牙殖民统治的独立战争宣告结束。

秘鲁独立后，政局一直不稳定，内战、外来入侵和邻国边界冲突等不断发生。1968 年 10 月，贝拉斯科将军出任总统，宣布实行秘鲁式革命，建立非共产主义、非资本主义的社会；实行土地改革和国有化等民族主义的措施，打击外国在秘鲁的垄断势力；秘鲁奉行民族主义和不结盟的对外政策，捍卫 200 海里海洋权，促进拉美和安第斯地区的经济一体化。

1985 年 7 月，人民党（又称"阿普拉党"）领袖阿兰·加西亚上台执政后，实行以消费刺激生产，盲目追求经济增长速度的方针。其结果是进口增加，出口减少，国家消耗外汇储备用于购买消费品和药品等补贴仅 1987—1988 年就达 20 亿美元。加西亚还宣布对银行实行国有化，导致国内大量资金外流。宣布只用出口收入的 10% 偿还外债，结果使得国际金融机构和西方国家不再向秘鲁提供贷款援助。由于以上政策失误，秘鲁遇到了 20 年来最严重的一次经济危机。1988 年国

1986 年 6 月，邓小平会见来访的秘鲁部长会议主席阿尔瓦。

内生产总值的增长率为 − 9.4%，通膨率高达 1772%，当地货币印蒂同美元的比价贬值 1723%，国际储备为 −3.78 亿美元，失业率为 11.5%（如加上半失业达 50%），外债增至 165 亿美元。严重的经济危机引起政局动荡，人民生活水平大幅度下降，全国不满情绪高涨，各地罢工接连不断，暴力恐怖活动频繁，各种政治力量之间的矛盾和斗争日益尖锐。这就是我赴任时秘鲁所面临的形势。

历史悠久的中秘关系

根据历史记载，大约在 16 世纪末和 17 世纪前半期，即我国的明清之际，已有一些中国商人、工匠、水手、仆役等经过西班牙殖民地菲律宾的马尼拉到达墨西哥和秘鲁经商或做工，被称为"马尼拉华人"。但大批向拉美国家输入华工是在 19 世纪中叶，即 1840 年第一次鸦片战争以后。西方列强用大炮打开了中国几千年封建王朝的大门。由于清朝反动腐朽的封建统治，加上战乱，百姓家破人亡，流离失所，被迫出国谋生。新独立的秘鲁等拉美国家百废待兴，迫切需要廉价劳动力。秘鲁当时全国只有约 200 万人口，平均每平方公里只有两人，因此需要大量吸引华工。据统计，1849—1874 年期间，共有 10 万契约华工被运往秘鲁。

在当时的条件下，从中国到秘鲁 9 万海里的航程至少需要 120 天时间。由于船上卫生条件恶劣，拥挤不堪，闷热潮湿，又缺少起码的营养，从中国开赴秘鲁的 10 万人中就有 1 万人死在旅途中。在到达秘鲁的 9 万多华工中，除了一万左右被派去挖鸟粪和修铁路、公路、港口的人外，其余多数人都被赶到秘鲁沿海各地的庄园做工，主要是种植甘蔗和棉花。还有一些人被主人用来做佣人、厨师、面包工、花匠、搬运工、印刷工、店铺伙计等。

华工对秘鲁农业的发展做出了重大贡献。据统计，秘鲁北方 90%

的农场最初都是由中国人开垦的。华侨戴宗汉还从我国引进了优良的稻种并试种成功，被秘鲁政府授予勋章。当时，一位秘鲁参议员说："如果没有来自中国的移民，田间就没有干活的人手，这样将势必无法维持我们的生存。"

秘鲁和其他一些拉美国家的人，都有爱吃大米的习惯。但关于拉美大米源自何处，是有争议的，有的认为来自中国，也有人认为来自西班牙。有一次，我接受中央电视台采访时，和另一位同志就有过争论。但据已发掘的历史文物证明，栽培水稻的起源地应在我国长江中下游地区，从对浙江和湖南地区发掘的丰富的稻谷遗存物分析，我国开始耕种水稻的时间可能在一万年以前。美国一些大学的基因组研究人员，通过大规模基因重测序断言：水稻起源于中国，栽培水稻可能在9000年前就已在中国长江流域出现。也可能西班牙殖民者入侵时，把源于中国的水稻带到了拉美，但据历史记载，中国人比西班牙人更早到达了美洲大陆。

秘鲁契约华工，如同奴隶一样受尽了欺凌和压迫，但为秘鲁的建设和发展作出了巨大贡献。

随着历史的发展变化，华工处境和地位也发生了变化。后来他们成了自由人，可以自谋职业。到了 20 世纪 40 年代，从事商业活动的已占旅秘侨胞总数的 80%。他们经营范围很广，如百货、杂货、粮食、房地产、进出口贸易、餐馆、茶楼、服装店、电影院、旅馆旅行社等，几乎涉及所有的行业。有不少在秘鲁出生的华侨子女受到了高等教育，文化素质大大提高。他们不仅在经商方面取得了很大成就（如黄炳辉、邓氏、戴氏、唐氏家族等），而且还通过从政进入了上层社会，有的当了国会议员、政府部长、省长、将军，甚至当了政府总理和国会主席等高级职位，这在其他拉美国家是少有的。

中国的饮食文化对秘鲁人的影响则更大。秘鲁全国到处都有中餐馆，当地人称中餐馆就叫"吃饭"，在利马就有 3000 多家"吃饭"。他们对炒饭、馄饨、春卷、葱、蒜、姜等的叫法，同中国人一样。绝大多数秘鲁人都爱吃中国饭，并且不少人自己都会做。

旅秘侨胞还利用办报和办学传播中国文化。在秘鲁有一个全国统一的华侨组织叫中华通惠总局，在利马有下属八大会馆，各省市也都有自己的会馆。他们办的中文报纸有《公言报》《民醒报》《秘华商报》《东方日报》等，还办了两所华人学校。另外还有以华人为主体的友好组织秘中文协和秘中友协。这些华侨、华人团体通过各种渠道，特别是每年春节、国庆举办展览、报告会、联欢会等活动，介绍中国建设成就和优秀的民族文化，对促进两国人民的文化交流起了重要作用。

旅秘侨胞和华人虽已融入秘鲁社会，大部分加入秘鲁国籍，但从未忘记自己的根，一直关心着祖国的安危和建设，并为此做出了重要贡献。

1937 年日本发动侵华战争的消息传到秘鲁后，在当地华侨、华人中引起极大的震动，席卷全国的抗日救国浪潮波及世界各地的炎黄子孙。旅秘侨胞立即行动起来，开展声势浩大的宣传和募捐活动。他们联合成立了"秘鲁华侨抗日筹饷总会"和"航空建设委员会"，采取义演、售旗、卖花、认购公债、志愿捐款和规定性月捐等方式，筹集大量款项（上百万美元），由华侨代表送回祖国，买飞机支持抗日。

旅秘侨胞的义举受到了周恩来、冯玉祥、蒋介石等中国党政军领导人的高度赞扬，并为此写了不少有关抗战的中文条幅和题字送给他们。在抗战胜利45周年的时候，旅秘侨团中山隆镇隆善社用这些条幅原件专门搞了一次墨宝展览。我当时正在秘鲁工作，应邀出席并为展览开幕式剪彩。参观后我被旅秘侨胞的爱国精神深深感动。

新中国成立后，秘鲁仍同台湾保持所谓"外交关系"。中秘之间来往较少。1968年秘鲁总统贝拉斯科上台后，实行积极的对外政策，强调在平等互利的基础上根据民族的利益，同一切国家建立关系，为中秘建交打开了大门。

1971年4月，秘鲁政府派当地华人领袖何莲香女士前往智利，邀请当时正在智利访问并出席联合国第三次贸易和发展会议的我国外贸部副部长周化民访问秘鲁。访问期间，贝拉斯科总统接见了周化民一行，周同秘鲁副外长贝多亚会谈，双方就发展两国贸易和互设商务处问题交换了意见。同年6月，秘鲁农业部长坦塔莱安将军率领秘鲁贸易代表团访华。周总理接见了他们。双方签署了会谈纪要，同意各自尽快在对方首都设立商务办事处作为建交的第一步。同年7月，中国驻秘鲁商务办事处在利马正式成立，王言昌同志为办事处主任。8月，秘鲁驻华商务办事处主任也抵达北京。此时中美外交僵局即将打破的消息公之于世，贝拉斯科政府加快了同中国建交的步伐。秘鲁驻华商务办事处还未来得及正式宣告成立，秘鲁外长梅尔卡多·哈林和总统贝拉斯科就先后宣布决定同我国建交，并支持恢复中国在联合国的合法席位。同年9月，我国驻加拿大大使黄华与秘鲁驻加大使德拉福恩特，在渥太华进行了建交谈判，11月2日签署并公布了两国建交公报。中国在建交公报中承认秘鲁对邻接其海岸的200海里范围内海域的主权；秘方承认中华人民共和国政府为中国的唯一合法政府；中国政府重申，台湾是中华人民共和国领土不可分割的一部分，秘方表示注意到中国政府的这一立场。因此，两国刚刚在对方首都建立的商务办事处即被改作了大使馆。两国关系揭开了新的一页。秘鲁成为同中国建交的第二个南美国家。2002年5月，秘鲁在上海设立了总领事馆。

　　两国建交后人员来往增多，经贸合作得到迅速发展。1971年11月，秘鲁动力和矿业部长费尔南德斯率政府代表团访华，同中国对外经济联络部副部长陈慕华签署了两国间经济技术合作协定，中国政府决定在1972年1月至1976年12月31日五年内，向秘鲁政府提供长期无息和不附加条件的1700万英镑贷款援助。在当时的条件下，这对中国来说是一个不小的数字。1972年8月，双方又签订了《中秘两国政府贸易协定》和中国五金矿业公司购买秘鲁铜、铅、锌的长期协定。这些协定对当时正同美国关系恶化的秘鲁来说，无疑是有力的支持。同年贝拉斯科总统夫人访华，周恩来总理亲切会见了她。周总理热情赞扬她的来访"必将为进一步增进两国人民的相互了解和友谊，为促进中秘两国人民友好合作关系的发展作出积极的贡献"。贝拉斯科总统夫人表示："感谢你们的声援，最近你们为了减轻数以千计遭受自然灾害的秘鲁人民的痛苦，给了我们宝贵的援助。"

　　中秘建交以来，两国友好合作关系得到了全面的令人满意的发展，特别是进入21世纪以来，两国关系又上了一个大的台阶。2008年11月，

1990年5月17日，作者同到访的外交部副部长王殊在驻秘鲁使馆院内合影。

时任国家主席胡锦涛对秘鲁进行国事访问，双方宣布建立战略伙伴关系。2013 年 4 月，秘鲁总统乌马拉访华，两国将双边关系提升为全面战略伙伴关系。

中国是秘鲁全球最大贸易伙伴和第一大出口市场，秘鲁是中国在拉美第六大贸易伙伴。2014 年双方贸易额为 143 亿美元，其中我国出口 61 亿，进口 82 亿。2015 年上半年，双方贸易额为 65.4 亿美元，同比增长 8.3%。中方主要出口机电、高新技术产品、纺织品、服装等，进口鱼粉和铜、铁等矿产品。2009 年 4 月，中秘签订双边自由贸易协定，2010 年 3 月正式生效。秘鲁是中国在拉美主要投资对象国之一，主要涉及矿产、石油资源等领域。秘鲁同中国在科技、文化、教育、体育和军事等方面，都有着良好的交流和合作关系。

我主持的第一个国庆招待会

国庆招待会是一个国家驻外机构举行的最重要的外交活动，大家都很重视。我在国外工作多年，参加过无数次这样的招待会，已习以为常。但这一年是新中国成立 39 周年国庆招待会，是我当大使后举行的第一个国庆招待会，我想一定要把它搞好。

我国和韩国的国庆日（10 月 3 日）靠得很近，为了避免在同一天举行影响客人的出席率，每年我们两国使馆都要协商一下，谁先搞谁后搞。今年商定我们在 9 月 30 日（星期五）举行。

国庆准备工作提前一个月就开始了。首先，根据国内指示要搞好宣传工作，如举行记者招待会和图片展览等，宣传我国 39 年来特别是 1978 年实行改革开放以来，各方面所取得的重大成就；其次就是搞好国庆招待会。

国庆招待会有不同的形式，最简单的是酒会，只是供应一些酒水和小吃；其次是自助式的冷餐会，把吃的东西放在台子上，由客人自取；

作者夫妇同中华会馆主席张伟镰（右3）和华商协会主席李浦英（右2）为中国生日干杯。

最隆重的是宴会，就是排桌次，大家坐下来吃。现在趋于简化，以前两者居多。根据秘鲁习惯，国庆招待会大多采取冷餐会形式，并且搞得很丰富。

另外，由于秘鲁旅秘华侨较多，我们决定为他们单独搞一场，即中午招待秘鲁官方客人和各国使节，晚上招待华侨、华人代表，每场500人左右。考虑到节省开支和外宾都喜欢吃中国饭菜的情况，我们决定自己动手，多准备一些中国食品，如春卷、炸丸子、炸大虾、扬州炒饭等，另外也准备了一些当地的食品。要准备两场近1000人的食品，可不是一件容易的事。我们使馆只有3名厨师，其中一人当时左手还受了伤，但他轻伤不下火线，用一只手干活。使馆其他同志如没有外事活动，也都下厨房帮忙。结果这次招待会的食品准备得既丰富又美味可口，得到客人的一致好评。

中午一场招待会从12时开始直到下午3时半才结束。出席招待会的有秘鲁众议长巴尔加斯、外长冈萨雷斯，国防、能矿等多名部长以及各国驻秘使节等。加西亚总统派其侍卫长来使馆登门祝贺，表示愿意进一步加强和发展秘中两国友好合作关系。众议长和外长等都向我表示，邓小平了不起，他倡导的改革开放政策使中国在很短时间内发生了重大变化，中国发展强大了，秘鲁和全世界人民都高兴，因为他们把中国看成自己的朋友，是世界和平的一支重要力量。其他客人也都对我国取得的巨大成就表示热烈祝贺和高度赞扬。此时此刻，我作为中国驻秘鲁外交代表感到十分自豪，感受到中国在国际上的地位确实有了很大的提高，在国际事务中起着举足轻重的作用，我们决不可妄自菲薄。而这种感受在国内时是往往体会不到或体会不深的。

晚场招待会从下午 7 点半开始，到 10 点半才告结束，因为出席的主要是华侨和华人，气氛更加热烈。他们说，到了使馆就等于到了祖国。祖国强盛了，他们在国外的地位也提高了，日子更好过了。

在招待会上，著名的对我国非常友好的罗德里格斯家庭乐队演奏了精彩的节目，大大增加了节日的喜庆欢乐气氛。该家庭乐队祖孙三代共 15 人，每个人都是演员。他们有个不成文的家规，即每个成员都必须学会唱歌、跳舞或能弹拉一两种乐器，都能参加演出。子女找对象都必须具备上述条件。他们都是业余演出，平时还有自己的工作，

1990 年 10 月，各国驻秘鲁使节夫人团与陈云清话别并赠送银盘。

但演出都达到专业水平，多次到国外演出，在国内外颇有名气。这是一支很有特色、很受欢迎的乐队。

大家普遍反映，说我们使馆这次招待会搞得很成功，是利马历次搞得最好的一次。这是全使馆同志共同努力的结果。

客人走了以后，我们还要自己打扫场地，洗刷餐具，一直忙到深夜才得以休息。这时大家感到腰酸背痛，全身好像瘫了一样。我计算了一下，一天两场招待会，我总共站了 7 个小时，到最后腰都直不起来了。1976 年我在昌平外交部干校劳动时，不小心从卡车上摔下来，摔成腰二椎压缩性骨折，平时站的时间长了就腰痛。今天能坚持到底，也是由于长期在国外工作练就了"站功"。和过去不同的是，今天我作为大使必须规规矩矩地站在门口迎送客人，要同每一位客人打招呼，说几句话。最少要同每个人说两句话："欢迎光临！"和"谢谢，再见。"出席招待会的两场共 1000 人，一人说两句就是 2000 句话。这就需要"说功"。后来我已口干舌苦，几次向招待员要水喝。我的嗓子都哑了。另外，握手也需要功夫。客人来时和离开时都得同我握手，其中很多人对我特别友好，用力较大，我的手都被握肿了。而这一切，都是局外人所不知道的一种特殊"享受"。

一次不同寻常的访问

1987 年 6 月，我作为外交部美洲大洋洲司（简称"美大司"）主管拉美事务的副司长，陪同吴学谦国务委员兼外长访问了秘鲁。这是我国外长第一次访问秘鲁，中秘双方都很重视。这是一次不同寻常的访问，我至今记忆犹新。

一、中国外长失踪了

吴外长的随行人员除我以外，还有他的秘书黄桂芳（后任我国驻菲律宾等国大使）、美大司处长张沙鹰（后任我国驻阿根廷等国大使）和西班牙文翻译李金章（后任我国外交部副部长、现任驻巴西大使）等共九人。6月7日，我们乘飞机于当地时间中午11点24分到达利马。

我们一下飞机就发现有些不正常的情况。飞机不是按惯例停在利马国际机场，而是停在了附近的空军机场。秘鲁外长瓦格纳迎接吴外长时的神情也有些紧张，匆匆忙忙地把吴外长接走，随行的只有翻译李金章，而安排我国驻秘鲁大使杨迈乘坐本应由吴外长乘的悬挂秘中两国国旗的主车，我们几个人则跟随其后。大家都没有进贵宾室，直接从机场出发。更为奇怪的是，秘方准备的开道车和护卫车，没有跟随吴外长，而是跟随我们的车队。这时，我们已意识到是在充当替身了。

我们的车队前有开道车，后有护卫车，浩浩荡荡开进利马市区，只见每个街口都布置了军用坦克和装甲车，沿途军警都是荷枪实弹，气氛非常紧张。到了市中心，我们看见五星红旗高高悬挂在谢拉顿旅馆门前。这是我们代表团原定下榻的地方，但车队经过旅馆门口继续前进。我问司机，我们究竟住在哪里？他说："我不知道，外交部官员只告诉我跟着开道车走。"车队又绕了一大圈，却开进了海军俱乐部。我们进去一看，吴外长早已端坐在客厅里。他笑着问我们："你们怎么这样晚才到？"大家听了也都会心地笑了起来。原来吴外长离开机场比我们早，又是走的近道，当然早到了。

这时杨大使才向我们解释说，秘方和我们使馆都先后得到情报，说搞恐怖活动的秘反政府武装组织"光辉道路"准备制造一起国际事件，把吴外长一行作为行动目标。因此秘方提出从吴外长的安全考虑，代表团改住海军俱乐部，但保留谢拉顿旅馆住房。访问日程也全部改变。所有这些，都不对外宣布，内紧外松。使馆把这一情况报告国内后，代表团已在飞往利马的飞机上了，国内来不及通知代表团，所以我们一直蒙在鼓里。

海军俱乐部实际上是军官们度假休息的地方，接近利马郊区，占地一万多平方米。四周重兵把守，戒备森严。院内无高楼大厦，我们住在一幢两层小楼里。花草树木较多，整齐清洁。环境优雅安静，服

务也很周到，比住在旅馆里舒服多了。这么大的一个院子被专门用来接待中国代表团，秘鲁军官暂停到这里度假休息。

当地新闻记者到处找中国代表团采访，找不到。于是，第二天利马报纸发布消息说："中国外长失踪了。"

二、在秘鲁搞地下活动

吴外长在秘鲁访问的日程都是临时安排的，绝对保密，连代表团成员都是在出发时才知道去哪儿。同时，到一个地点去也不是走正常路线，而是绕道前往，其中包括去总统府和外交部。有些公众活动被取消或改变地方。例如，利马市政府拟举行的欢迎吴外长的仪式改在军人俱乐部举行，华侨会馆原准备欢迎吴外长的盛大宴会被取消，改由吴外长在中国大使馆接见旅秘侨领。吴外长风趣地说："没想到，革命后几十年，还到秘鲁来搞地下活动。"

8日，吴外长和瓦格纳外长进行了工作会谈，双方一致同意建立两国外交部之间不定期的、不同级别的磋商制度，通过各自大使或派有关官员相互通报自己国家的情况，就双方共同关心的问题交换意见和看法。

9日，吴外长先后拜会了部长会议主席阿尔瓦、第一副总统桑切斯和总统加西亚等秘鲁主要领导人，双方进行了亲切友好的交谈，就进一步发展两国关系交换了意见。

阿尔瓦特别感谢中国多年来对秘鲁的慷慨援助，特别是中国向秘鲁赠送一批手扶拖拉机和贷款并派技术人员帮助普诺省打井灌溉，为秘鲁贫困地区的农业发展做出了重大贡献。他表示，秘鲁在矿业和渔业方面资源十分丰富，希望在这两个领域同中国发展合作关系。

加西亚总统在同吴外长会见时说，秘鲁十分关注中国现代化的发展进程，认为中国有很多经验值得学习。中国在国际上占有重要地位，秘鲁重视发展同中国的友好合作关系。吴外长向加西亚详细介绍了我国政治和经济建设情况，特别是党的十一届三中全会以来的方针、路线和政策，并回顾了两国于 1971 年建交以来友好合作关系顺利发展的情况，希望不断巩固和发展这一良好的关系。

我所认识的阿兰·加西亚总统

我第一次见到阿兰·加西亚是在 1987 年 6 月。我当时陪同前国务委员兼外长吴学谦访问秘鲁。他在总统府接见了我们，和吴学谦外长进行了亲切友好的交谈。他说，秘鲁十分关注中国的现代化建设进程，中国有许多经验值得学习；中国在国际上占有重要地位，秘鲁重视并愿意继续发展同中国的友好合作关系。在近距离的观察中，他给我的第一印象是：身材魁梧，英俊潇洒，富有魅力，还印证了他是一个美男子的说法。

阿兰·加西亚 1949 年 5 月 23 日生于利马省巴兰科城，1972 年毕业于秘鲁圣马科斯大学法学系，后在西班牙、法国、意大利深造，获法学博士和社会学博士学位。他的祖父母和父母均为人民党（即美洲人民革命联盟，又称阿普拉党）党员。他出生后第八天，即随母亲入狱。

1976 年，他也加入了人民党，并任该党领袖阿亚·德拉托雷的秘书。1978 年，他当选该党组织书记。1982 年到 1985 年，任该党总书记。1985 年，年仅 36 岁的他当选总统，是当时拉美国家最年轻的总统。

阿兰·加西亚在执政期间，由于对内对外政策失误，导致严重经济危机，引起政局动荡，反政府武装组织"光辉道路"的暴力活动愈演愈烈，全国经济和政治处于混乱之中。

由于上述原因，人民党在 1990 年的总统选举第一轮投票中就告失利，在第二轮投票中转而支持"改革—90"候选人藤森。藤森当选总统后，以贪污公款和非法拥有武器等罪名，对其大选中的"战友"阿兰·加西亚进行审查，还追究其非法将国家储备金转存到国外银行等问题。在军警的追捕下，阿兰·加西亚躲进了哥伦比亚驻秘鲁使馆，

同年 6 月逃到哥伦比亚进行政治避难，藤森还对其发出国际通缉令。他在哥伦比亚流亡达 9 年之久。

2001 年初，秘鲁人民党再次推举阿兰·加西亚为总统候选人，他顶着拘捕令，回国参加竞选。这时藤森也因贿选丑闻曝光而下台，被迫流亡日本。担任临时总统的帕尼亚瓜向最高人民法院转交了美洲人权法庭建议撤销对阿兰·加西亚拘捕令的信件，得到了最高法院的批准，从而为他参选扫清了道路。他表示，如当选，不会再犯过去执政期间所犯的错误，将与人民一起为减少失业和贫困而斗争。竞选虽未获成功，但仍得到三分之一的选票，名列第二，可见他在秘鲁仍有相当的影响力。不出所料，2006 年 6 月他再次参选获胜，任职到 2011 年 6 月。

阿兰·加西亚一直对中国友好。他在 1984 年就曾率领秘鲁人民党代表团访华，新中国在各方面所取得的成就给他留下了深刻的印象。从此，他成了中国人民的朋友。1985 年，他上台执政之初就发出指示，秘鲁政府官员不得接受台湾当局的访问邀请，不得同台签署任何协议，不得接受台授予的勋章或其他带有官方性质的荣誉，不得接受台湾当局在秘鲁设立的民间机构"远东贸易中心"的宴请，也不得承认其外交特权。

1988 年，我有幸被任命为中国驻秘鲁大使。同年 6 月 21 日，我向阿兰·加西亚总统递交了国书，并进行了友好的交谈。他说，秘鲁作

1988 年 6 月 21 日，作者向加西亚总统递交国书后亲切握手。

为太平洋国家，十分需要同大洋彼岸的对人类未来具有重要作用的中国发展关系，希望同中国建立长期稳定的经贸关系，特别是在矿业、农业方面合作有着良好的前景。并表示，将尽力支持我在秘鲁的工作。

1989年春夏之交，台湾当局在秘鲁大肆开展活动，企图用金钱收买手段，换取台、秘间建立"领事关系"，或将"远东贸易中心"改名为"台北经济文化办事处"，均被阿兰·加西亚拒绝。台湾当局这一阴谋失败后，又企图在秘鲁首都利马建立"中央通讯社"分社，也被秘鲁政府拒绝。

1990年，中国政府特使朱训参加了秘鲁新老总统交接仪式。我陪同朱特使拜访了即将离任的阿兰·加西亚总统。朱训代表中国政府，对阿兰·加西亚总统任职期间为中秘两国友好合作关系的发展做出的重要贡献，表示诚挚的谢意。阿兰·加西亚说，不论谁当总统，秘鲁都将会同中国保持友好。他将一如既往地继续为秘中友好做出自己的努力。

阿兰·加西亚没有忘记中国。2004年1月，他以秘鲁人民党主席身份再次对中国进行了友好访问。中共中央政治局常委、全国政协主席贾庆林在人民大会堂会见了阿兰·加西亚一行。加西亚说，时隔20年后再次访华，我看到了中国取得的惊人成就，十分钦佩中国共产党在带领中国人民实现现代化的进程中展现出来的卓越领导能力。人民党重视中国的发展经验，愿进一步加强两党之间的密切交往与合作，成为中国与秘鲁和拉丁美洲友谊与合作的桥梁。

回国后，他在报刊上发表长文，高度赞扬中国实行改革开放政策的历史功绩。他认为"中国奇迹"与"当年伟大的政治家富兰克林·罗斯福的政绩相比，有过之无不及"，这是因为"中国领导人的谨慎和智慧，没有重蹈戈尔巴乔夫的开放时期的错误"，而是将"高效政体"与"自由市场"进行成功组合。他还称赞"中国是拉美的榜样"。

2006年6月，阿兰·加西亚再次当选秘鲁总统后，于2008年3月再次访华。他积极推动双方在2009年4月签署了中秘自由贸易协定（2010年3月生效）。这是在智利之后，中国同拉美国家签署的第二个双边自贸协定，对促进两国间经贸关系的发展具有十分重要的意义。

我和藤森的交往

我第一次见到藤森，是在我出任中国驻秘鲁大使后举行的第一个国庆招待会上，即 1988 年 9 月 30 日中午，那时他还是利马国立农业大学校长。因当时客人较多，没有时间同他交谈，只是互相介绍认识而已。但他那东方人的彬彬有礼、和蔼可亲的学者风度，给我留下了深刻印象。以后在外交场合碰见，总要热情友好地交谈一番。随着交往的增多，我们也就成了朋友。但我同藤森的一些重要交往，还是在 1990 年秘鲁大选期间和他当选总统以后。

在 1990 年秘鲁总统选举第二轮投票前夕，即 6 月 6 日中午瑞典国庆招待会上，我见到了藤森。我祝贺他在第一轮选举中取得的重大胜利。我问他："现在舆论普遍认为，你在第二轮选举中获胜的可能性最大，对此有何评论？"他笑了笑说："我很有信心取胜，大多数选民们将会支持我，因为我的竞选纲领充分反映了他们的利益。如果我当选，将首先去中国访问，看看那里的令人向往的古老文化和现代化建设。"我说："祝你好运。中国的大门随时为你敞开着，你将受到中国政府和人民的热烈欢迎。"果然，他在第二轮投票中以绝对优势当选。

一、藤森全家到使馆做客

16 日晚 8 时，藤森及其夫人苏珊娜·东枝、儿子、女儿、姐姐、弟弟等共 14 人，准时来到使馆。他向我解释说，今晚是家庭聚会，因此未带助手，这样我们更可以自由随便些。秘鲁人时间观念不强，出席公共活动，包括外交活动，迟到 10—30 分钟都是正常的，而今晚藤森却很准时。我开玩笑说，我刚到秘鲁时按照中国的习惯，准时出席一些外交活动，但往往我到了主人还没到，使得我很尴尬，因此我以后也就故意迟到了。今晚总统阁下全家准时来使馆做客，将来他举行活动我就不敢迟到了。他听后哈哈大笑，说秘鲁人确有不遵守时间的习惯。据说藤森上台后，在一次内阁会议上还特别提到要珍惜时间，开会或举行活动要按规定时间开始，不准迟到。

在交谈中，我向藤森总统介绍了我国政治经济形势、改革开放政策及其取得的巨大成就、中国对外政策的基本点，以及中秘建交以来两国关系发展状况。我还向他介绍了邓小平提出的"一国两制"和平统一祖国的方针。他一面听一面提出一些问题，如西藏和人权问题等，我都一一做了回答。他说，秘鲁舆论受西方影响较大，往往歪曲了中国的形象，对中国正面的东西报道很少。我说百闻不如一见，希望总统阁下有时间到中国看一看。他说，一定去，中国是他向往已久的一个国家。

入席就座时，我们把藤森夫妇引到主宾席后，其他人都自由入座，总统最疼爱的小儿子一直跟着他寸步不离，所以也打破常规让他坐在藤森旁边。饭桌上大家一面品尝着中国的美味佳肴，一面谈笑风生，如同在自己家里一样。

在我举杯祝酒后，藤森也祝酒致辞。他说："我一直对中国有美好的感情，对中国文化很感兴趣，对中国经济发展取得的重大成就感

1990年6月，秘鲁当选总统藤森（中）一家在中国使馆做客并同使馆工作人员合影。

到钦佩。在我任期内，秘中关系将得到很大的发展。今晚是我当选总统后第一次到外国使馆作客，是平生以来受到的最隆重的款待，令人终生难忘。"第一夫人苏珊娜·东枝也激动地对我表示："我们本是平民百姓，今晚受到如此款待，十分感谢。"她说，以前常到中国使馆来，一直是中国的朋友，今后也仍然是中国的朋友。她对中国厨师精湛的烹调技艺，更是赞不绝口。

宴请活动历时 3 个小时，自始至终充满着热情、友好、愉快和家庭式的气氛。这次本是内部宴请，但还是走漏了风声，第二天新闻界就作了报道，成了一条重要新闻。外交使节们碰到我便问："藤森当选总统后为什么首先到中国使馆作客？你是通过什么渠道邀请他的？"我说："因为他喜欢吃中国饭。"他们听后都笑了。藤森总统首先到我国使馆作客，确实是他重视同中国关系的十分友好的表示。

二、陪同朱训特使参加庆典活动

在藤森总统就职典礼活动期间，我陪同中国政府特使朱训部长参加有关活动，我和藤森又有了几次见面的机会。

7 月 28 日下午，藤森总统在总理乌尔塔多和外长马昌德的陪同下，在总统府接见了各国使节，晚上又举行了盛大招待会款待各国代表团。藤森特意和朱训部长单独进行了交谈。他说，他非常重视同中国的关系，大选胜利后首先去中国使馆作客就是例证。秘鲁新政府的外交重点放在太平洋盆地，中国被摆在优先考虑的位置。他强调发展同中国的贸易关系，希望中国在农业、工业等方面给予合作。朱训特使再次转达杨尚昆主席对他的祝贺，并邀请他早日访问中国，对他有关发展两国关系的建议和设想，允报中国政府。

利马市为了改善交通状况，和我国北方公司达成协议，购买中国交接式公共汽车，第一批 50 辆到货后停放在一家汽车维修厂检测验收。这是中国汽车第一次出口到秘鲁（在拉美也是第一次），引起人们的重视。藤森知道后，提出要去看一看。

8 月下旬一天上午，我陪同藤森总统到汽车维修厂视察。50 辆土黄色的中国汽车，车身中间四周是两条鲜艳的红道，整齐地排列在工厂院内，很是壮观。藤森一辆一辆地仔细察看，提出许多技术性的问题，在场的中国工程师都做了详细回答。他还坐上其中一辆，在城里转了一圈。他对中国车表示满意。看来他对汽车很懂行。参观后，他又邀请我到总统府去再商量一下中秘间贸易问题。

他带领我们直接从总统府后门进去，穿过花园，即到了总统住宅。他在一个不大的客厅里接待我们。我发现朱训部长送给他的中国工艺品红漆雕花盘就放在客厅的一张桌子上。我在秘鲁两年多，还是第一次到这里来。当时在场的华裔郝一为（中国名字叫许会）先生对我说，藤森总统平时只是在这里同家人、亲属聚会，或接待少数几个最亲近的助手和朋友。我说，那么我就是其中之一了，我感到非常荣幸。

藤森对我说，发展秘中两国关系，首先就要把经贸关系搞上去，我们就从公共汽车开始吧！秘鲁很需要中国这样价廉物美的汽车，如果质量有保证，秘鲁就大批进口；其次，新政府将设法改善人民医疗卫生条件，需要许多药品和医疗器械，也可以从中国进口；第三，中国农业、水利方面很有经验，在这方面也可以开展合作，如购买中国的农业机械和小水电设备等。他还当场委托许会先生全权负责同中国的经贸关系。我表示，总统阁下提出的几点意见很好，我将立即向中国政府报告。

三、和藤森告别

就在我和藤森已经建立起友好关系，准备一起努力推动中秘关系进一步发展的时候，我收到国内发来的调令，命我在 10 月 5 日之前就要到达智利接替黄士康大使的工作，由原任我国驻赤道几内亚大使戴诗琪同志来接替我的工作。

8 月 27 日上午，我向藤森总统辞行。我说，在秘鲁这个"太阳子孙的国度里"任职两年半期间，这里的一切给我留下了十分美好的印象。我特别敬佩秘鲁人民勤劳、勇敢、热情、友好、智慧而诚实的美德。秘鲁资源丰富，发展潜力巨大，我相信在总统阁下的领导下，秘鲁人民一定会很快克服面临的困难和危机，使秘鲁走上健康发展、繁荣昌盛的道路。中秘友好合作关系在双方共同努力下一定会发展到新的阶段。我在秘鲁期间得到秘鲁政府和人民的热情款待和宝贵支持，对此表示衷心感谢。

藤森总统对我的离任感到突然并深感惋惜。他说："原以为我们能共事一段时间，为中秘关系的发展做些事情，但现在不可能了。大使阁下为我们两国关系的发展做出了杰出的贡献，秘鲁政府和人民对此给予高度评价。"我对总统的友好讲话表示衷心感谢。

9月25日，秘鲁代外长里维拉代表藤森总统授予我"太阳大十字"勋章，并在外交部举行了受勋仪式。这是秘鲁给予外交使节和其他外国人的最高荣誉。该勋章创立于1821年，分5级，大十字为最高级，只授予国家元首、政府首脑、外长和大使们。勋章为圆形，直径8厘米，中间为秘鲁国徽图案，周围写着"秘鲁太阳"几个金色大字。我表示十分珍惜和感谢藤森总统给予我这样宝贵的礼物和崇高的荣誉。这正是中秘友谊的明证和体现。

1990年7月25日，秘鲁众议长阿尔瓦拉多（右）向朱祥忠大使授予"太阳大十字"勋章后合影。

1990 年 9 月，中国驻秘鲁使馆全体同志合影留念。

藤森上台以后，三次连选连任，秘鲁经济得到了全面恢复和发展，上了一个大的台阶，社会治安状况也有了很大改善。中秘两国友好合作关系也得到了全面、积极的发展。但后来他因腐败等问题下台，并被判刑。

智利篇

践行和平共处五项原则的典范

新中国成立后，智利和其他拉美国家仍同台湾当局保持所谓"外交关系"。毛泽东主席和周恩来总理根据我国对外战略方针和地处美国后院的拉美国家的具体情况，提出了"耐心等待、多做工作、广交朋友、以民促官"和"细水长流、稳步前进"的工作方针。在这一方针指导下，中智关系稳步发展，终于在 1970 年 12 月 15 日正式建交。智利成为同中国建交的第一个南美国家。建交以来，两国关系发展顺利，特别是近年来达到了全新的高水平。

一、细水长流以民促官

新中国成立初期，应中方邀请，智利著名诗人诺贝尔文学奖获得者聂鲁达、画家万徒勒里、社会活动家阿连德和贝德雷加尔等先后访华，均受到毛泽东主席和周恩来总理的亲切会见。这些人后来都成为中国的"全天候"的终身朋友，对推动两国关系的发展起了重要作用。正是在他们的推动下，于 1952 年 10 月 1 日成立了拉美第一个对华友好组织"智利—中国文化协会"。

1952 年 10 月 23 日，中国进出口总公司同来中国出席亚太地区和平会议的智利代表达麦斯蒂签订了从智利进口铜和硝石的贸易协定。这是新中国同拉美国家签订的第一个贸易协定。周总理对此十分重视。他在接见达麦斯蒂时表示，为了加强中智贸易关系，"中国在智利可能设立一个公司性质的机构，智利也可以在中国设立同样的机构"。当达麦斯蒂谈到智利当选总统伊巴涅斯想同中国建立外交及贸易关系时，周总理表示中国也有同样的愿望，并介绍了我国的建交原则。他还表示，中智双方都在为争取民族独立而斗争，是互相同情的，两国关系可以在短期内建立起来。周总理是想推动中智建交，在"美国后院"打开一个缺口，扩大我国影响，带动整个中拉关系的发展。虽然由于美国的阻挠，上述贸易协定未能得到执行，当时两国也未能建交，

1959 年 6 月 18 日，中共中央主席毛泽东、中国国家主席刘少奇在北京会见来访的智利前副总统兼国会主席吉列尔莫·德尔佩德雷加尔和夫人。

但周总理的谈话对以后中智关系的发展产生了积极的影响。

根据周总理的指示，我国也先后派出了一些文化和经贸代表团到智利访问。重要的有：1953 年 6 月，李一氓率领的中国文化代表团参加了在智利首都圣地亚哥举行的第一届拉丁美洲大陆文化工作者大会后，对智利进行了友好访问，这是新中国建立后最早访问拉美的代表团。1954 年 7 月，以赵毅敏为团长、肖三和艾青为团员的中国文化代表团访问智利，出席了聂鲁达 50 寿辰的庆祝活动。1956 年 8 月，以楚图南为首的中国民间艺术团对智利进行了访问演出。1957 年 5 月，中国人民银行代表团访问智利。1958 年 8 月，中国杂技团对智利进行了访问演出。1959 年 5 月和 11 月，中国新闻工作者代表团和工会代表团先后访问智利。同年，智利前内政部长佩德雷加尔应邀访华，与中国进出口公司签订硝石和茶叶易货合同，并向中国外贸部官员提出，希望中方派代表常驻智利，中方表示同意。1961 年 5 月，中国国际贸易促进会主席南汉宸率团访问智利，双方商定于 1961 年 10 月中国在智利建立商务新闻办公室，李延年任主任。1964 年我国在智利举办了

经济贸易展览会，参观人数达46万人之多，占当时圣地亚哥人口的四分之一，影响很大。1965年6月，中国国际贸易促进会在圣地亚哥设立了半官方的商务代表处，以代替商务新闻办公室，林平任代表。从而实现了周总理在1952年对达麦斯蒂提出的中国可能在智利设立一个公司性质的机构的设想。

二、精心耕耘开花结果

1970年10月，智利举行大选，由社会党、共产党和激进党等六个左派政党组成的人民团结阵线推举的总统候选人社会党领袖阿连德获胜。阿连德曾三次访华，受到周总理的接见，双方进行过亲切友好的谈话，他对周总理十分敬佩。大选前他就向中方表示，如在大选中获胜一定同中国建交。周总理得知阿连德当选智利总统时非常高兴，他说："古巴是60年代，阿连德是70年代，美国后院不平静了。"他代表中国政府立即发电报给阿连德表示热烈祝贺，并表示坚决支持智利人民反对帝国主义侵略、掠夺和干涉，维护民族独立和国家主权的正义斗争。同时派出以倪志福为团长的中国工人代表团出席阿连德总统的就职典礼。

周总理对倪志福去智利非常重视，亲自主持中共中央政治局会议，研究倪访问智利时应注意的问题，代表团回国后第二天又召开政治局会议听取汇报。倪志福说，阿连德政府有意尽快同中国建交。周总理立即指示我国驻法国大使黄镇同智利驻法国大使伯恩斯坦进行接触，表明中国也愿意同智利建交。

智方起草了一个完全符合我国要求的建交公报，于是双方经过谈判很快达成协议。黄镇和伯恩斯坦代表各自政府于1970年12月15日在巴黎签署了建交公报。公报称："中华人民共和国政府和智利共和国政府，根据互相尊重主权和领土完整、互不干涉内政和对外关系、平等和互惠的原则，决定自即日起建立外交关系。""中国政府重申：台湾是中华人民共和国领土不可分割的一部分。智利政府注意到中国政府的这一声明。智利政府承认中华人民共和国政府是中国唯一合法

1972 年 6 月 22 日，中国首任驻智利大使林平向智利总统萨尔瓦多·阿连德递交国书。

政府。"中智建交公报后来成为我国同拉美国家建交的一个样板，称为"智利模式"。

于是，智利成为南美洲第一个和拉丁美洲第二个（仅次于古巴）同新中国建交的国家。周总理高度赞扬阿连德政府不顾内外敌对势力的反对而采取的同我国建交的果敢行动，为拉美国家同中国建交"开了个好头"。可以说，中智建交是在周总理直接关心、推动和指导下实现的。他对中智关系整整 20 年的精心耕耘，终于开花结果。

三、热情支持友好忠告

阿连德政府上台以后，宣布要使智利成为"第一个按照民主的、多元化的和自由的模式建立起来的社会主义"国家。对外反对美国控制、维护国家主权、同包括苏联在内的社会主义国家发展关系，支持第三世界国家反帝、反殖的斗争。对内实行了一些激进的经济和社会改革措施，如对美资控制的铜矿国有化，征收了大批本国和外国企业和银行，国家对各主要经济部门均实行控制；实行土改，征收大庄园

作者访问世界最大的露天铜矿——丘基卡马塔矿。入口处高高耸立着矿工的雕像。

主的土地，建立国有农场和合作社；大幅度提高工人工资和福利待遇等。苏联把智利看成"和平过渡"的样板加以宣扬，一时智利成为世界注意的中心。

周总理作为一个伟大的无产阶级革命家，对智利革命道路极为关心。他在接见智利和其他拉美国家朋友时，都注意了解智利情况，针对智利面临的一些问题，特别是智利革命道路和任务等重大问题，相继做了大量工作。

1971年6月，周总理在接受墨西哥《至上报》社长谢雷尔的采访时表示，如同阿连德总统自己所说，取得政府并不等于取得政权。我们不隐瞒自己的观点，我们不相信议会道路，因为还没有看到任何一个国家通过议会选举把外国侵略势力赶走，实现完全独立和建立真正的民主政权的。他还认为，一个政权要巩固，没有武装力量的支持是不可能的，你们拉丁美洲稍微有点进步倾向的政府被推翻的例子不胜枚举。当然，我们希望智利的官兵都是爱国的。

1972年3月，周总理在人民大会堂新疆厅会见了来访的智利社会党总书记阿尔塔米拉诺，双方就智利革命过程中一些问题，坦率地交换了意见。谈话持续长达六个小时。参加会见的有外交部副部长乔冠华、中联部副部长申建和副总参谋长彭绍辉等有关方面的领导人。

首先，周总理针对阿连德要在智利进行社会主义革命的过激思想，诚恳而坦率地指出，革命要分阶段，当前亚非拉人民的革命斗争正处于民族民主革命阶段，不能跳过这个阶段进入社会主义革命阶段。他说，如果混淆了这两个阶段的任务，就容易混淆两个不同时期的路线和政策，结果使有"左倾"情绪的人感到不满足，而思想"偏右"的人感到害怕，不敢参加革命，这样就反而把自己孤立起来了。

其次，在智利朋友谈到要中立中产阶级的问题时，周总理表示这个口号值得商榷。他说，在民主革命阶段要联合中产阶级，而不应中立它。因为中产阶级总是带一点民族资产阶级性质的，它不能完全脱离同外国的经济联系，但只要是他自己经营的，就会有点民族自尊心。周总理还以荣毅仁为例，说明团结民族资产阶级不仅是必要的，而且是可能的。中国共产党对末代皇帝都采取团结争取的政策。

第三，关于对外资实行国有化的问题，周总理指出，应区别对待。先没收美国资本，其他国家的暂时不动。这样可避免他们同美国联合起来进行破坏，也可使他们努力经营，还可以利用他们的技术人员。在做法上，可分步骤，逐步没收，也可以分股，例如国家占51%，外资占49%。这样有利于生产，有利于全国经济的稳定和发展。

第四，周总理详细介绍了中国革命的历史经验教训，再次强调军队是中心问题。他针对智利军队有资产阶级民主传统，不干政的说法，指出世界在变化，拉美在变化，智利也不会原封不动，不仅是外国的侵略势力，就是本国的保守势力，也要利用军队。在这种进步与保守激烈斗争情况下，军队不会不受影响。周总理还以刚发生不久的玻利维亚军事政变为例，提醒智利朋友要准备两手，要做军队的工作，争取军队站在进步方面。

周总理还强调，马列主义要同本国革命实践相结合。他说，拉美的社会主义革命一定要在拉美的土地上同拉美的具体情况结合起来，否则就是空想的社会主义。智利可以了解苏联十月革命、中国革命以

及发生在拉美的古巴革命的经验，但一定要同本国的具体情况相结合，形成自己的政治路线，选定自己应该走的道路，才能最终取得胜利。

周总理上述推心置腹、语重心长的谈话，智利客人听后很受启发，但未能引起阿连德总统的足够重视。

正如周总理担心的那样，阿连德政府上台后采取的过激的改革措施虽曾得到人民群众的支持，起初经济也出现了繁荣景象，但好景不长，第二年生产就开始滑坡，出现严重经济困难，人民生活水平大幅度下降，不满情绪随之增长，威胁着阿连德政权的稳定。

阿连德于 1972 年访问苏联，争取援助，但收获甚微。尽管当时中国还处于"文化大革命"造成的混乱时期，为了支援智利，中国还是向阿连德政府提供了力所能及的援助。1972 年 6 月，中国政府同智利政府签订了经济合作协定，向智利提供了 2000 万英镑的长期无息贷款。这对当时的中国来讲，不是一个小的数字。此外，中国政府还同意向智利增供 1500 吨猪肉和 500 吨鸡肉，并主动提出提前交付 1973 年合同中规定的 3000 吨猪肉，以缓解智利人民的生活困难。

1973 年 1 月，阿连德通过我国驻智利大使林平，提出要求增加援助，接着派其外长阿尔梅达来华，同我国进行具体商谈。周总理予以接见，就此交换了意见。双方签署了中智经济技术协定和商品贷款协定。中国政府决定在智利银行中无息存入 1000 万英镑，供智利政府使用。同年 2 月 3 日，周总理写信给阿连德总统（由阿尔梅达回国转交），再次就智利革命和建设问题提出了忠告。

周总理在信中说，我们本愿对智利人民的经济建设做出较大的贡献，但由于我们的经济力量还很有限，同时也肩负着支援越南和印支各国人民斗争和其他地方的国际义务，目前尚处于力不从心的状态，希望对此能予以谅解。

周总理说，中智两国同是发展中国家，对于智利现在面临的困难，我们很能理解并给予深切的同情。这种状况从根本上说，是长期殖民统治和帝国主义侵略留下的恶果，不少第三世界国家在不同程度上都遇到类似问题。为了克服这些困难，发展中国家除了相互帮助外，最根本的还是要靠自己的力量，也就是说，自力更生为主，外援为辅。如果经济不能立足国内，过多依靠外援，特别是依靠大国的贷款，这是很危险的。在这方面，一些国家有过沉痛的经验教训。

周总理说，对第三世界国家来说，要自主地发展民族独立经济，就要进行长期的艰苦奋斗，就要付出一定的代价和牺牲。我们的人民是勤劳勇敢的人民，为了摆脱帝国主义的控制干涉，赢得自己的独立幸福生活，他们会懂得如何清醒地估计局势，勇于接受面临的挑战。在当前动荡的国际形势下，更要考虑应付可能出现的各种局面，做两手准备，争取好的，准备坏的。总之，改变经济落后面貌，改善人民生活的目标，只有结合现实的条件和可能，有准备、有步骤地进行才能逐步实现。这是我们从中国的亲身经历中得出的一点体会。我们对智利的情况很不了解，但是作为老朋友，出于关切，我愿坦率地同阁下交换看法，仅供彼此参考。

周总理在信中还表示，两年来，智利政府和人民在维护民族独立和国家主权、反帝反殖、发展民族经济等方面取得了许多重大成就。我们对此表示钦佩。相信智利政府和人民，在阁下的领导下，加强团结，坚持斗争，进行充分的准备，谋而后动，就一定能够克服目前遇到的困难，取得新的胜利，继续前进。

周总理最后说，我们为两年来中智友好合作关系的发展感到高兴。我们今后将竭尽自己的努力，使这种关系得到进一步的加强。

据说，阿连德读了周总理的信，很受感动，表示完全同意信中的意见和看法。但这时智利局势已急剧恶化，为时已晚。

周总理在上述同智利朋友的谈话和给阿连德的信中，运用马列主义和毛泽东思想的基本原理，对智利以及亚非拉国家在第二次世界大战后所面临的形势进行深入的调查研究后得出的英明的科学论断，均为后来的形势发展变化所证实。

四、坚持原则、沉着应对

阿连德政府实行的过激政策脱离智利实际，导致一系列失误，被国内外敌对势力所利用。不出周总理所料，智利具有资产阶级民主传统的军队，在美国的支持下，于 1973 年 9 月 11 日发动政变，推翻了阿连德政府。阿连德本人也以身殉职。政变后成立的以陆军司令皮诺切特为首的军政府开始了为期 16 年的军事独裁统治。

军政府于 1973 年 9 月 15 日照会我国驻智利大使馆，表示愿意同中国保持最友好的关系。后来军政府又不断通过不同的渠道向中国方面表示，希望维持两国正常外交关系。

当时，国际上对智利政变反映强烈。苏联等社会主义国家以及个别第三世界国家宣布与智利军政府断绝或中止外交关系，有的国家实行外交降级，即调回大使保留代办级关系，更多的国家对政变进行了谴责。但大多数国家仍与军政府保持原有关系。据统计，至 1973 年 10 月上旬，与智利建有外交关系的 80 个国家中，有 38 个表示承认智利军政府并与之保持外交关系，与军政府断交的有 11 个国家，其他国家则未表态。

中国政府根据和平共处五项原则，独立自主地处理了同智利军政府的关系。一方面，周总理于 9 月 14 日致电阿连德遗孀，对阿连德总统不幸以身殉职表示哀悼。周总理在唁电中说："遥悉萨尔瓦多·阿连德总统不幸以身殉职，至深悲痛。谨向你们表示深切的哀悼和慰问。伟大的阿连德总统生前为了智利人民维护民族独立和国家主权的斗争，以及促进中智两国人民的友谊和亚非拉第三世界国家的团结反帝事业，做出了积极的努力。他的高尚愿望将永远活在人们心中。相信智利人民将从这一沉痛的事件中吸取教训，继续前进。"

另一方面，中国政府决定，不急于承认军政府，也不主动与之断交，而与军政府保持一般关系，冷而不断，以进一步了解和观察智利形势的发展，再决定下一步行动。对军政府的照会未予答复，但也没有拒绝。10 月中旬，我国政府召回了驻智利大使，由临时代办主持工作。智利军政府也解除了其驻华大使的职务，任命了临时代办。中方以为智临时代办发放签证的做法，事实上对军政府予以承认。这样，中智外交关系得以保持下来。我国决定对智利军政府采取"积极稳妥，逐步开展工作，不操之过急"的工作方针。

1973 年 12 月 27 日，智利新政府就任命新大使征求中国政府意见。考虑到当时多数国家对智利军政府任命的大使均已表示同意，我国政府也于 1974 年 2 月答复对方，表示接受其新任大使。同年 7 月，我驻智利大使返任，两国关系遂趋于正常。

当时苏联对我国同智利军政府保持外交关系的做法大加"谴责"之能事，有的社会主义国家和第三世界国家也不大理解，智利左派政党朋友对我国更有意见。但我国认为，智利政府更迭，这是智利的内政，别国无权干涉；同一国建立或保持外交关系，并不等于同意其内外政策；同智利政府保持关系有利于同智利人民的接触和联系，符合两国长远利益，也符合国际关系准则。

后来历史事实证明，中国政府的上述立场和做法是完全正确的，并逐步被人们所理解。每当我同外国朋友，其中包括智利朋友，谈到中智关系这段历史时，他们都认为中国做得对，周恩来总理倡导的和平共处五项原则应该成为处理国家关系的准则。而中国处理同智利关系的方针和做法，正是具体实践和平共处五项原则的一个生动的范例。

五、全面发展，多个第一

在皮诺切特军事独裁统治 16 年后，1989 年底智利举行全国大选，由 17 个政党联盟推举的总统候选人艾尔文获胜，并于 1990 年 3 月就职。埃尔文总统就职后，智利开始了民主发展的新阶段，中智关系也进入了发展的新时期。人员往来增多，贸易、文化等方面的关系得到全面恢复和发展。

1990 年 5 月，时任国家主席杨尚昆对智利进行国事访问；1992 年 11 月，艾尔文总统正式访华。这是两国元首第一次实现互访，增

1990 年 10 月 16 日，朱祥忠大使向智利总统艾尔文递交国书。

进了相互了解和友谊，谱写了两国关系新篇章，具有历史意义。以后两国高层互访不断，我国领导人先后访问智利的有：全国政协主席李瑞环（1995 年 6 月）、李鹏总理（1996 年 11 月）、江泽民主席（2001年 4 月）、胡锦涛主席（2004 年 11 月）、习近平副主席（2011 年 6 月）、温家宝总理（2012 年 6 月）、李克强总理（2015 年 5 月）、习近平主席（2016 年 11 月）等；访华的智利总统有：弗雷（1995 年 11 月）、拉戈斯（2001 年 11 月）、巴切莱特（2008 年 4 月、2009 年 11 月、2014 年 11 月、2017 年 5 月）、皮涅拉（2010 年 11 月）等。在上述访问期间，双方签署了涉及政治、经贸、科技、农业、文化、互免外交和公务签证、植物检疫、民航运输等各个领域的一系列重要合作协定或协议，有力地推动了两国关系的发展。

1994 年 7 月，作者和来访的全国人大外事委员会主任委员符浩合影。

1991 年 5 月，高占祥（前排右 3）率中国政府文化代表团访智期间同智中文协朋友合影。

2004 年 11 月，两国签署了全面合作伙伴关系，2012 年 6 月这一关系升格为战略伙伴关系。2016 年 11 月双方建立全面战略合作伙伴关系。在拉美，智利第一个同中国就我加入世界贸易组织达成双边协议，第一个承认中国完全市场经济地位，第一个与中国签署自由贸易协定，并完成升级。目前我国是智利全球第一大贸易伙伴，第一大出口目的地国和第一大进口来源国，智利是中国在拉美的第三大贸易伙伴国。

1991年6月，智利总统艾尔文（右3）会见来访的中国监察部长尉健行（右4）。

1993年3月，钱其琛外长与使馆同志合影。

　　2014年中智双边贸易额已达到340.6亿美元，其中我方出口130.2亿，进口210.4亿。中国对智利主要出口机电产品、纺织品、铜材、家电等。目前已有20多个中国品牌汽车行驶在智利大街小巷，市场占有率达15%。我国对智利主要进口铜、铁矿砂、纸浆、鱼粉、水果、葡萄酒等。智利是我国进口铜的最大供应国。中国进口水果中98%的蓝莓、75%的樱桃、50%的苹果和食用葡萄均来自智利。智利还是我国第二大葡萄酒供应国。

在科技和文化交流方面，双方签有相关合作协定。两国建有政府间科技混委会，智利为中方在南极科考工作中予以大力协助。2013年10月，中国首个海外天文研究机构——中科院南美天文研究中心暨中智天文联合研究中心在智利成立。

六、展望未来前景美好

近年来，我国进入全面深化改革开放的新时期，外交工作呈现了蓬勃发展的崭新局面。中国同拉美关系也有了新的发展，其中同智利友好合作关系比较突出。

2014年7月，习近平主席出席在巴西举行的中拉领导人会晤期间同巴切莱特总统会见；11月，巴切莱特来北京出席亚太经合组织领导人非正式会议并对华进行工作访问，同习主席进行了会谈。双方就进一步深化中智战略伙伴关系达成重要共识。习主席表示，中智关系发展前景广阔，要从战略高度和长远角度重视和推动两国关系的发展，紧密围绕各自发展规划深化务实合作。双方要尽早启动中智政府间常设委员会，制定好共同行动计划，建设好中智自由贸易区，促进贸易增长和结构多元化。巴切莱特表示，完全同意习主席的意见，加强对华合作是智利外交的优先方向，欢迎中方积极参与智利基础设施建设，推进南美地区互联互通。

2015年5月24日至26日，李克强总理对智利进行正式访问，同巴切莱特总统进行了坦诚深入而富有成果的会谈。双方签署了关于加强产能与投资合作的谅解备忘录、两国本币互换协议。圣地亚哥成为拉美地区首个人民币清算所在地，中方给智方500亿人民币境外合格机构投资者额度。双方还签署了避免双重征税协定。双方同意简化旅游签证手续，自2015年7月1日起取消旅游签证收费，以推动双方

旅游和人员往来。李克强表示，当前世界经济复苏缓慢，依然面临下行压力，中智大力深化金融、财税、产能等合作，将为两国深化务实合作提供有力保障和支持。

中智友好合作关系互补性很强，已打下了坚实基础，双方都有发展关系的强烈愿望。尽管目前仍面临着国际金融危机带来的不利因素的影响，但经过双方的共同努力，落实两国领导人达成的上述共识，一定会克服这些暂时困难，把两国关系继续推向前进。展望未来，前景美好。

智利总统艾尔文访华

国家领导人之间的接触和互访，非常重要。两国关系中的重大问题和重要合作项目，往往是通过高层领导直接商谈拍板决定的。因此，各国驻外使节都把推动高层互访作为一项重要工作。我在智利任职5年期间，重要的高层互访有：智方访华的有艾尔文总统、弗雷总统、参众两院主要领导人、最高法院院长、军方主要领导人、多名部长和议员；访问智利的中方领导人有全国政协主席李瑞环、国务委员兼外长钱其琛、全国人大常委会副委员长王汉斌、国防部长迟浩田、国家监察部长尉健行、国家经委主任李锦华以及其他各部委多名领导人，部长以下的代表团组不断，有时多个团组同时访问智利。

接待国内领导人来访，是使馆最重要的一项工作，不仅要安排好官方正式活动，还要做好生活接待。特别是乘专机来访时，工作就更加复杂，全馆同志必须全力以赴，必要时还向我国有关使馆借调接待人员。

同时，驻在国领导人访华的工作也同样重要，必须认真做好。我在智利任职期间，重点推动了艾尔文总统访华，他是访华的第一位智利总统，所以两国对此次访问都十分重视。

1994 年 4 月，国防部长迟浩田（左 3）一行访智期间与使馆同志合影。

1992 年 11 月 13 日下午，载着智利总统艾尔文的银白色专机降落在北京国际机场。中方陪同团团长、地矿部长朱训夫妇、副外长刘华秋、我同夫人陈云清等迎接。由于时间安排较紧，没有先让客人到钓鱼台国宾馆休息和换装，就由机场直接到人民大会堂参加由杨尚昆主席主持的欢迎仪式，紧接着举行了会见和欢迎宴会。

杨尚昆主席 1990 年 5 月访问过智利。艾尔文访华实际是对杨尚昆访问智利的回访。在会见中，杨尚昆首先代表中国政府和人民对艾尔文总统及其他来访的智利客人表示欢迎。他回忆了 1990 年访问智利的美好情景后说，艾尔文总统的访问将进一步增进两国间的了解和友谊，把两国间业已存在的友好合作关系推向一个新的发展水平。

艾尔文指出，两年前杨尚昆主席对智利访问是两国关系史上的重要一页，强调这次陪同来访的有政府官员、议员、企业家、工会领导人等各阶层人士，具有广泛的代表性，希望通过同中国同行的接触，加强智中两国政治、经济关系，特别是开辟一些新的贸易渠道，以体现两国的友谊与合作。

1990 年 5 月，杨尚昆主席访问智利，向艾尔文总统赠送自行车。

　　杨尚昆说，中智关系是建立在和平共处五项原则基础上的，互相尊重，互不干涉内政。国家不分大小、强弱，在国际事务中都是平等的，应平等相待，互相学习，因为各个国家、民族都有自己的长处和短处，要互相取长补短，以发展自己的事业。智利是南美洲第一个同中国建交的国家，建交 22 年来两国关系发展令人满意，特别是艾尔文总统阁下执政后，两国交往大大增加。1990 年我有幸访问智利，同年 6 月阁下同李鹏总理在巴西举行会晤，现在阁下又来中国访问。这些访问和会晤有力地推动双方互利合作关系的发展，特别是艾尔文总统此次来访更具有重要意义。

晚上，杨尚昆在人民大会堂设宴款待艾尔文一行。宴会是在友好、热烈的气氛中进行的，但也有个小小的插曲。按规定，我们的国宴是四菜一汤，一般都可以吃饱，但那天我们招待客人的是汤菜太多，杨尚昆操着浓重的乡音诙谐地说："这哪里是什么四菜一汤，而是四汤一菜啊！"引起大家哄堂大笑。但智利客人对中国的烹调技术还是大加赞扬。事后，外交部礼宾司同志把杨主席的批评转告了人民大会堂的有关人员，据说后来国宴饭菜有了改进。

11月14日上午,杨尚昆同艾尔文在国宾馆钓鱼台进行了正式会谈。杨主席表示，智利已成为中国在南美洲大陆的重要合作伙伴之一，中国政府十分重视同智利发展友好合作关系。他说，不久前中国共产党举行了第十四次全国代表大会，明确加快改革开放步伐，要建立社会主义市场经济体制；智利也实行对外开放政策，这将有利于中智贸易关系的进一步发展。

艾尔文表示，智利对中国改革开放政策很重视，很感兴趣，希望了解这一变化和在哪些方面可进行合作。智利不仅希望加强同中国的经济关系，也希望加强政治和文化关系。我们有很多一致的地方，如我们都希望和平，尊重人民自决，在平等和不干涉内政的基础上寻求各自国家的发展。近年来太平洋地区，特别是中国，经济快速增长，举世瞩目。智利也是一个开放型的、具有竞争性的自由市场国家，外贸出口占其国内生产总值的三分之一。以上变化都为智中关系的发展带来了新的机会。杨主席说，完全同意艾尔文总统的意见，我们要共同努力促进两国关系的发展，特别是两国商品有互补性，贸易很有发展潜力。

关于国际形势，杨尚昆表示，冷战结束以后，天下并不太平，国际上出现许多不确定和不稳定的因素。总的看来，和平与发展是当今世界两大主题。在复杂多变的国际形势下，建立一个和平、公正、合理的国际政治经济新秩序是世界人民的普遍要求。中国坚定不移地奉行独立自主的和平外交政策，反对霸权主义和强权政治，促进世界和平与发展。加强同第三世界国家的团结与合作是中国外交政策的基本立足点。中国愿在和平共处五项原则基础上加强和发展同世界各国的关系。我们认为，国际政治经济新秩序也应建立在和平共处五项原则基础之上，其核心是不干涉内政，尊重各国人民决定自己命运的权利。国家不分大小、强弱和贫富，都是国际社会平等的一员，都有权为建立国际新秩序做出自己的贡献。一个大国或几个大国企图垄断国际事务是行不通的。联合国在建立这种新秩序的过程中可以发挥重要作用。随着国际形势的变化，世界各国期望联合国在其宪章的宗旨和原则指导下，在维护世界和平与安全，推动解决地区冲突，促进国际经济发展与合作方面，发挥更加积极的作用。中国作为联合国安理会常任理事国之一，愿积极参与联合国事务，支持联合国在国际事务中发挥积极的建设性的作用。

艾尔文表示高度赞赏和同意杨主席对国际形势的分析和中国对有关问题的立场。他说，中国的立场有利于世界和平，与包括拉美国家在内的发展中国家的基本利益和观点完全相吻合。

11月14日下午，江泽民总书记在国务委员兼外长钱其琛、民盟中央副主席丁石孙等陪同下，在国宾馆芳菲苑会见并宴请了艾尔文一行。

智利实行的是总统制，艾尔文既是国家元首，又是政府首脑，但艾尔文访华期间正值李鹏总理去三峡地区视察，没有安排他们会见，智方对此很有意见，智利驻华大使布拉沃几次找我外交部官员交涉。当时我和刘华秋副外长同李鹏总理的秘书吕聪敏联系，商量能否安排艾尔文在外地（如武汉）同李总理会见。但地方上临时安排这样重大外事活动有困难。最后决定以李鹏总理致艾尔文总统"电话口信"的方式，向智方表示歉意，做些解释工作。由陪同团长朱训和我到艾尔文住处转达了李鹏总理的"电话口信"，并送了花篮。

李鹏致艾尔文"电话口信"的内容是："我们期待着总统阁下访问我国，但因紧急公务去了内地，难以与阁下会面，这是一件憾事。但相信阁下会理解的。今年6月，在里约热内卢联合国环发大会期间，我同阁下就双边关系和共同关心的国际问题进行了十分有益的交谈，我对此仍记忆犹新。据了解，您这次同江泽民总书记、杨尚昆主席以及中国其他领导人谈得很好，我感到十分高兴。阁下是第一位访华的智利总统，您的访问对增进两国人民的相互了解和友谊，对推动中智关系的发展，具有重大意义。祝阁下访问圆满成功，在我国逗留愉快。"

艾尔文对未能安排他在北京与李总理会晤表示完全理解。一场礼宾风波总算平息了。

11月14日上午，艾尔文参加了由荣毅仁董事长领导的中国国际信托投资公司组织的中国—智利经济合作研讨会。在研讨会开始之前，艾尔文同荣毅仁进行了亲切友好的交谈。在场的只有智利外长席尔瓦、智利驻华大使布拉沃和我本人以及翻译王刚。

在交谈中，艾尔文向荣毅仁提了一个很有趣的问题："听说过去你是一个有名的大资本家，今天你又搞了一个不仅在中国而且在国际上都很有名气的大公司，其目的是什么？是否还想当资本家？"荣毅仁听了哈哈大笑，幽默地说："我曾是一个不小的资本家，但后来成了一个为社会主义服务的红色资本家。邓小平同志总结了中国建设的深刻教训，倡导和实行改革开放政策，建设有中国特色的社会主义，我很赞成。他说我过去搞过市场经济，懂行，所以委托我搞个公司，积累一些经验。我欣然接受了这个任务。"

智利总统艾尔文（左4）与中国全国人大常委会委员长万里等合影。

荣毅仁用几句简要而生动的语言就把他一生的经历和中国几十年的变化说得一清二楚，令在场的人敬叹不已。此时主持研讨会的人进来说时间到了，催着进场，才不得不终止了这次有趣的谈话。

陈云清和艾尔文总统夫人合影。

艾尔文还访问了深圳经济特区，在那里两国企业家进行了对口会谈，具体探讨了合作的领域和项目。他深有感触地说，十多年前这里还是一个贫穷落后的村庄，现在已变成完全现代化的城市，真是不可想象，中国变化太大了，从这里可以看到中国美好的未来。

11月17日，在艾尔文结束访华的时候，中国和智利两国发表了联合公报。在公报中，两国元首对中智两国人民之间的传统友谊和两国间的广泛合作表示满意，并强调指出，中智友好合作关系是建立在相互尊重主权和领土完整、互不干涉内政和对外事务以及平等互利原则基础之上的，因此坚信中智双边友好合作关系将继续保持在不断发展的最佳水平上。智方重申，中华人民共和国政府是代表中国的唯一合法政府，台湾是中国领土不可分割的一部分（智方这一表述比两国建交公报又进了一步。在建交公报中，是由中方表明对"台湾问题"

的原则立场，智方表示"注意到中方的立场"）。中智双方还签署了
《中华人民共和国政府和智利共和国政府签订两国领事条约的谅解备
忘录》和《地质学科技合作谅解备忘录》等合作文件。艾尔文访华取
得圆满成功。

李瑞环访问智利

应智利政府邀请，全国政协主席李瑞环一行在访问了古巴、牙买
加、巴西之后，于1995年6月25日至28日对智利进行了正式友好访问。
这是继1990年5月杨尚昆主席访问智利后五年以来我国最重要的国
家领导人访问智利，具有十分重要的意义。中智双方对此次访问都很
重视。

但我们提出的访问日期正是智利政府计划在内地召开内阁现场会
议的时间，也就是说弗雷总统和全体内阁成员届时都将不在首都圣地
亚哥。弗雷总统上台后，为了深入基层，掌握第一手材料，更好地解
决地方的问题，决定轮流在各省市召开现场内阁会议。同时也正逢智
利议会休会期间，参、众议员都要回到自己的选区听取选民的意见和
要求。为了协调访问日期，我先后拜会了智利外交部礼宾司长威尔克、
亚太司长施密特和副外长费尔南德斯以及参议长瓦尔德斯和众议长埃
斯特维斯，向他们详细介绍了全国政协在中国历史上和现实政治生活
中所占有的重要地位；政协主席李瑞环是我国主要领导人之一，此次
访问对中智两国友好合作关系的发展将起重要的推动作用；李主席访
问其他几个拉美国家的日期已经排定，访问智利时间难以改变，请智
方给予合作，谅解我方在时间安排上的困难。

智方对我的要求很快给予了友好的答复。施密特司长向我表示，
智利十分重视李主席来访，为了照顾中方的困难和保证李主席来访取
得圆满成功，智方决定：第一，以政府名义邀请和接待李主席；第二，

同意中方提出的李主席来方日期，决定推迟在内地召开内阁现场会议的时间。瓦尔德斯参议长也向我表示，他很高兴届时将在圣地亚哥接待李瑞环。埃斯特维斯表示，要在圣地亚哥宴请李主席一行。智利政府和议会对我国如此友好，对李主席来访如此重视，使我深为感动，也使我对李主席来访取得圆满成功充满信心。

6月25日中午12时15分，李瑞环主席一行乘坐的中国国际航空公司波音747专机徐徐降落在圣地亚哥机场。这一天是星期日，智利礼宾规定，节假日智利领导人一律不去机场迎接客人，但智方还是派了代副外长莫尔塔萨等重要官员到机场迎接李主席，还铺了红地毯。我和外交部礼宾司副司长登机迎接。李主席笑容满面，健步走下舷梯，和莫尔塔萨以及排列在机场贵宾室门前欢迎李主席的使馆外交官员、华侨、华裔和智中文协领导人等三十多人一一握手。还有二百多名华侨未被允许进机场，只能在附近的天桥上向李主席招手欢呼、致意。

1995年6月，作者与全国政协主席李瑞环在智利圣地亚哥市合影。

智利是离我国最远的国度，地处地球的另一端，季节正好与我国相反。李主席来访时北京已进入炎热的盛夏，而这里却是冬天。但这里的冬天和北京的秋天差不多。在李主席来智利头天晚上下了一场大雨，第二天雨过天晴，晴空万里。智利朋友对我说，李主席不仅给智利人民带来了中国人民的友谊，也带来了明媚的阳光和新鲜的空气。不仅智利政府和人民热烈欢迎李主席来访，老天爷也伸出了欢迎的双手。

李主席在机场发表了书面讲话。他说，中智建交25年来，在双方共同努力下，两国和两国人民的友谊不断加深，两国在政治、经济、文化、科技等领域合作卓有成效，成果令人满意。中国十分重视同智利发展友好合作关系。此次访问就是为了加强两国间高层往来、增进互相了解、拓宽交流合作的领域、推动中智友好合作关系进一步发展。

陪同李瑞环主席访智的有：全国政协常委、秘书长朱训，全国政协常委、外事委员会主任钱李仁，辽宁省政协主席孙奇，全国政协常委、法制委员会副主任、最高人民检察院副检察长王文元，外交部副部长李肇星。我作为中国驻智利大使也是代表团成员。李主席一行下榻在圣地亚哥风景秀丽的圣母山脚下的谢拉顿旅馆。

当天是星期日，没有正式官方活动，因此安排李主席下午到使馆看望使馆人员和常驻智利的中资公司代表。李主席和大家一一握手并合影留念。李主席还对大家作了十分重要的和生动感人的报告。他全面深刻地介绍了国内政治、经济大好形势和存在的问题，也对当前国际形势和我国对外关系做出了精辟的分析，要求大家好好学习，努力工作，更好地贯彻执行我国对外政策，为国家的建设和发展创造一个良好的国际环境，为发展我国同智利以及拉美的友好合作关系做出宝贵的贡献。李主席的报告言简意深，高瞻远瞩，实事求是，富有哲理，充满辩证法。我早就听说大家都愿意听李主席的报告，今天我终于亲耳聆听了，果真名不虚传，使我受益匪浅。智利是李主席拉美之行的第四站，按理说应当是很疲劳了，何况抵达智利后没有休息就到了使馆，但他精神焕发，谈笑风生，没有一点倦意。大家为李主席身体如此健康而感到高兴。

李主席访智的正式官方活动都安排在 26 日和 27 日两天进行。26日上午 10 时 20 分，我陪同李主席到市中心自由广场，向智利国父奥希金斯将军献花圈。智方举行了隆重的献花圈仪式，演奏了两国国歌，请李主席检阅了三军仪仗队。这完全是国家元首的规格。

10 时半李主席到莫内达宫拜会弗雷总统，双方进行了亲切友好的交谈。李主席首先对智利政府的盛情邀请和款待表示感谢，并转达了江泽民主席和李鹏总理对弗雷总统的亲切问候，重申了江主席对他的访华邀请。李主席说，一个国家的发展与进步，任何时候都离不开纵向上继承前人的已有成果，在横向上借鉴与学习其他国家的有益经验。中智同属发展中国家，两国在经济建设和其他领域有许多经验值得互相借鉴，互相学习。发展中国家要加快建设步伐，更应当面向世界，真诚地、刻苦地、坚持不懈地向其他国家学习。但是，这种学习必须是从本国的实际出发，必须与自己的实践相结合，最终形成具有自己特色的发展路子。大量事实证明，夜郎自大、闭关锁国会导致落后，而迷信外国、脱离本国实际地照抄照搬别国的经验也不会成功。总之，要取众家之长处，走自己的道路，取诸家之长处的目的就是为了走好自己的道路。关于两国关系，李主席说，中智两国相距遥远，但两国关系十分密切。两国有着进一步合作的良好条件，发展经贸互利合作前景十分广阔。相信在弗雷总统的领导下，智利会有一个大的发展，中智关系也会有一个大的进步。

弗雷总统对李瑞环主席来访表示热烈欢迎。他说智利实行地区开放主义，智利在经济和政治建设方面所取得的成就，很大程度上得益于对外开放。智利十分钦佩中国人民在各个领域所取得的成就，非常重视同中国的关系。智中两国国情有很大区别，但中国的经验对于智利也很有益，希望进一步加强同中国的合作与交流，以造福两国人民和世界和平。弗雷总统还请李主席转达他对江主席和李鹏总理的问候，并说访问中国是他多年的夙愿，期望着年内在北京同中国领导人见面。最后双方互赠了纪念品。会见原计划是30分钟，由于双方谈得投机，结果延长了15分钟才结束。

李主席离开莫内达宫后分别会见了参议长瓦尔德斯和最高法院院长阿武尔托。下午应联合国拉丁美洲和加勒比经济委员会执行秘书罗森塔尔的邀请，在该委员会设于圣地亚哥的总部做了题为《发展——当代中国的主题》的讲演。李主席在讲演中介绍了中国改革开放16年来所取得的各项成就，着重阐述了发展、改革和稳定三者之间的辩证关系，同时也如实地指出了中国在发展中遇到的各种困难。李主席说，中国和拉丁美洲各国同属发展中国家，过去有着相似的历史遭遇，现在也面临着发展经济的繁重任务。我们都致力于建立和平、稳定、公正、合理的国际政治经济新秩序，在国际事务中有着许多相同或相近的立场。建立和发展长期稳定的友好合作关系符合我们双方的根本利益。亚洲和拉丁美洲是当今世界两个最具活力的发展中地区。中国同拉丁美洲各国应加强互利合作，谋求共同发展。李主席的讲演获得了出席会议的300多智利各界代表、知名人士和常驻圣地亚哥各国使节们的热烈鼓掌欢迎。出席会议的听众普遍认为，李主席的讲话十分重要，中国实行的"发展、改革、稳定"的战略方针的经验对发展中国家具有普遍的现实意义，很值得借鉴和学习。

李主席当天晚上出席了智利外长因苏尔萨代表智利政府举行的宴会。27日出席了众议长埃斯特维斯举行的午宴，在旅馆接见了华侨华裔和留学生代表，晚上观看了智利民间舞蹈。

28日上午9点，李主席结束了对智利的正式友好访问，乘专机离开圣地亚哥回国。智方在机场举行了隆重的欢送仪式。代表因苏尔萨外长到机场送行的施密特司长对李主席说，你这次访问十分成功，是智中两国关系史上的又一里程碑。他还向李主席转交弗雷总统赠送的并亲笔签名的李主席访智期间的活动相册。

关于这次李瑞环主席的智利等拉美四国之行，朱训秘书长在接受新华社随团记者采访时作了很好的总结。他说，李瑞环主席的拉美四国之行促进了中国同拉美四国友好关系发展的良好势头，达到了访问的预期目标。

诺贝尔文学奖获得者聂鲁达

我在智利工作期间，多次参观过位于圣地亚哥西海岸的诺贝尔文学奖获得者巴勃罗·聂鲁达的故居博物馆。这里面向大海，风光优美，富有诗意，是游人和聂鲁达崇拜者必去的地方。

这里原叫科尔多瓦海滩，很荒凉，人迹稀少，只有一位叫唐·埃拉迪奥·索布里诺的上校住在这里。1939 年底聂鲁达从西班牙、法国回智利后，想找一个安静的地方写作，便看中了这里。他从索布里诺上校手里买下了一块半公顷地皮连同一幢石建小平房。由于对面海中有一座黑色小岛，海边石头也是黑的，聂鲁达便把这个地方的名字改称"黑岛"。从此，黑岛便成为闻名于世的旅游胜地。

因为房子不够用，聂鲁达便在一个泥瓦工拉斐尔·普拉萨的帮助下，自己动手，边设计，边施工，经过多年的努力，终于在海边建起了约有 300 平方米的两层小楼，并在前后院种上了花草树木，一个荒凉的地方变成了漂亮有特色的住宅。

聂鲁达喜欢各种玩具和工艺品，特别是同大海和酒有关的东西。

智利著名诗人、诺贝尔文学奖获得者巴勃罗·聂鲁达

在楼的下层，陈列着一条聂鲁达心爱的游船，船上有各种设备和装饰品，其中包括船的保护神和水手雕像，以及从各国搜集来的工艺品和形式多样的酒瓶。在楼的上层，北端是卧室、客厅、餐厅、酒吧和五颜六色的各种面具陈列厅；南端则是工作间和书房，这里原有一万多册图书，其中包括他自己的诗作，后来都被运到圣地亚哥聂鲁达基金会珍藏。在楼顶上，还有一个圆形小阁楼，实

际上这里才是聂鲁达写作的地方。这里居高临下，视野开阔，窗前的一望无际的蓝色大海，令人心旷神怡。聂鲁达在这个只有 8 平方米的小房间写下了许多不朽的诗篇，著名的《黑岛纪事》等就是在这里写成的。聂鲁达一直在黑岛住到生命的结束。这里后来成为聂鲁达的故居博物馆。

导游向我们介绍说，聂鲁达 1904 年 7 月 12 日出生于智利中部利纳雷斯省帕拉尔镇。父亲是铁路工人。出生刚满 8 个月时就失去了慈爱的母亲，是在善良的继母呵护下长大的。他从小就喜欢写诗，但因为遭到其父亲的反对和奚落，他不得不用笔名发表诗歌。他 6 岁那年在特木科市上学时，遇到了一位对他以后的文学创作产生重大影响的女启蒙老师，她就是智利著名的诗人、后来获得诺贝尔文学奖的加夫列拉·米斯特拉尔。聂鲁达决心要成为一个诗人。13 岁时开始在报刊上发表文章，次年发表诗作。1920 年，在特木科市赛诗会上获头等奖。1921 年，聂鲁达考入圣地亚哥师范学院，攻读法语。1923 年，聂鲁达发表第一部诗集《黄昏》，1924 年发表诗集《二十首爱情诗和一支绝望的歌》，一举成名。以后继续发表的诗歌集有《大地上的居所》《漫歌》《元素的颂歌》《十四行情诗一百首》《西班牙在心中》《马丘比丘之巅》《伐木者醒来吧》《船工号子》《孤独的玫瑰》等脍炙人口的诗篇。

聂鲁达的诗歌把个人的悲欢融汇到时代的悲欢里，反映了自己的民族和世界人民的现实生活和斗争。他是继鲁文·达里奥之后拉美诗坛上最灿烂的明星。他开创了拉美诗歌的新阶段，奠定了拉美 20 世纪诗歌创作的基础，"复苏了一个大陆的命运和理想"，因此，获得了 1971 年诺贝尔文学奖。

聂鲁达还是一位有名的政治活动家和外交家。他于 1945 年当选参议员，同年参加智利共产党，曾被智利独裁者迫害流亡国外多年。他积极从事国际和平运动，1952 年当选亚洲和太平洋区域和平联络委员会副主席，1953 年获列宁国际和平奖。他曾在亚洲、欧洲和拉美一些国家担任过领事和大使。1973 年 9 月 23 日不幸病逝。

聂鲁达是中国人民真诚的朋友。他曾多次访问过中国。1951年，他作为世界和平大会的代表，和爱伦堡一起来到中国，向宋庆龄颁发了斯大林国际和平奖金。他写过多首热情颂扬中国的诗篇。他在《新中国之歌》长诗中高歌：

> 毛泽东出现了，
>
> 我们看见，跨过广阔的中国大地，
>
> 经历了痛苦的混乱，
>
> 中国人民站起来了，
>
> 沐浴着黎明的阳光。
>
> ……
>
> 从大海到大海，从平原到雪山，
>
> 所有的人都注视着你啊，中国：
>
> 我们有了一个多么强大的兄弟！

聂鲁达还和其他智利朋友一起，在1952年10月1日创建了第一个拉丁美洲国家同中国的友好组织"智利—中国文化协会"。该协会为中智两国的文化交流和友好合作关系的发展起了重要作用。

参观聂鲁达故居博物馆后，我在贵宾留言簿上，以激动的心情写下了这样一句话："伟大的聂鲁达将永远活在智利人民和中国人民的心中！"

有争议的人物皮诺切特

曾统治智利17年的奥古斯托·皮诺切特将军是当代一个有争议的人物，在智利和国际上对他都有截然不同的评价。拥护他的人，赞扬他是个热烈的爱国者，尽忠职守的真正军人，是拯救国家于危难之中的英雄和卓越的国家领导人；反对他的人，骂他是个权欲熏心、心狠手辣、作恶多端的暴君和独裁者；也有人认为他功过兼而有之。我在智利工作期间，皮诺切特已不是总统，而只是陆军司令，但他在智利的影响仍然很大，以他划线而形成的两派对立情绪依旧。我多次看到，当他出现在公共场合时，有的人向他热烈鼓掌，争着同他握手致意；有的人则发出嘘叫声，或避而远之；有时两派还高喊互相攻击的口号，使我想起中国"文化大革命"的情景。在外交使团中，对皮诺切特的态度也各不相同。

一、65 年的军旅生涯

皮诺切特于 1915 年 11 月 25 日出生在智利最大的港口城市瓦尔帕莱索一个中产阶级家庭。其父亲是海关代理，母亲是个精明贤惠的家庭妇女，对子女要求严格。他作为长子受到父母的格外宠爱和五个弟妹的敬重。皮诺切特少年时期就立志当军人，一个重要原因是他在学校学习成绩不好，对数学、物理、化学、外语等主课都很吃力，曾两次留级，但对体育、宗教、手工课感兴趣。父亲希望他学医，而母亲比较实际，支持他报考陆军学校，但两次均因年幼体弱未被录取。1933 年，他第三次报考才如愿以偿。1936 年，他在以智利民族英雄贝尔纳多·奥希金斯命名的军事学校毕业，获少尉军衔。后在智利大学攻读法律和社会科学两年。1942 年，进入智利陆军学院学习，1954 年任该学院教官。1956 年起在智利驻厄瓜多尔大使馆武官处任职，担任过厄瓜多尔陆军作战学院教官，后又调往智利驻美国大使馆工作。1961 年升任智利陆军第七步兵团团长，1964 年任军事学院副院长兼军事地理学教授，1968 年任第二陆军师参谋长，1969 年任陆军第六师师长，1971 年任首都圣地亚哥卫戍司令，1972 年任智利陆军总参谋长。1973 年 8 月，被阿连德总统任命为陆军司令，晋升上将。一个月后，即 1973 年 9 月 11 日，皮诺切特却联合海空军和警察司令发动军事政变，推翻了阿连德政府，成立军人执政委员会，自任该委员会主席。1974

年6月任国家元首，1981年3月起为立宪总统，均兼任陆军司令职务。1990年3月11日被迫向艾尔文民选政府交权后，继续担任陆军司令职务，直至1998年3月10日才含着眼泪，在隆重的军权交接仪式上把象征陆军最高指挥权的权杖和佩剑交给了里卡多·伊苏列塔将军，宣布退役，从而结束了他的65年军旅生涯。根据宪法规定，皮诺切特于1998年3月11日宣誓就任终身参议员。

皮诺切特一生金戈铁马，是一个地道的职业军人，以铁腕著称，但也是一个儒将。他勤奋好学，特别喜欢有关军事、地理、历史等方面的书。他最爱读的三本军事著作是意大利马基雅维利的《君主论》、法国军事理论家克劳塞维茨的《战争论》，和中国春秋时代伟大的军事家孙武的《孙子兵法》。他佩服克劳塞维茨提出的用战争战略统治文人社会的思想，对《孙子兵法》中关于将军应具有哪些品质的论述十分赞赏，甚至能背诵有关章节。在他的建议下，该书被指定为军队高级将领的必读书。他还撰写过《智利地理大纲》《地缘政治学杂文》《1879年太平洋战争》等书，成为军事院校的教科书。1991年8月，他还出版了回忆录《走过的路，一个士兵的回忆》。

皮诺切特身体好，精力充沛，工作勤奋。任总统期间，每天6点起床锻炼身体，7点吃早餐，8时准点到总统府上班，处理公务直到晚上7点，每天工作十几个小时。他性格倔强，认准的事一干到底，决不后悔。但在家里对妻子露西娅却百依百顺，有时在公开场合也掩盖不住对她的温情。他们有三女一子，均已成婚。

二、独裁统治和改革开放政策

1970年9月，社会党人阿连德作为人民团结阵线的总统候选人在大选中获胜，成立人民团结政府。阿连德没有考虑到智利的国情而搞起了社会主义，必然导致一系列的政策失误，被国内外敌对势力所利用。执政不到一年，经济情况就开始恶化，生产大幅度下降，商品匮乏，通货膨胀加剧，人民生活水平急剧下降。1971年底首都圣地亚哥的妇女就开始上街敲着空锅游行，抗议食品短缺。政府依靠的基本群众——

矿工，也举行罢工，要求增加工资。美国中央情报局更是火上浇油，向阿连德的反对派提供大量资金援助，据1974年9月24日《纽约时报》报道，达800万美元。在政变的当天，美国军舰就停在智利的瓦尔帕莱索港口外面同智利海军进行"海上联合演习"。就是在这种情况下，以皮诺切特为首的军队和警察发动政变，推翻了阿连德政府。阿连德在政变中以身殉职。

皮诺切特说，他发动政变是为了"拯救智利，使智利从马列主义制度中解放出来"，"不想让智利落入苏联之手。阿连德称苏联是老大哥，智利是主权国家，没有老大哥"。皮诺切特上台后，发布紧急状态法令，在全国范围内实行戒严和宵禁，停止宪法保障，禁止一切政治活动，宣布支持过阿连德的政党一律非法，并在全国进行大规模逮捕。据统计，在皮诺切特独裁统治期间，近四千人死于非命，五万人遭受折磨，无数人被迫流亡国外。

皮诺切特发动军事政变及其执行的高压政策不仅引起国内人民反对，也遭到国际社会的普遍谴责。苏联等大多数社会主义国家和墨西哥等一些拉美国家同智利中止外交关系，其他国家也大多停止了同智利的高级官方往来。而美国在皮诺切特军事政变后，曾立即向智利提供2400万美元信贷用于购买小麦，2800万美元用于购买玉米。美国根据"粮食用于和平计划"拨给拉美的粮食，有一半给了智利军政府。联合国及其所属组织曾多次通过决议，谴责智利军政府，但在投票时，美国代表每次弃权，间接地表示了对皮诺切特支持。然而随着反对军事独裁统治民主化浪潮的兴起，大力推行"人权外交"的美国卡特政府也开始对皮诺切特独裁统治表示不满。美国代表在国际组织支持谴责智利军政府践踏人权的决议，取消和停止了对智的军事援助和信贷，不再和智利举行联合海军演习，企图以此打压皮诺切特举行民主选举，向文人政府交权。智美矛盾摩擦增多。皮诺切特批评美国和苏联一样，都想把自己的制度强加于世界其他国家，这是对别国内政的粗暴干涉。

皮诺切特在国内外的处境十分孤立，形象不佳。外国领导人拒绝访问智利，皮诺切特执政期间未正式访问过任何国家。他只是以度假形式或商谈军工贸易为由，对一些国家进行了"私人访问"。只有一次，即1980年拟应邀对菲律宾进行国事访问，但当其专机飞至中途，菲律宾在内外压力下，突然以马科斯总统因事不在首都为托词，把皮诺切特拒之门外。皮诺切特只得半途返航，成为国际关系史上一大笑话。他一怒之下，回国后撤了外交部长和智利驻菲律宾大使的职务。

在内外的压力下，皮诺切特不得不逐步放松限制，以期改善自己的形象。1986年底，皮诺切特宣布允许大部分政治流亡者回国，取消戒严状态；1987年，又下令释放大批政治犯，恢复大多数政党的活动；1989年12月，他被迫举行大选，17个反对党提出的总统候选人艾尔文以55.2%的多数票当选。艾尔文于1990年3月11日就职总统，从而结束了16年多的皮诺切特军事独裁统治。

另一方面，皮诺切特上台执政后，为了克服面临的严重经济危机，邀请了100多名经济学家组成顾问班子，对智利经济进行了精心研究。他们认为20世纪60年代中期以后，由于"进口替代"发展模式失去活力和阿连德政府经济政策的失误，智利经济滑到崩溃的边缘，建议采用芝加哥学派的理论，实行对外开放的自由市场经济政策。皮诺切特据此实行了一系列改革措施。

首先，对国有企业实行私有化。

（一）对阿连德政府时期接管、没收的私人工厂企业，全部归还原主。到1989年，除矿山、核基础设施等少数部门仍由国家控制外，原有500家国有企业的绝大部分均已实行私有化。对少数仍属国有的企业，实行自主经营、自负盈亏，并取消补贴和优惠政策，使它们在市场竞争中求发展。

（二）对银行也逐步实行私有化。到1978年底，只剩下一家国家银行，其他全部私有化。政府还取消了对银行利率的控制，并实行统一的储备金比例。逐步放宽对国内金融机构取得国外贷款的条件。

（三）将阿连德政府时期被没收并实行合作化的850万公顷土地，分配给独立的小土地所有者。优先发展农业，以减少粮食进口。

其次，废除长期以来国家对物价的控制和补贴，鼓励公司之间的竞争。到 1978 年，原来由国家控制价格的 2 万多种商品减少到只有 8 种。对由于价格开放受影响较大的贫困阶层，政府给予补贴，并对市场价格进行监督，防止不法商人哄抬物价。

第三，实行税制改革，主要是设立增值税，增加直接税，加强反偷税漏税。这一措施，使政府间接税增加 20%，直接税增加 10%。税收占国内生产总值从 1973 年的 19.2% 增加到 1979 年 34%。税收分中央和地方两大类。中央税收分三种：一种是增值税，即销售税，税率为商品价格的 18%。这种税所有人都必须交，驻智利的享有外交特权的各国使团人员，包括大使们都不例外。二是企业税，私有企业税率为 15%，国有企业利税共为 50%。这两种税占政府收入的 90%。三是所得税，分为六个档次，最低为 5% 的税率，征税起点为月收入 370 美元；最高为 50%，适用于月收入在 3700 美元以上。

第四，实行外贸自由化，降低关税，放弃"进口替代"政策，促进出口，鼓励本国公司和外国公司竞争。从 1974 年起，智利停止实行长达 40 年之久的关税保护政策。其平均关税 1973 年为 94%，到 1979 年已实行 10% 的统一关税（汽车除外）。后来又一度提高，从 1991 年 6 月 17 日起，进口税为 11%，一直维持到现在。皮诺切特政府还取消了过去智利一直实行的优惠兑换率、进口限额和预付款等措施。提倡出口产品多样化，减少对铜的出口的依赖性。1973 年，智利铜出口占其出口总额的 80% 以上，1980 年仅占 45.6%。

第五，吸收外资。1974 年，智利制定了外国投资法（600 号法令）和将外债转为投资的法令。率先改变了当时在拉美国家中普遍实行的限制外资的政策。为了吸收外资，皮诺切特政府还通过谈判，在 1974 年 3 月，同塞罗公司就被阿连德政府国有化的安迪纳铜矿赔偿问题达成协议，向该公司支付 320 万美元现金和 3860 万美元期票，17 年偿清并付利息；同年 7 月，同安纳康达铜公司达成协议，向该公司支付 6500 万美元现金和 1.88 亿美元期票（年利 10%）作为赔偿；10 月，又同肯奈科特公司达成协议，支付 6800 万美元作为对被智利收归国

国家计委主任陈锦华（中）访智期间参观特尼恩特铜矿。

有的世界上最大的地下铜矿——特尼恩特铜矿的赔偿，从而促进了美国等对智利的投资。

第六，裁减政府机构人员，以减少行政开支。1974年公务员10万人。皮诺切特上台后，还对社会保障制度进行了大胆的改革。1981年，军政府颁布了3500号法令，决定建立一种以"个人资本化"为基础的、由私人机构管理的养老金制度和私人性质的医疗保障制度。多年来，这种制度运行良好，效果显著，在国际上引起广泛的重视。

皮诺切特采取的上述政策和措施使智利经济逐步得到了恢复和发展。他上台一年后，智利的主要经济命脉铜的产量就增加了，1974年至1978年，流入智利的外国投资达30亿美元，外流技术人员开始回国。1976年至1980年，国内生产总值年均增长7%。由于受当时拉美外债危机的影响，1981年至1982年生产下降（1982年下降达14.6%）。1983年军政府采取"应急经济计划"和"缓和债务危机计划"，加强国家在宏观经济中的调节作用，经济又很快得到恢复。1983年至1988年国内生产总值年均增长5%以上，1989年高达10%，创历史最高纪录。通货膨胀从1973年的800%下降到1988年的12%。人民生活得到显著改善。

皮诺切特政府的上述经济成就是在整个拉丁美洲国家处于严重经济和外债危机的情况下取得的。20世纪80年代，拉美被称为"失去的十年"，而智利却是发展的十年，实属不易。

1990 年 3 月民选政府执政以后，基本上继续执行皮诺切特时期制定的各项经济政策，并加以完善。1990 年至 1995 年期间，国内生产总值年均增长 6.7% 以上。人均收入已达 5000 美元。80 年代以来，智利经济一直保持着稳定增长的势头，这不仅在拉美，而且在全世界也是名列前茅的。智利已建立起较完善的符合国情的、行之有效的市场经济体系，被称之为"智利模式"，成为国际货币基金组织向发展中国家推荐的学习的样板。中国有关部门也曾派团到智利考察、学习，都反应受益匪浅。

三、愿同中国交朋友

我第一次见到皮诺切特，是在 1987 年 6 月，我陪同国务委员兼外长吴学谦访问智利期间。这是中国外长第一次访问智利，智方给予高度重视。皮诺切特在总统府接见并宴请了我们。我到智利工作后，接触皮诺切特的机会就更多了。他给我的印象是，言谈简练而风趣，富有逻辑性，是个讲究实际的人；他待人和蔼可亲，并不像报刊宣传的那样傲慢、凶狠。他自称是一个坚定的反共分子，但认为中国同苏联不同，中国不干涉别国内政，尊重别国的主权和独立，因此他愿同中国交朋友。

皮诺切特执政期间，对中国友好，积极推动中智关系的发展，并且一直向往中国。我于 1985 至 1988 年在外交部美大司担任主管拉美事务的副司长时，皮诺切特就几次通过其驻华大使表示了访华的愿望。但当时考虑到智利和国际形势，时机尚不成熟，皮诺切特的访华问题了下来。我到智利工作后，智利军方又向我提出，皮诺切特希望以陆军司令身份访华。另外，当时我们已了解到艾尔文总统也有意访华。有的智利朋友建议我们在处理智利领导人访华问题时要慎重，"最好先总统后司令"。我们经过认真研究，认为这一建议有道理。于是，我们建议国内先邀请艾尔文总统近期访华，同时也向皮诺切特将军表示欢迎他在双方合适的时候访问中国。国内同意了这一建议。

1992 年 11 月，艾尔文总统访华取得了圆满成功。艾尔文是访华的第一个智利总统，对推动两国友好合作关系起了重要作用。

这时，我们认为，皮诺切特访华的时机已经成熟。因为：第一，艾尔文政府上台后采取了一系列和解措施，军文人关系已有改善，大多数人对中国过去遵照和平共处五项原则同军政府保持外交关系的做法已经理解。第二，皮诺切特毕竟还是智利陆军司令，两国军队之间的高层往来是两国关系发展的重要方面。智利政府有时也不得不在国际上维护皮诺切特的威信和合法地位，例如，1992 年 3 月 18 日，皮诺切特拟到厄瓜多尔进行度假访问，当时的厄瓜多尔总统博尔哈宣布他为不受欢迎的人。艾尔文总统就两次打电话给博尔哈，说智利政府知道皮诺切特外出休假，他仍是陆军司令，希望厄瓜多尔政府允许其飞机入境。同月 20 日，智利外长席尔瓦公开讲话，认为厄瓜多尔的做法不合适，皮诺切特是智利陆军司令，是智利政权组成部分。皮诺切特对博尔哈讲话感到吃惊，说他曾在厄瓜多尔陆军作战学院任教四年，一直将厄瓜多尔视为第二祖国。第三，皮诺切特执政期间实行改革开放政策，使智利经济得到了恢复并保持稳定增长，为智利经济的发展打下了很好的基础。这一点得到了智利国内和国际社会越来越多人士的肯定。

1993 年 4 月 21 日至 27 日，皮诺切特以智利陆军司令身份应中国人民解放军总参谋部的邀请，对我国进行了正式友好访问。主要陪同人员有他的儿子马里奥·安东尼奥·皮诺切特、军工局局长卡洛斯·克鲁姆·罗哈斯、陆军军工厂厂长露易斯·伊拉加巴尔·洛博等共 18 人。其夫人露西娅·伊里阿特因病未能成行。皮诺切特一行除北京外，还访问了西安、广州、深圳。访华期间，国防部长迟浩田（曾访问智利，受到皮诺切特的热情友好接待）会见并宴请了皮诺切特一行，徐惠滋副总长同皮诺切特进行会谈。皮诺切特还参观了中国的一些军工企业，探讨了两国军工合作的可能性，游览了名胜古迹，瞻仰了毛主席遗容。

皮诺切特访华回国后，于 1993 年 5 月 26 日晚在陆军俱乐部举行答谢宴会，邀请我和沈邦林武官夫妇出席。他的夫人、儿子、女儿等凡是

作者夫妇同智利陆军司令皮诺切特夫妇合影。

在圣地亚哥的家属及其贴身的助手都出席了。这是一次亲切的家庭式的聚会。在交谈中，他向我表示，小时候就从书本中知道世界上有一个伟大的东方文明古国——中国。对他来讲，中国是神秘的另一个世界，很想到那里去看一看。这一美好的梦想终于实现了。他说，中国变化之大、之快，改革开放取得的成就，出乎他的意料，看到的同西方丑化中国的宣传完全不同。他对中国不怕外来压力，坚持走自己的路，同时不干涉别国内政很佩服。他还给陆军研究人员出了一个题目：苏联和东欧国家的社会主义都垮了，为什么社会主义中国没有垮？

对皮诺切特访华，各方面反应不一样，但总的还是好的。有不少智利朋友和常驻圣地亚哥的使节对我表示，对中国实行独立自主的和平外交政策，不干涉别国内政，和所有人交朋友的态度表示赞扬。也有一些人对我国官方邀请皮诺切特访华不理解，有的打电话给我们表示不满，甚至有个别极"左"组织还在我们使馆门前投放炸药包表示

抗议。

那是 5 月 20 日晚 10 时许，我正在办公室看美国 CNN 电视新闻，忽听一声轰响，就好像发生在我身边一样。我感到事情不妙，正准备出去看看，邱小琪参赞已跑来向我报告，说使馆正门被炸。我当时即指示使馆内部保持戒备，并请邱参赞打电话给智利外交部和警方要求保护（智方一般不向外国使馆派警卫）。智利警察在拉美国家中是训练有素的。过了几分钟，防暴警察和调查警察就赶到了使馆。他们和我馆同志一起观察了现场：使馆正门地上被炸了一个坑，14 米宽、3 米多高的铁皮大门被震裂，隔壁邻居家的玻璃窗也被震坏了。幸好使馆大楼前面有个院子离大门有一段距离，无人员伤亡和重大财物损失。警察估计，是一个重约 200 克遥控的烈性炸药包放在门口爆炸。第二天晚上，自称为"罗德里格斯爱国阵线"的人打电话给智利国家电视七台，承认炸中国大使馆是他们所为。该阵线是 1983 年 12 月 24 日宣布成立的，人数不多，类似秘鲁"光辉道路"式的组织，宣称其战略目标是"用暴力手段把皮诺切特赶下台并打碎其统治的国家机器"。该组织曾于 1986 年 9 月 7 日策划了一次暗杀皮诺切特的行动，但没有成功。

那是一个星期天，皮诺切特带着小孙女到离首都圣地亚哥不远的桃园别墅度过了一个愉快的周末后，7 日下午 6 时许乘车返回首都。途经一个峡谷时，突然枪声四起，从路边开出一辆面包车挡住去路。车上几名狙击手和埋伏在峡谷左右两边的人用火箭筒、轻机枪和手榴弹同时向总统车队猛烈袭击，皮诺切特的卫兵们跳车还击。第一辆警车被火箭筒击中，燃起大火。第二辆是奔驰 350 型，狙击手认定是总统座车，于是集中火力射击，立刻车被炸得粉碎，车上的人血肉横飞。接着第三辆车也被击中起火。第四辆是奔驰 500 型，一名火箭炮手正瞄准它开炮，没想到这是一枚哑弹，车身只留下指甲大的疤痕，玻璃窗上裂开一层冰凌花。这是用 20 万美元从联邦德国进口的高级防弹车，皮诺切特及其小孙女正是坐在这辆车上。机灵而有经验的司机没等皮诺切特下令，便当机立断，和后面第五辆车掉头夺路而走，驶回桃园别墅。皮诺切特当时用身子把小孙女压在车座下，他只是手被划破，有惊无险。皮诺切特每次外出，车队都由五辆高级奔驰车组成，坐第几辆车不固定，都是临时决定。正是这一巧妙的安全措施救了他的命。在这次事件中，共死了九名安全保卫人员。为了纪念他们，皮诺切特决定把他们的尸体就安葬在出事地点的路边，每人墓前立了一块石碑，上面刻着他们的名字和出生日期。我们使馆同志每次去国家公园游玩都路过这里，墓地管理得很好，看来是有专人负责。每年9月7日皮诺切特都要派人去扫墓献花。皮诺切特还特别赞扬和奖赏了他的司机和警卫人员。

"罗德里格斯爱国阵线"搞恐怖活动，特别是这次以皮诺切特访华为由向中国大使馆投放炸药包，受到舆论的谴责，智利外长席尔瓦还打电话给我表示慰问，并对这种恐怖活动表示愤慨。智方加强了对我使馆的保卫措施。

四年后，即1997年10月，已近82岁高龄的皮诺切特又以陆军司令身份对我国进行了第二次正式访问。皮诺切特对中国的访问促进和加强了两国军队之间的友谊和合作。

四、至死无悔改之意

皮诺切特满以为交权后当个终身参议员，可以安度晚年了，但事与愿违，风波又起。1998年9月21日，他为了动一个疝气小手术，到了伦敦一家医院住下。其实，这种小手术在智利完全可以做得很好，到伦敦动手术实为借机到国外休息。

不料，10月16日皮诺切特突然被英国警方拘捕，其理由是：西班牙国家法院大法官加尔松以皮诺切特在其独裁统治期间涉嫌虐待和杀害西班牙侨民为由，提出引渡皮诺切特到西班牙受审的请求。智利政府为了维护国家主权和尊严，以皮诺切特作为前总统和现任终身参议员，手持外交护照应享有外交豁免权为由，要求英方立即放皮诺切特。而反对皮的一些英国和其他欧洲国家人士坚持认为皮诺切特不享有豁免权，智利国内对此也有不同看法。后经有关方面激烈、反复的争论，英国政府权衡利弊，终于在 2000 年 3 月 2 日宣布"皮诺切特因健康原因不宜被引渡受审"的决定。皮诺切特获释返回智利后，智利圣地亚哥上诉法院以同样理由暂停对皮诺切特案的审理。但在独裁统治期间受迫害的人及其家属仍要求对皮诺切特进行审判。后来智利最高法院裁定，同意法官对皮诺切特独裁统治期间所犯的罪行进行调查和审讯。但皮诺切特已于 2006 年 12 月 10 日，因突发心肌梗死和肺气肿在圣地亚哥陆军医院去世，享年 91 岁。

具有讽刺意味的是，皮诺切特去世的那一天正好是国际人权日。这位独裁者在生命的最后日子里，公开表示愿意承担执政期间的所有政治责任，但从未对其发动的镇压行动表示出任何悔过之意。在其去世当天，圣地亚哥市有几千人上街游行，他们挥舞旗帜，按汽车喇叭，对皮诺切特的死表示祝贺；同样另有几千名皮诺切特的支持者，集结在其去世的医院前表示哀悼，并流下了悲痛的眼泪。智利总统巴切莱特号召民众保持平静，决定对皮诺切特的去世不举行国葬，但允许军方在军事学院举行了纪念仪式。显然，智利政府也不愿因皮诺切特案影响国家政局的稳定。相信智利政府和人民一定会设法走出这一历史的阴影。

到复活节岛探秘

复活节岛是智利瓦尔帕莱索地区的一个省，距智利大陆西海岸 3900 公里，并且远离其他岛屿，成了南太平洋浩渺烟波中的一叶孤舟。岛的面积为 160 平方公里。由于地质构造属于太平洋板块，岛上多火山，大约在一万年前曾经喷发过，三座大的死火山各占一角，使岛呈三角形。岛上常住人口 3000 人，其中一半为本地居民波利尼西亚人，另一半为从智利大陆来的人。波利尼西亚语称该岛为"拉帕·努伊"，意为"地球的肚脐",即世界的中心。1722年荷兰探险家雅可布·洛基文海军上将率三艘船只于4月5日在该岛登陆,这一天适逢耶稣复活节,故称之为"复活节岛"。1864年法国人天主教司铎欧金·耶乌劳德来岛定居并占有该岛大部领土。1888年9月8日智利航海家波利加玻·托罗·乌尔塔多船长用5000法郎从法国人手中购买了该岛,并宣布该岛为智利领土,至今已114年了。这里的亚热带海滨风光、开朗豪放的岛民和婀娜多姿的羽裙舞(波利尼西亚人认为羽毛象征吉祥)引人入胜,特别是至今还未搞清楚的"莫阿伊"巨人石像和"会说话的木版"更给复活节岛增添了神秘色彩。

1995年6月下旬,我们应邀到这里"探秘"。从圣地亚哥飞行5个小时,才于当地时间12时到达复活节岛西南角马塔维里机场。该机场原来较小,但为了发展旅游业,1987年智利和美国达成协议,美国帮助智利扩建机场跑道,从原有的2650米加长到3350米,智利允许美国航天飞机必要时在这里着陆,每年不超过两次。现在该机场可以起降大型客机。1990年5月,杨尚昆主席乘坐波音747客机在访问智利后回国途中经停该岛。该岛是连接亚洲、大洋洲和南美洲地区理想的航空中转站,具有重要的战略意义。

1994年11月,作者陪同乔石委员长夫妇访问智利复活节岛。

221

在机场我们受到复活节岛省长巴罗阿为首的当地领导人的热烈欢迎。巴罗阿是当地出生的波利尼西亚人，具有典型的彪悍英武、强壮有力、热情好客、诚实可亲的波利尼西亚男人的性格和风度。我去年曾邀请他出席我们使馆举行的国庆招待会，因此，我们早已相识。当地姑娘们憨野俊俏，能歌善舞，富有魅力。她们按照当地的传统习惯，向我们每人献上了用鲜花编成的花环和用各种贝壳串成的项链，挂在客人的颈上，以表示欢迎和祝福。

当天下午，我们便迫不及待地参观了制作"莫阿伊"石人像的工厂——拉拉库火山采石场。导游小姐是波利尼西亚人，叫阿丽西娅，中等个子，苗条身材，白果脸，大眼睛，长长的头发，皮肤黄里透红，按照当地习惯从胸到脚缠着一块绿色花布礼服，显得健康大方。她待人热情文雅，对岛的历史和现状都很熟悉。她领着我们边看边介绍说，复活节岛是世界上最大的露天博物馆，又被称为"石像的故乡"。全岛有1000多尊半身人面石像，其中400来尊横七竖八地躺在拉拉库火山采石场附近。石像都是在这个采石场加工而成，然后运到其他各地，大多排列在海边石砌的平台上。全岛有100多个平台，当地人称为祭台。平台一般长90米，高4米，每座平台上排立着4—6尊石像，有的多达15—16尊。这些石像高矮不齐，一般高6—20米，重达30—80吨，最大的一尊高约24米，重350吨。

石像一般都戴着棕色或黑色重达10吨的圆柱形石帽子，两手抱着肚子。面部造型大多是高鼻梁、凹眼窝、窄额头、大耳朵、噘嘴巴，它们个个昂首挺胸，面对大海，凝视远方，若有所思。这些石像都是用整块凝灰岩雕凿而成，用发亮的黑曜石或贝壳镶成眼睛，形象生动，神态各异。在腊诺拉腊死火山麓，有一些石像更是妙趣横生。它们的脸一律朝北，身上刻着人物和鸟类的花纹，线条清晰，图案优美，和现代人的文身一模一样。

据考证，这些"莫阿伊"石像大约在公元前1680—1100年间为纪念先人而制作的。在当时劳动工具非常落后的情况下，这些巨石是怎样雕琢和运输到几公里甚至几十公里外并把它们排列在高台上的，对此有各种各样的传说。有人说是由于火山爆发自然形成，有的说可能是外星人制作的。这些说法都没有充分的根据，至今还没有人得出科学的符合实际的令人信服的解释。这就是"莫阿伊"之谜。

岛上还有近万件历史文物，其中有石结构村落废墟、拱门石屋、用以观察一年中日出方位的巨大石墙、墙上刻有古画和象形文字的古城堡等。更为神秘莫测的是，在长短大小不等的"会说话的木板"上刻满了各种符号，有的像人体，有的像鸟兽，有的像鱼虫，有的像花草，有的像船桨，有的则是些几何图形。这些形象符号至今还未破译，也是个谜。当地居民都会说波利尼西亚语，但只会说，不会写，因为还没有书面文字。

另外，在海边有一个叫奥兰哥的鸟人村，其附近有一尊鸟人像。据说，这是世世代代崇拜鸟神的土著部落所雕。离岸约 1000 米的地方有一个鸟岛，上面经常有一些鸟蛋。部落每年举行一次取鸟蛋比赛，第一个游到岛上取回鸟蛋的人即为部落首领。直到现在，岛上年轻人每年还在此进行取蛋比赛，不过已不是为了选酋长，而是作为一种体育运动。

使馆同志和复活节岛省长巴罗阿夫妇（左 3、左 4）合影。

会说话的木板

　　由于岛上土壤贫瘠，干旱少雨，影响农牧业发展，岛民主要靠打鱼、狩猎海鸟为生，但也种些甘薯、芋头、甘蔗和香蕉等，还从大陆定期运来各种食品。沿海盛产龙虾和各种鱼类。海鲜中有一道名菜叫"古兰多"，这是用肉类、土豆和各种海鲜加入调料烹制而成，味道鲜美，营养丰富，颇受各国旅客的欢迎。巴罗阿省长自豪地说，岛上居民生活虽然比较苦，文化程度不高，但很有觉悟，道德水平高。他们团结友爱，互相帮助。全岛只有20名公安人员，但社会治安情况很好，没有刑事犯罪，基本上没有小偷，可以说是夜不闭户。因此，岛上虽有一个很小的监狱，但经常是空的。

　　总的讲，复活节岛目前还比较荒凉，有待进一步开发。由于该岛只有小学和初中，一些年轻人不得不到圣地亚哥或瓦尔帕莱索等大城市上高中或大专，但学成后都返回自己的家乡工作。导游小姐阿丽西娅就是在圣地亚哥上完高中后回岛工作的，现在是省长的秘书，有时给来访的高级代表团当导游。我问她："像你这样聪明、能干而又漂亮的姑娘，完全可以在繁华的圣地亚哥找一个收入较高的工作和很好的对象，为什么一定要回复活节岛这样艰苦的地方呢？"她笑了笑，爽快地回答道："我不习惯大城市的生活，我热爱复活节岛和岛上的乡亲们，我愿意为建设美好的家乡献出自己的青春。"这是多么纯朴

复活节岛上的石人像和"会说话的木板",至今仍是世界之谜。

复活节岛土著居民的舞蹈表演。

而高尚的理想！

　　巴罗阿说，复活节岛具有很好的发展旅游事业的自然条件，但设施还比较差，现在每年只接待4000游客。弗雷总统曾来这里考察，表示政府要对这里认真研究，使这里的旅游资源得到很好的利用和开发，并且，发展渔业和农业，提高人民的生活水平。他表示该岛也在争取其他国家来这里投资，欢迎中国朋友过几年再来这里看看，那时一定会有新的变化。

鲁滨逊岛纪行

　　我在初中上学时读过《鲁滨逊漂流记》一书，对书中主人公鲁滨逊在荒岛上单身一人生活了28年印象很深，至今记忆犹新。但直到我在智利工作四年后，即1994年12月接到胡安·费尔南德斯群岛市长贡萨莱斯来信，邀请我去那里访问，我查阅了该群岛资料，才知道《鲁滨逊漂流记》中所描写的那个荒岛就是上述群岛中的一个小岛——马斯阿铁拉岛。

　　胡安·费尔南德斯群岛位于南太平洋，离智利西海岸瓦尔帕莱索市674公里。该群岛是为西班牙航海家胡安·费尔南德斯1574年11月22日所发现，并由此而得名。马斯阿铁拉岛后来由于《鲁滨逊漂流记》一书1719年面世流行，又称为"鲁滨逊岛"（全称应为鲁滨逊·克鲁索岛）。我怀着很大的兴趣于12月23日至26日访问了该岛。

　　从圣地亚哥到鲁滨逊岛交通很不方便。我在使馆二秘丁山同志的陪同下，于23日上午10时，从圣地亚哥市郊塞里约斯空军基地乘一架只有五个座位的小飞机，经过一个多小时的飞行，在鲁滨逊岛西端一个小飞机场降落。这里只有一条不长的土路跑道，稍有不慎，飞机就有可能冲到大海里去，下降时我们都捏了一把汗。和我们同行的加拿大一对夫妇一直在胸前画十字，祈祷上帝保佑。幸好飞机没有出事。

在机场稍事休息后，我们又乘一辆吉普车沿着悬崖峭壁，缓慢地前进，好不容易到了一个海边码头。下车后再乘汽艇，绕着岛环行，因为我们的目的地坎伯兰湾在岛的另一端。

我们站在甲板上欣赏着一路美丽的风光：蓝蓝的天空，碧绿的大海，青青的群山，还有那一群群海浪在水里翻滚，无数的海鸟在上空飞翔，再加上温暖的阳光和新鲜的空气，真如同到了天堂一般。我们于下午2点半钟到达坎伯兰湾，该岛唯一的固定居民点——圣胡安·巴乌蒂斯塔就在这里，也是市政府所在地。

我们下榻在码头对面市中心广场旁边的绿色客栈。这里还没有星级旅馆，只有八家木结构的平房小客栈，都紧靠着海边，如同乡间别墅，但很整洁宁静，住在里面挺舒服，别有风味。

午饭后，我拜会了市长贡萨莱斯先生。他是本地出生的，中等个子，约40来岁，看上去精明能干，已连选连任五年。他说我是第一个到鲁滨逊岛来访问的中国客人，并且又是大使阁下，感到非常荣幸和高兴。他向我们介绍说，鲁滨逊岛常住居民只有500人，但人种很杂。他们大多是20世纪来这里的德国人、瑞士人、法国人、苏格兰人、西班牙人、墨西哥人和智利人后裔。他们主要以捕龙虾为生。这里的龙虾是世界有名的，又大又嫩，圣地亚哥市各大餐馆用的龙虾都是靠这里供应。渔民们卖掉龙虾，再从城里买回生活用品。他们也在山坡上种些玉米、土豆、木薯、香蕉等，也有人饲养山羊、猪和马。这里没有什么工业，只有一个不大的发电厂，发电供当地居民生活之用。这里天然树木、植物种类繁多，且有特色。在9398公顷的山坡和平原上拥有146种植物，其中101种（占70%）为当地所特有，另外还有不少珍奇动物。据说伟大的生物学家达尔文曾来这里考察过。因此，智利政府在1935年1月16日就通过第103号法令宣布这里为国家公园，1977年联合国教科文组织宣布该岛为"人类遗产——世界生物保护区"。智利中央政府在这里还设立一个专门机构负责管理和维护这个自然保护区。这里风景优美，但来旅游的人不多，因为交通很不方便。

24日上午，我们在自然保护区管理处的一位叫卡洛斯的导游带领下进行了参观游览。在村庄后面有十几个洞穴，每个约有十三平方米。卡洛斯介绍说，17世纪该岛变成了海盗避难所，这些洞穴就是他们住的地方。到了18世纪西班牙殖民者占领了该岛，这些洞穴变成了关押智利及其他美洲国家争取独立的爱国者的监狱。直到1814年10月西班牙宗主国统治解体，这里还关押着42名从美洲流放到这里的爱国人士。有的洞穴门口还挂着木牌，上面刻着曾被关在这里的政治犯姓名。现在这里已成为进行爱国主义教育的课堂。

接着我们就开始爬山，攀登以苏格兰水手阿历山德罗·塞尔扣克命名的瞭望台，他就是《鲁滨逊漂流记》中主人公鲁滨逊的原型。他于1704年因与船长发生口角，一气之下，在坎伯兰湾上岸，随身只带有一本圣经、一把刀、一支步枪、一把斧头、一磅火药、一点烟草和衣物。他独自一人在岛上生活至1709年，共4年零4个月，历尽千辛万苦，才回到英国。他的冒险故事启发了丹尼尔·笛福创作《鲁滨逊漂流记》的灵感。小说情节与原来的故事稍有出入，但基本相符。那个瞭望台就是塞尔扣克每天在那里瞭望、等待来船救他的地方。瞭望台海拔只有565米，但从山下往上爬没有直路，要绕好几个弯，所以实际路程是2700米，并且都是没有开发的羊肠小道，有的坡度很大，爬很费劲，到最后每走几步我就要停下来喘几口气。一路上我们看到了确如市长所介绍的各种奇形怪状、五颜六色的花草树木，其中不少是第一次看到。在导游的鼓励下，经过两个多小时爬行，我们终于到达目的地。

登上瞭望台台，一眼望去，实在是太美了，蓝天、青山、碧水尽收眼底。瞭望台实际上只是在两个山峰之间一个20平方米的平地。卡洛斯解释说，在这里山两边船只来往都可以看得很清楚，而地势又不太高，所以塞尔扣克选择了这个地方作为瞭望台。后来文物保护部门在瞭望台上面的石板上还用西班牙文刻了几行纪念文字，大意是"苏格兰水手阿历山德罗·塞尔扣克于1704年至1709年每天在这里等待来往船只接他回英国"。我们在这里观赏并休息了半个小时，当然免不了照相留念。人们常说上山容易下山难，但我感觉还是下山省劲。

我们从瞭望台返回山下只用一个多小时，中间只休息了一次。我们来回三个小时，共走了5400米山路，经受了一次考验。

当天下午，市政府秘书路易斯陪同我们去参观鲁滨逊在岛上住过的洞穴。洞穴在岛的北侧，平时到那里去乘汽艇只需15分钟。但今天风大，航行困难，特别是洞穴那里没有码头，无法停靠上岸。船长也摇头，表示没办法。当时我表示，这是一个重要景点，如去不了，那太遗憾了。路易斯看我们很想去，就和船长商量了一下，决定带上几个救生圈和一个橡皮船，并找来两个年轻人也上了船，看来是为了保护我们的。于是我们决定冒着风浪去看洞穴。

汽艇在水面上颠簸得很厉害，有时被抛了起来。但老船长很有经验，紧紧把住方向盘，开得很慢，用了约半个小时才到了那个洞穴附近。两个年轻人跳下水，把我们扶上了橡皮船，使劲把它拖到岸边。我趁着大的海浪到来之前，一跃跳上了岸。而丁山起跳晚了一点，橡皮船翻了，他全身连同背着的照相机都泡在海水里了。两位智利年轻人全身衣服更是湿透了。幸好当时正逢夏天，不冷。

上岸后，我们终于有幸参观了世界著名的290年以前塞尔扣克曾经住过四年多的洞穴。洞穴位于山脚下，面向大海。洞前竖立一块木板，上面写着他在此居住的日期。室内面积只有15平方米。左边还有放下一张单人床的长方形小套间。里面现已空空如也，什么也没有。但到此一游如愿以偿，总是一件快事。

25日是圣诞节，我们原准备节前返回圣地亚哥的，但飞机和船都没有航班。全村居民都在忙着过节。我们决定休息，不去打搅当地人。我们的女房东玛丽亚为我们准备了一顿丰富的午餐，特别是那道盐水龙虾，又鲜又嫩，味道好极了。这也有点为我们过节的意思。我问玛丽亚龙虾是如何烹调的？她说，很简单，把活龙虾冲洗干净，锅中水里放少许食盐，等水开了，把龙虾放进去，8分钟就可食用。时间长了不行，短了也不行。我还好奇地问起龙虾是如何捕捉的，站在一旁的玛丽亚的儿子弗朗西斯科憨厚地笑了笑回答说，这可是技术活，还要靠运气。主要是用"陷阱"，即用木条做成的上下两层的笼子，在

鲁滨逊在这个洞穴里生活了四年零四个月。

笼子上层吊上几个用鱼、虾做成的诱饵，笼子两边开几个洞，再设法把笼子沉入海中，每个笼子带一个红色浮标，龙虾闻到诱饵的味就爬进笼子上层，一进去就从活动木板掉下去，而下层没有门洞，再也跑不了。一般过三五天、一星期就可乘船去把陷阱提上来，取出龙虾，再放进诱饵沉入海中。运气好的时候，几个陷阱一次能捕一二十个龙虾，运气不好时，一个也捕不到，并且都是晚上出海，第二天早上才能回来。因此，干这个活是很辛苦的。听他这样一讲，我才恍然大悟，我们乘汽艇来时，一路看到海面上有许多红色浮标，以为是航标，原来都是龙虾的陷阱。跟着渔民下海捕龙虾也是一个有趣的旅游项目，但我们因为时间紧没有去成。

女市政议员欧亨尼亚通知我们，今晚市长和她邀请我们一起过圣诞节。按照传统习惯，圣诞节晚上是家庭团聚的时候，他们破例邀请我们两个外国人一起过圣诞节是不同寻常的。我们本来不想去，准备在客栈两人面对面喝闷酒。但主人一再坚持，说今晚凡是在这个岛上的都是一家人，我们能同中国朋友一起过圣诞节是上帝的旨意，是我们的荣幸。盛情难却，我便开玩笑说，既然是上帝的旨意，我们只能服从了。

晚餐定在欧亨尼亚议员开的一个餐馆里，依山傍水，很是幽静。出席人员除市长和女议员夫妇外，还有几位市政官员和秘书。准备的食品也很丰富，除了圣诞面包和火鸡等传统圣诞食品外，主人还准备了各种海味，当然少不了龙虾。这实际上是一席宴会，但气氛友好、随便，完全是家庭式的。在饭桌上大家互相敬酒祝贺节日并自由地交谈着。

市长说，我们虽然生活在孤岛上，但可以收到圣地亚哥电台和电视台的节目，首都的报刊也能及时送来，所以对世界各国的情况都有所了解。中国近几年来的发展变化之大，使人吃惊。拿破仑早就说过，中国是个睡狮，一旦醒来，世界将为之震动。中国现在醒了，成了全世界注意的中心。我向他解释说，我国在邓小平同志建设有中国特色社会主义理论指引下，近17年来确实取得了不小的成绩，但还有不少困难和问题。中国将来发展强大了，决不会搞霸权主义，永远是和平的力量。他们听了很高兴，说中国从不侵略、威胁别人，是爱好和平的国家，希望中国早日强大起来。

晚饭后，我们应邀到中心广场和当地居民一起观看了业余文艺团体演出的有关耶稣生平的话剧。然后，村里俱乐部和比较大一点的餐馆里都响起了欢快的舞曲，全村男女老少都成群结队地走进了舞厅，又唱又跳，直到天明。我们因为第二天要赶回圣地亚哥，只玩了一会儿就回到客栈休息了。

26日早上，我们去餐厅吃早点时，看到弗朗西斯科正登在门口地上往纸盒里装龙虾。他一见我们就站起来郑重地说，这些龙虾是送给你们带回圣地亚哥去的。我很惊讶，我和丁山曾商量过，想买一些龙虾带回去让使馆同志尝尝鲜，问起女房东是否能买到。她说，这两天大家忙着过节，无人出海，很难买到。但弗朗西斯科是从哪里搞到的？站在一旁的玛丽亚告诉我们，她的儿子知道我们想买龙虾，昨晚吃完圣诞晚餐后，就独自出海为我们捕龙虾，今早刚刚回来。我们听后十分感动，一再对他表示感谢。他却说，这是一件小事，能为中国朋友做点事，他感到非常高兴。我们给他钱时，起初他坚持不要。我们表示，你如不收钱，龙虾我们也不能要，没有办法，他才以当地最低价勉强把钱收下。

　　我们房东是瑞士移民的后裔。全家共七口人，即弗朗西斯科和他的爷爷、父母亲、两个妹妹、一个弟弟。全家主要以经营客栈和渔业为生。这几天，因为是圣诞节，游客很少，客栈只有我和丁山两位客人。但照常营业，按时开饭，并且每顿都征求我们意见，按照我们的口味做，服务非常周到。这几天我们和他们全家都混熟了，成了好朋友了。特别是弗朗西斯科和我们无话不说，就连他同一位女子从恋爱结婚到感情破裂而分居的过程都详细告诉了我们。

从鲁滨逊岛返航之前同当地朋友合影留念。

　　当天上午，我们离开鲁滨逊岛时，贡萨莱斯市长夫妇、市政议员、村民们、绿色客栈全家老小等几十人到码头为我们送行。我们同他们一一握手告别。市长表示，鲁滨逊岛就是你们的家，希望以后常来。玛丽亚和弗朗西斯科十分激动，和我们又是拥抱又是亲吻。船已经开远了，他们还站在码头向我们挥手。当时那种激动人心的场面，给我们留下深刻的印象。这不正是中智两国人民之间传统友谊的生动体现吗！

访问南极长城站

18 世纪 70 年代初期发现南极洲以来，人类经过 200 多年的探险和考察，越来越认识到该洲与人类生存和发展密切相关。南极独特的地理位置和自然环境使它成为全球其他地区不可替代的科学考察实验基地。1957 年至 1958 年间，相继有 12 个国家派出科学考察队去南极进行考察活动，其中有阿根廷、澳大利亚、智利、比利时、法国、日本、新西兰、挪威、南非、苏联、美国、英国等。上述 12 国于 1959 年在华盛顿签订了《南极条约》。1991 年有关国家又签订了第二个《南极条约》。条约规定，南极洲仅用于和平目的，冻结对南极的领土要求，保证在南极从事科学考察活动的自由，促进科学考察的合作，一方有权参观另一方在南极设置的考察基地与设施等。

中国于 1985 年 2 月在南极洲的乔治王岛的菲尔德斯半岛建立了第一个南极考察基地——长城站。这不仅体现了我国综合实力的增强，也为我国科学考察事业的发展创造了有利条件，使我国成为"南极条

作者夫妇在中国南极长城站。

约"协商国，在国际南极事务中有了发言权和决策权，提高了我国在国际上的地位和影响。因此，国内对这个站的工作非常重视。由于长城站靠智利最近，交通方便，中智两国在南极科考方面又有着良好的合作关系，国内决定长城站的后勤供应、人员往来接待、同智方联络涉外等工作由我驻智利使馆代管。我到智利后也感到这项工作的重要，把它列入使馆工作的议事日程。应国内南极办和长城站领导的邀请，于1993年1月4日至8日，即春节前夕，我和夫人陈云清、三秘魏强同志去看望了长城站的同志。

我们三人于4日早上8点从圣地亚哥起飞，直到下午3点才到达智利最南的城市，也是世界最南的城市——蓬塔阿雷纳斯。该市位于麦哲伦海峡的不伦瑞克半岛上，人口有12万多。在巴拿马运河1914年通航以前，它一直是大陆南端迂回航线船只的停泊港和加煤站。巴拿马运河通航后，过往船只大为减少。但随着南极科考事业的发展，这里已成为到南极大陆重要的中转站。我国赴南极科学考察的来往人员一般都经过这里。

我们一行到达该城后住在市中心广场旅馆，午饭后我分别拜会了蓬塔阿雷纳斯市长、省长和第十二大区区长等当地主要领导人，感谢他们对我国长城站过往人员和后勤供应等方面提供的协助和合作。

由于这里气候变化无常，去南极的人只能乘C-130大力神运输机，并且要好天气才能起飞。有时要等上几天才能赶上一个好天气，到了南极也不知道哪一天才能返航。幸亏我们运气好，第二天早上刚起床，旅馆服务员就打电话通知我们，说现在天气较好，要我们做好准备，在8点半就要赶到机场。我们匆忙地准备好行李，到楼下吃了早点，准时赶到了机场。虽是盛夏，但早上气温还是较低，只有3℃，天有浮云，且有一股冷风袭人。机场工作人员正在忙着往飞机上搬运行李物品，其中有我们为长城站同志带去的200公斤新鲜水果和蔬菜。

我们于9时登机。登机前乘客都要去厕所方便一下，并且不让喝水，因为飞机上没有厕所。由于这是运输机，没有民航客机那样舒服的座位，只在飞机前舱两边和中间有固定在地板上的四排长凳子，可坐20

来人。为了安全起见，乘客都被用帆布带绑在座位上，并且戴上安全帽，为了防噪音还要用耳塞子把耳朵堵上。坐在上面很不舒服，和我们同行的波兰大使吉斯拉夫·姜林开玩笑说，我们都成了囚犯了。但大家都感到很新鲜，兴致很高，因为从来都未乘坐过这样的飞机。飞机起飞后噪音特别大，面对面讲话都听不见，必须讲话时把嘴靠近对方耳朵大声喊或打手势。

幸好这天没有大的气流，飞机还比较平稳。从蓬塔阿雷纳斯到南极乔治王岛距离1200公里，飞机飞了约三个半小时，终于在智利南极马什基地机场降落。这时乘客们不约而同地热烈鼓掌，祝贺自己平安到达了南极。一下飞机，就见到整个大地都被厚厚的白雪覆盖着，是真正的"白色世界"。

这个机场是联络南美和南极乔治王岛的唯一空中桥梁。我们到达当地的时间是中午11点半。当时满天乌云，已下起小雨，气温下降到零摄氏度以下。据说，如果我们飞机再晚半个小时到达，就无法降落了。我们刚下飞机，长城站站长、也是南极考察队第九支队队长刘书雁同志等已来接我们了。他们来南极时都经过圣地亚哥，在使馆吃过饺子，我们已认识，大家一见面就如同久别的亲人，互相握手拥抱。他们特意为我们每人带来一套南极服（类似羽绒服）和雨具。来机场欢迎我们的还有智利空军南极处处长巴斯蒂亚斯上校。他是我们的老朋友了。他是智利空军具体负责到南极人员的往来和后勤供应等交通运输工作的，对我们帮助很大。我对他的帮助和合作再次表示衷心感谢。他说，智利空军愿为中国朋友提供运输服务和其他方便，他本人能为发展智中在南极事务方面的友好合作尽力感到十分荣幸。

长城站离马什基地很近，只有两公里多，沿海边走去也只需半个多小时。我们上了吉普车，不一会儿就望见了高高飘扬在南极上空的五星红旗，我们都情不自禁地大声叫了起来："中国国旗！长城站！"大家感到无比的自豪和激动。刘书雁站长向我们介绍说，那几栋红色房子就是长城站所在地。长城站共有建筑面积2000平方米，房屋8栋，即办公、科研、宿舍、通讯、娱乐、发电和气象观测等用房。现在夏季（又称暖季）国内来考察的人较多。这次来的是我国第九次南极考察队，有19名队员，加上越冬的共30人。目前正在突击修建食品库和综合库，要赶在夏季即三月底以前完工，否则夏季一过，暴风雪来临，就无法施工了。说着说着就到了。此时还下着雨雪，站上的同志们正在工地上劳动，见我们都跑过来握手、问好，亲人相见，那种激动的心情，难以言表。

晚上长城站举行了欢迎我们的宴会。刘站长代表站上的同志发表了热情的讲话，感谢使馆对他们的支持和帮助，并表示要用高标准完成科考和基建任务，用实际行动来报答祖国和人民对他们的信任和重托。我在讲话中首先代表使馆全体同志向长城站的同志们表示亲切的慰问并祝贺春节，其次就是赞扬他们在艰苦条件下为南极科考事业做出了重要贡献，为祖国和人民争了光。我们还从使馆带来了几瓶茅台酒，大家喝得很开心。

我们曾请路过使馆的长城站同志向使馆同志介绍过他们的工作、生活情况和好人好事，大家都很受感动和鼓舞。使馆同志把他们的上述精神称为"南极精神"。南极自然气候条件恶劣，交通运输困难，物资食品供应不及时，生活单调，特别是冬天吃不上新鲜肉蛋、蔬菜和水果，只能吃国内运来的罐头食品。南极没有繁华的大街、商店，也没有电影院、剧院和公园可供游玩。据说

南极帝企鹅

在这里生活时间长了，人会发生心理变态。长城站的同志说，由于南极气候常年寒冷，没有苍蝇、蚊子，细菌很少，所以很少生病。但由于免疫力减弱，回国后容易生病。另外，冬天外出考察有时被暴风雪围困，躲在避难所（考察站附近设立的供各国科考人员备用）好几天回不来，只能以冰雪为水，吃些随身带的食品。也有个别国家科考人员被暴风雪所埋葬。

南极冰川

这里生活和工作条件如此恶劣，我国科考人员长期离开家人，单身在外，工资待遇又很低，但他们工作热情饱满，没有任何怨言，克服了各种难以想象的困难，开展了南极冰川、地理、测绘、高空大气物理、地球物理、生物和人体医学、地质与矿产资源、气象、海洋等诸多学科的考察研究，获得了许多宝贵的资料和样品，取得了一批有科学价值的成果，填补了我国科研上的空白，出色地完成了任务。我们把长城站同志们不怕苦、不怕累、不怕严寒、无私奉献、勇攀科学高峰的精神称为"南极精神"。

长城站已成了我国在南极对外的一个重要窗口。近年来，每年从世界各地来南极参观旅游的人数已达 8000 多人，其中到我国长城站参观的约有 2000 多人。

夜间雨停了，风小了，非常安静，没有任何声音。但这里夏季黑夜很短，我们晚上10点上床睡觉，凌晨2点天就亮了。相反，冬天黑夜则很长。每年6月21日仲冬节这天，国家领导人、南极委和我们使馆都要向长城站越冬的同志发慰问电。

6至7日，我们参观了韩国、俄罗斯、乌拉圭、巴西等几个国家的考察站。所到之处都受到了他们热情友好的接待。韩国世宗王站位于一个孤岛上。我们6日上午乘橡皮艇去那里参观时还是晴天，但参观后就下起雨来，并且风力较大，不能返航。韩国站长蒋舜槿热情地留我们吃午饭。起初我们还不好意思，人家毫无准备，怕使他们为难。陪同我们的长城站老王同志说，没有关系，在南极大家都是这样，走哪吃哪、住哪，不分彼此，谁遇到困难，大家都来帮忙。我们长城站时常招待来参观的其他国家的朋友。蒋站长也说，在南极，我们两国都来自东方，拥有共同的文化，共同的宗教，我们相处得像一家人。这样，我们就不好再拒绝了，品尝了一顿别具风味的韩国饭。直到下午3点天气才好转。我们告辞了韩国站，返回长城站。

老王同志告诉我，我们长城站和周围国家站的关系都搞得很好，

1993年4月，作者代表中国政府出席在智利召开的美洲第二届空间会议。

特别是智利站对我们帮助很大。俄罗斯站也经常向我们提供坦克使用。当他们缺乏食品时，我们也免费供应。巴西和乌拉圭站的朋友说，在南极他们和中国朋友合作得最好。在南极这片和平、自由的土地上，来自各国的科考人员不分国别、种族、宗教信仰、意识形态和社会制度，都能患难与共、互相帮助、团结友爱，如同一个和睦的大家庭。如果世界各国在其他地方也能这样和平、友好相处该多好啊！

1992 年 5 月，作者向智利南方自治大学师生作报告，介绍中国内外政策。

1994 年 7 月，中国著名演员祝希娟（右 3）率领深圳电视代表团访智期间到使馆做客。

1995年3月，中国健力宝少年足球队在巴西学习期间访智比赛，同使馆同志合影。

使馆同志与旅智华人在海边别墅合影。

圣地亚哥市长江小学师生到中国使馆做客。

作者夫妇在圣地亚哥附近重要的滑雪场之一——波缔约滑雪场。

使馆同志在智利朋友斯卡皮尼位于圣地亚哥市郊的别墅度周末。

1995 年 10 月，作者离任前接受智利政府授予的"功勋大十字"勋章。

1995 年 11 月，作者与智利总统弗雷告别。

综合篇

西班牙国王胡安·卡洛斯一世首次访华

1976年初的一天下午，一男一女提着一袋水果到我家来慰问病号。我当时因在昌平干校劳动摔伤，正躺在床上休息，伤还没有完全好，勉强坐了起来。我不认识他们，经介绍后才知道，他们是外交部西欧司的同志，男的是韦东副处长，女的是主管西班牙的霍淑珍同志。

我很奇怪，我与西欧司毫无关系，为什么派人来慰问我呀？他们也感到奇怪，说你已被分配西欧司工作了，怎么还不知道？我真一无所知。按规定，我从古巴回国后应由干部司分配工作，但我没有得到任何人的通知，就这样稀里糊涂地到了西欧司。上班以后，司领导才告诉我真相，说西班牙缺一位调研干部，就把你从拉美地区挖过来了。

我到西欧司工作，不仅对西班牙有了较全面的了解，而且对其所在的西欧地区形势也有了大概的了解。这对我们搞拉美工作的同志来说是很有必要的，因为西欧国家曾对拉美国家进行过长达三百年的殖民统治，对拉美国家的历史、文化和习俗等各方面都产生了极其重要而深远的影响，至今他们之间还保持着紧密的联系。

在我主管西班牙工作期间，由于受"文化大革命"的影响，中国和西班牙之间的往来很少，平时主要是搞调研工作。值得高兴的是，主张同中国友好的西班牙国王胡安·卡洛斯一世和王后索菲娅陛下不顾内外压力，应邀于1978年6月16日至21日对中国进行了为期5天的正式访问。这是历史上第一位西班牙国家元首访华，也是自1973年中西建交以来双方首次最高级别的接触，因此双方都十分重视。我参与了此访的准备和接待工作的全过程。

西班牙位于欧洲西南部伊比利亚半岛，面积为505925平方公里，当时人口400多万。1492年"光复运动"胜利后，统一的西班牙封建王朝建立。同年10月12日，哥伦布抵达西印度群岛后，西班牙逐渐成为海上强国，在欧、美、非、亚各洲均有殖民地。1588年西班牙"无敌舰队"被英国击败，开始衰落。1936年至1939年，西班牙爆发内战，军人佛朗哥夺取政权，实行长达36年的独裁统治。二次大战期间支持德、意法西斯，并派兵参加对苏作战。1947年佛朗哥宣布西班牙为君主国，自任终身国家元首。1975年11月，佛朗哥病逝，胡安·卡洛斯一世国王登基。

中华人民共和国成立后，西班牙政府一直追随美国，对我国采取不承认的政策，并与台湾当局保持"外交关系"。随着中国国际地位逐步提高，特别是恢复了在联合国的合法地位和中美关系逐步正常化，西班牙开始调整对华政策。1972年1月，西班牙通过埃及外长传话，要求同中国直接对话。同年10月2日，西外长布拉沃应邀出席中国驻联合国代表团举办的国庆招待会，表示愿同中国发展外交关系。中方对此做出了积极响应。1973年1月10日，中、西驻法国大使分别代表各自政府在巴黎开始建交谈判，于3月9日签署建交联合公报，10日在北京和马德里同时发表。西班牙政府承认中华人民共和国政府为中国唯一的合法政府，承认中国政府关于台湾是中华人民共和国的一个省的立场，同时与台湾"断交"。建交后，两国在各个领域的关系都得到了发展。胡安·卡洛斯一世国王对中国的正式访问，促进了两国关系的进一步发展。

6月16日上午11时，胡安·卡洛斯一世国王和索菲娅王后陛下一行乘坐的专机降在北京机场。陪同来访的有西班牙外交大臣马塞利诺·奥雷哈和夫人、西驻中国大使何塞·拉蒙·索布雷多和夫人、国王办公厅主任华金·德巴伦苏埃拉中将、商业副大臣布斯特洛、国王办公厅秘书长费尔南德斯将军等王室和政府高级官员，以及随行工作人员和记者共200多人。

中共中央主席、国务院总理华国锋到机场热烈欢迎国王和王后。当他们走下飞机后，华主席紧握着胡安·卡洛斯一世国王的手说："欢迎你第一次到我国访问。"胡安·卡洛斯一世国王说："我到伟大的中华人民共和国访问感到非常荣幸。我们的会见是历史性的会见。"前往机场欢迎西班牙贵宾的还有国务院副总理邓小平、全国人大常委会副委员长乌兰夫、国务院副总理王震、外贸部长李强、外交部副部长章文晋、中国人民解放军副总参谋长王尚荣、中国驻西班牙大使马牧鸣、全国妇联负责人黄甘英和其他政府部门、群众团体负责人，以及手拿两国国旗和鲜花的首都群众数千人。

为欢迎西班牙贵宾，首都披上了节日的盛装。天安门广场旗帜飘扬，长安街东西两侧的建筑物上挂起了一幅幅欢迎标语："热烈欢迎胡安·卡洛斯一世国王和王后陛下！""坚决支持欧洲各国人民反对霸权主义的斗争！""中西两国人民友谊万岁！""全世界人民大团结万岁！"

当天下午，胡安·卡洛斯一世国王和王后由外贸部长李强和外交部部长助理宋之光陪同，前往毛泽东主席纪念堂瞻仰了毛主席遗容，在遗体前肃立致哀，并在其坐像前献了花圈，花圈的缎带上写着："献给毛泽东主席。"

晚上，全国人大常委会委员长叶剑英会见了国王和王后陛下及其主要陪同人员，双方进行了十分友好的交谈。紧接着，国务院在人民大会堂举行了盛大的欢迎宴会。国王和王后及其他西班牙贵宾共200余人出席。中方领导人出席的有：叶剑英、邓小平、乌兰夫、王震、李强、章文晋、王尚荣等。宴会自始至终充满了友好热烈的气氛。

1978年6月16日，中共中央主席、国务院总理华国锋和国务院副总理邓小平等到首都机场迎接西班牙国王和王后。

1978 年 6 月 17 日，中共中央主席、国务院总理华国锋在人民大会堂会见西班牙国王（前排左 9）和王后。前排左 8 为邓小平，右 7 为黄华。

　　当时实际上主管国务院工作的邓小平副总理在欢迎宴会上发表了重要讲话。他说，中西两国社会制度不同，但需要强调的是我们之间存在着不少共同点。我们都追求自己的独立，决不允许别人对我们施行武力威胁或发号施令。西班牙和中国抗击外来侵略的历史都证明，敢于为维护民族独立战斗到底的人民是打不破的铜墙铁壁。早在 19 世纪初，西班牙人民用游击战拖垮了强大的入侵者。历史一再证明，游击战术在人民手中是打击侵略者的有效手段。游击战这个词就是西班牙人民发明的。在毛主席领导下的中国人民在长期的革命斗争中采用人民战争，也包括游击战争在内的办法，打败了国内外的武装敌人。

　　邓小平指出："世界人民正面临着新的日益严重的战争威胁。但是，我们认为，只要各国人民团结起来，加强防务，同那种霸权行径进行针锋相对的斗争，世界战争是可以推迟的，一旦打起来，各国人民也一定能够打败侵略者，赢得最后的胜利。"他说："欧洲的联合对于反对超级大国的侵略政策和战争政策是有重要意义的。我们真诚地希望，西欧和地中海各国人民将不断地发展自己的力量，在团结反霸的道路上继续前进。"

　　邓小平的上述讲话，实际上是一篇我国对西欧的重要政策宣示，特别是关于"世界战争是可以推迟的"的提法，受到国际社会的普遍重视。这篇讲话稿，是由我执笔起草并由张毅君副司长修改的。邓小平对该稿有个批示："此稿改变了一些老的框框，有了新的起色。"

胡安·卡洛斯一世国王在宴会上也发表了热情洋溢的讲话。他说："在我通过各位尊敬的代表向伟大的中华民族转达西班牙人民亲切的兄弟般的敬意的时候，我的心情是很难用语言表达的。在我的祖国，人们以极大的兴趣关注着中国的一切，这是因为我们不仅敬仰世界上人口最多的国家及其具有世界意义的悠久文化，而且我们十分钦佩中国人民以历史上罕见的爱国主义热情，为实现今天我们看到的显著而巨大的变革和使中国达到幸福、文明和进步的目标所做的牺牲和努力。"胡安·卡洛斯一世还表示："我怀念今日中国的伟大缔造者毛泽东主席和周恩来总理，他们赋予你们国家一种精神、一种政治思想、一种鲜明的民族自信心和充满希望的决心。这一切曾经使世界为之震惊，这一切正由你们的双手全面的继续付诸实现。"

胡安·卡洛斯一世还深情地回忆了中西两国人民友好交往的历史和共同点，对"具有霸权图谋的大国之间严重紧张局势和他们拥有的可怕的战争力量感到担忧"，"希望国际关系建立在真正尊重主权和领土完整、不干涉内政、和平共处、维护和平与安全、发展各国人民之间的合作和友好关系的基础上，达到确立新的、公正的国际经济秩序这样的目标。"他说："我们两国在这些问题上持有相似的或接近的立场，为两国开展卓有成效的合作提供了广泛的基础，西班牙强烈希望继续密切我们两国的友好关系，使这一关系更加朝气蓬勃，达到重要的新的高度。"

16日下午和17日上午，邓小平同胡安·卡洛斯一世进行了两次会谈。邓小平在会谈中表示，二战后两个超级大国争夺世界霸权的斗争加剧了世界的动荡，是我们面临的共同危险；中国赞赏西班牙关于欧洲联合的政策，愿意看到有一个团结强大的欧洲。胡安·卡洛斯一世在会谈中着重介绍了西班牙对外政策的总原则，即：尊重各国主权和领土完整，互不干涉内政，人民享有独立和自主权，建立更合理的国际经济关系，以和平手段解决国际争端，以及西班牙愿意加入欧洲共同体和北约组织等。另外，双方还介绍了各自国内的情况。黄华外长和奥雷哈外交大臣还进行了对口会谈。

17日下午，中共中央主席、国务院总理华国锋会见了胡安·卡洛斯一世国王一行，双方进行了亲切友好的交谈，对两国关系的发展给予了高度评价。华主席说，中西两国在很多问题上有着共同的观点。我们希望西班牙繁荣昌盛起来，你们也希望中国繁荣昌盛起来。我们相信两国关系的发展，将会越来越好。胡安·卡洛斯一世国王指出，他对中国的访问具有重大的、深远的意义，认为两国领导人的接触有助于两国关系的发展。会见后，华主席设宴招待了胡安·卡洛斯一世国王和王后陛下及其主要陪同人员。中方邓小平、李强、章文晋、宋之光、马牧鸣等人出席了晚宴。

晚宴后，国王和王后一行还出席了由中国文化部举办的文艺晚会。文艺工作者为西班牙贵宾们表演示了丰富多彩的歌舞节目、乐器独奏和京剧《挡马》片断。为了表达对西班牙人民的友好情谊，中央乐团的文艺工作者还演奏了西班牙乐曲《瓦兰西亚》，受到热烈欢迎。演出结束后，国王和王后在乌兰夫副委员长的陪同下，登上舞台同演员们热情握手，祝贺他们演出成功，并赠送了花篮。

18日晚上，西驻华大使何塞·拉蒙·索布雷尔以西班牙国王的名义在大使馆举行答谢宴会。应邀出席的中方领导人有邓小平、乌兰夫、王震、黄华、李强、黄镇、伍修权等。

胡安·卡洛斯一世国王首先在宴会上祝酒。他说，在同中国领导人举行的重要会晤表明，中西两国在许多国际问题上具有共同的思想和信念。在来北京之前就了解到新中国在许多方面所取得的非凡成就，通过这次参观访问更加证实了这些成就，既看到了灿烂的历史古迹，又见到了今日中国的真实情况。我们明天将去杭州和上海继续参观访问，了解中国的新面貌。他说："我们将以十分激动的心情怀念中国。"

邓小平副总理在祝酒时说，国王和王后陛下这次来我国访问虽然时间短暂，但意义重大，对今后我们两国关系的发展必将产生深远的影响。我们双方在会谈中就共同关心的国际问题和双边关系问题广泛而诚挚地交换了意见。正由于我们面临许多共同性问题，因此在国际重大问题上，我们很自然地具有不少共同的语言。我们双方发展友好合作关系的愿望是真诚的。通过国王陛下的这次访问，我们不仅加深了相互了解，而且使两国关系提高到一个新的水平，具有更丰富的内容。

值得一提的是，我国著名女作家杨绛先生翻译的世界名著《堂·吉诃德》被作为国礼，送给了胡安·卡洛斯一世国王，收到了极好的效果。这是我们西欧司建议的，我和霍淑珍同志还专门去拜访了杨先生，征得她的同意。外交部还邀请杨先生出席了欢迎宴会，邓小平同志亲自把她介绍给了国王陛下，双方用西班牙语进行了亲切交谈。这成了宴会上的一个亮点。杨先生为了翻译这本书，还专门学了西班牙语，1978 年 4 月由人民文学出版社出版。这是《堂·吉诃德》在我国第一次直接由西班牙文翻成中文，当时引起社会的重视。正好同年 6 月西班牙国王来访，把该书作为国礼相送，胡安·卡洛斯一世国王非常高兴。后来他还授予杨绛"智慧国王阿方索十世勋章"。

胡安·卡洛斯一世国王和王后陛下对中国进行的为期五天的访问，取得了圆满成功，对推动中西友好合作关系以及中国同整个欧洲关系的发展都起了重要作用。

中国与拉美四国建交纪实

到了 20 世纪 60 年代初，中拉关系有所突破，古巴革命胜利后顶住美国的压力，勇敢地同新中国建立了外交关系。70 年代初，中美关系开始解冻。中华人民共和国恢复了在联合国的合法席位后，中拉关系迅速发展。

从 1970 年到 1977 年期间，智利、秘鲁、墨西哥、阿根廷、圭亚那、牙买加、特立尼达和多巴哥、委内瑞拉、巴西、苏里南、巴巴多斯等11 个拉美国家，相继同我国建交，形成了中拉第一个建交高潮。

我国实行改革开放政策以后，中拉关系又有了新的发展。从 1980 年 1 月到 1988 年 2 月，厄瓜多尔、安提瓜和巴布达、玻利维亚、格林纳达、尼加拉瓜、伯利兹和乌拉圭等国先后同我国建交，形成第二个中拉建交高潮。至此，中拉建交国已达 20 个，尚有 13 个拉美国家同台湾当局保持"外交关系"。但从同我建交国的人口和面积来讲已占该地区的 90% 以上。

在我主管拉美工作期间，同我国建交的拉美国家有玻利维亚、格林纳达、伯利兹和乌拉圭四国。我直接参与了同这些国家建交谈判的有关工作，主要是研究起草建交谈判方案和建交公报等文件，以及同国内外有关机构的协商和联络工作。

玻利维亚：新中国成立后，玻利维亚与台湾仍保持"外交关系"。20 世纪 70 年代初，国际形势发生了有利于中玻关系发展的变化。玻利维亚政府代表在多种场合就建交事宜与中方进行接触。1979 年 10 月，玻利维亚外长费尔南德斯在联合国同韩念龙副外长就两国建交事交换意见。韩念龙表示了我国同玻利维亚建交的意愿，并介绍了我国同各国建交的原则立场。同年 12 月，玻政府指示其常驻联合国代表告知中国常驻联合国代表，玻方承认中华人民共和国政府是中国的唯一合法政府，愿同中国建立大使级外交关系。1980 年 4 月，中玻达成建交协议，但因玻利维亚国内发生军事政变未能正式签署。1982 年，玻利维亚左翼政党组成的人民民主联盟候选人西莱斯当选总统。他对华友好，主张同中国建交。1982 年 10 月，玻利维亚参议院和众议院通过决议，要求政府立即同中国建立外交关系。1984 年 4 月，由玻利维亚参、众两院议长加雷特和奥图尼奥率领的议会代表团访问我国，时任国家主席李先念接见了他们，并代表中国政府和人民对玻利维亚参、众两院为促进中玻建交所做的积极努力表示感谢。他说："中玻两国都是第三世界国家，应该友好相处。"1985 年 1 月 28 日，玻利维亚副外长克雷斯波奉政府指示，在阿根廷约见中国驻阿大使魏宝善，表示玻政府愿在和平共处五项原则和同台湾当局"断交"的基础上与中国建交。双方在阿根廷首都布宜诺斯艾利斯开始建交谈判。又因玻利维亚军方向政府施压，谈判一度搁置。后玻方建议转由两国常驻联合国代表在纽约继续谈判。1985年7月9日，两国常驻联合国代表黄嘉华大使和豪尔赫·古姆西奥·格拉尼尔大使分别代表各自政府在纽约正式签署建交联合公报。玻政府承认中华人民共和国政府是中国的唯一合法政府，台湾是中华人民共和国不可分割的一部分。建交公报于10日在纽约和两国首都同时发表。同年9月，中国在玻利维亚设立大使馆，原涛出任中国驻玻利维亚首任大使。翌年8月，玻利维亚也在中国设立大使馆。1988年3月，玻利维亚在广州建立了总领事馆（第二年因其内部原因闭馆）。1992年5月，中国在玻利维亚圣克鲁斯市设立了总领事馆。

1987年5月，朱启祯副部长（右2）同驻巴巴多斯使馆同志合影。

作者在巴巴多斯岩洞。

巴巴多斯会议楼

　　我曾于 1987 年 10 月陪同朱启祯副部长访问玻利维亚，在其被称之为"外交官坟墓"的首都拉巴斯经历了一次高原反应的考验。拉巴斯海拔高 3640 米，机场海拔高 4000 多米。1975 年我国贸易促进会派赴玻利维亚出席国际锡生产国组织会议代表团的西班牙文翻译奚心华同志就是因为剧烈的高原反应，经抢救无效在拉巴斯去世的。她是我的同事，我们曾在一个办公室工作了好几年，又同住一个院子。她平时工作认真负责，一丝不苟，又勤快好学；待人和善热情，乐于助人，总是面带微笑，是一个很好的同志。大家对她的不幸逝世都深感悲痛和惋惜。组织部门追认她为烈士。因此，我们这次去那里确实也感到心有余悸。去过拉巴斯的同志向我们介绍，到那里时要注意以下几点：第一，要首先喝一杯马黛茶，手里尽量少提东西，走路要慢，但不要紧张；第二，到旅馆时要好好休息，当天不要洗热水澡，吃饭要少，七成饱即可；第三，睡觉呼吸困难时，可以吸氧，高级旅馆房间里一般都备有氧气；第四，高原反应严重，吸氧也不管用时，要及时去医院看医生，不要耽误了。

我们一行五人，到达拉巴斯后，大家高原反应不一。朱启祯副部长和我年龄比较大一点，反应反而不大，只是下飞机时脚有点发飘，心跳有点快，但很快就适应了。其他人反应较大，主要是胸闷、头痛和呕吐等症状，有的则躺倒站不起来了。年龄越小、身体越壮的青年人则反应越大。据说，这主要取决于每人肺活量的大小。一般来说，年龄大肺活量较小，需要氧气少，反应就小；年轻人肺活量大，需要氧气多，反应就大。在以原焘大使为首的使馆同志的悉心照顾和支持下，大家逐步适应了环境，圆满完成了访问玻利维亚的任务。

外交部对驻玻利维亚使馆的同志也给予了特殊照顾，任期由四年缩短为两年，一般同志每年都可回国休假一次，并给予一定的高原补贴。拉巴斯缺氧三分之一，对长期在这里工作同志的身体特别是肺功能影响较大，有的人在那里因缺氧肺部扩大，回国后就难以恢复原状而留下后遗症。可以说，他们去那里长期工作，是做出了很大牺牲的。因此，国内对他们给予特殊照顾是完全必要和合理的。

格林纳达：格林纳达独立时，中国政府总理周恩来致电格总理盖里，对格独立表示祝贺，并代表中国政府宣布予以承认。1983年10月25日，美国派兵入侵格林纳达后，中国外交部发言人于10月26

日发表声明，强烈谴责美国以强凌弱、粗暴破坏联合国宪章和国际关系准则的霸权主义行径，要求外国军队立即撤出格林纳达，并重申中国政府一贯主张：一个国家的事务应该由这个国家的人民在没有外来干涉的情况下自己解决。

1984 年 12 月 7 日，格林纳达总理布莱兹致函中国驻巴巴多斯大使李颉，表示欢迎在格、中双方都方便的时候谈判建立外交关系问题。随后，李颉大使根据国内指示，以中国政府代表的身份赴格，同格政府代表就两国建交事宜进行谈判。1985 年 9 月 26 日，李颉大使和格代总理（外长）琼斯签署两国建交公报，10 月 1 日在各自首都同时发表，从即日起两国正式建立大使级外交关系。中国驻巴巴多斯大使兼任驻格林纳达大使。

两国建交后，双方经贸往来增加。1986 年 5 月，我国外经贸部副部长吕学俭率中国政府经济代表团访格。1987 年 7 月，格外长琼斯访华，两国签署了经济技术合作协定。1989 年 7 月 19 日，格林纳达宣布同台湾建立"外交关系"。同年 8 月 7 日，中国政府宣布中止同格林纳达的外交关系。2005 年 1 月 20 日复交。

伯利兹：1981 年 9 月 21 日伯利兹独立时，中国总理致电表示祝贺并代表中国政府宣布予以承认。中国驻巴巴多斯大使汪滔作为政府代表出席了伯利兹独立庆典。1984 年 12 月，伯利兹统一民主党在大选中获胜，该党领袖埃斯基维尔出任政府总理。他同中国友好，主张同我国发展关系。经双方商定，于 1987 年 2 月 6 日，中国常驻联合国代表李鹿野和伯利兹常驻联合国代表蒂利特在纽约分别代表各自政府进行谈判并达成协议，签署建交联合公报，宣布两国自即日起建立大使级外交关系。

1987 年 4 月 6 日至 13 日，伯利兹总理埃斯基维尔正式访华，同中国领导人进行了亲切友好的会谈，在许多重大国际问题上达成了共识。8 月 10 日，中国驻墨西哥大使兼任驻伯利兹首任大使石春来向伯总督米尼塔·戈登夫人递交了国书。

　　1989年伯利兹政府更迭，人民统一党执政，普赖斯政府于同年10月11日同台湾建立"外交关系"。10月23日，中国政府宣布中止同伯利兹的外交关系。

　　1987年10月5日至7日，我曾陪同朱启祯副部长对伯利兹进行了工作访问。随行人员还有主管加勒比国家外交事务的处长杨乐容、翻译李金章和朱副部长的秘书施隆壮等人，常驻墨西哥的施春来大使和办公室主任白云启同志也专程赶来参加了代表团的工作。这是中伯建交后到访的第一个中国官方代表团，受到伯利兹政府热情友好的接待。伯利兹总督米尼塔·戈登夫人和总理埃斯基维尔分别同朱副部长进行了亲切友好的会见或会谈，双方就国际形势和双边关系等问题坦诚地交换了意见，还就落实埃斯基维尔总理于1987年4月访华期间所签协定问题进行了具体商谈，并达成一致意见。访问对促进中伯友好合作关系起了重要作用。

　　在访问期间，我们代表团住在首都贝尔莫潘市的国宾馆。这只是一座极为普通的两层小楼，设备非常简朴。总督府和总理府也都是一般的平房，在当时气温炎热的情况下，室内连空调都没有，只有一个小电风扇。贝尔莫潘市实际上是一个农村小集镇，当时居民只有5000人，没有任何现代化建筑，很荒凉。政府官员向我们解释说，独立后首都设在这里是为了带动落后地区的发展。

港口中的游艇

　　在贝尔莫潘进行了官方正式活动后，我们于6日上午乘汽车经过一片广阔的原始热带雨林，到了伯利兹市。这是伯利兹主要港口和全国经济贸易中心，被称为"伯利兹的上海"。在这里，我们拜会了当地政府官员，看望了华侨和华人代表，参观了港口和市容。这是一个历史悠久、繁华美丽的城市，给我们留下美好的印象。

　　经过几天的长途旅行和参观访问活动，大家都疲劳了，当晚就早早休息了。半夜，我正在熟睡的时候，突然电话铃声响起，我从睡梦中惊醒。电话是隔壁杨乐容同志打来的，我听到他微弱的声音："老朱，我心里很难受，请你过来一下。"我立即起床跑过去，推开他的房门，迎面一股浓烟扑鼻，桌上烟灰缸装满烟头，我马上把门窗打开，以便通风。当时他已说话无力，用手指了一下放在桌子上的小包。我从小包里取出的是硝酸甘油片，是心脏病的急救药。我完全清楚是怎么一回事了。我立即把药片放到他的嘴里，并叫醒李金章和施隆壮同志，经商量决定，不请示朱副部长了，以便让他好好休息。我们立即同当地医院联系，用救护车把病人送到医院。经检查，确诊为心肌梗死。

伯利兹总督戈登夫人

医生说，幸亏送来及时，否则就危险了。经抢救，杨乐容同志慢慢缓过来了。原来，昨天晚上大家休息的时候，他不顾疲劳，独自加班到深夜，赶写访问伯利兹的简报，以便及时报回国内，加上他在房间抽烟较多，空气不好，诱发了心脏病的发作。

第二天，我们按原计划离开伯利兹前往墨西哥访问。但杨乐容同志仍需住院观察和治疗，由于我国当时在伯利兹尚未设馆，无常驻人员，代表团人手又少，谁来照顾他成了问题。正在我们为难之时，当地侨胞主动提出由他们来照顾，请代表团放心。杨乐容同志在伯利兹医生的精心护理和侨胞们的热心照料下，很快恢复了健康。侨胞们买了机票，安排他顺利回到国内，而且支付了他住院治疗等一切费用，不收国内一分钱。他们说，能为国内来的同胞尽一点责任感到十分高兴和荣幸。这不正是爱国侨胞们的情浓于水的生动体现吗！

作者在伯利兹首都贝尔莫潘

伯利兹风光

    乌拉圭：20 世纪 50 年代起，中国同乌拉圭便有贸易关系和较多的民间往来。1955 年 7 月 30 日至 9 月 17 日，乌拉圭驻南斯拉夫和瑞士使馆先后四次同中国驻该两国使馆接触，商谈建立双边贸易关系和互设商务机构问题。11 月 21 日，瑞士驻华使馆向中国外交部提出，乌拉圭驻香港领事内伯格奉政府之命，希望来华同中国政府就乌中将来的关系问题进行正式的官员间的接触。外交部根据中央"对乌拉圭采取积极的态度，争取建交，如果它还有困难，就先进行经济上和文化上的往来"的方针，同意内伯格来访。12 月 7 日，内伯格抵京，同外交部副部长章汉夫等人进行了接触。12 月 16 日，周恩来总理会见内伯格。内伯格说："我的任务就是试图推动同你们伟大的国家缔结一项贸易协定"，"我们两国在不久的将来也会建立外交关系"。周恩来说："我们愿意建立并发展贸易关系，并希望同乌拉圭建立外交关系。但不能勉强。如果乌拉圭政府还有困难我们可以等待。我们可以用建立贸易关系作为一个开端，我们可以互派代表团讨论发展贸易和签订贸易协定的问题，可以互相设立贸易机构，可以用这样的一些方式开始我们的关系。乌拉圭如果愿意也可以通知我们，你们认为哪些方式是方便的。"1955 年 12 月，乌拉圭驻香港领事来京，代表乌拉圭羊毛商赛地尔公司同中国签订 140 吨毛条合同。1956 年 4 月，乌拉圭政府商务代表法林纳来京商议中乌两国银行间支付协定草案。同月，乌拉圭赛地尔公司经理格鲁伯来京签订 260 吨毛条合同，11 月他又来京签订 1100 吨毛条合同。中国的货物尚未在乌拉圭打开市场。中乌两国贸易额每年达 1000 万美元左右。1973 年乌拉圭军政府上台执政后，乌中往来中断。1985 年 3 月，乌拉圭红党领袖桑吉内蒂就任总统后，乌中两国接触增多。同年 7 月，新华社在乌拉圭首都蒙得维的亚设立分社。这对增加相互了解起了重要作用。

1987 年 8 月 9 日至 13 日，乌拉圭驻阿根廷大使巴里奥斯专程访华，会晤了吴学谦外长，并与朱启祯副外长举行会谈，双方就两国建交事宜基本达成一致。第 42 届联合国大会期间，吴学谦外长会见了乌拉圭外长伊格莱西亚斯，双方就建交问题进一步商谈。同年 10 月 14 日，我陪同朱副部长访问阿根廷期间，乌拉圭外长伊格莱西亚斯和经济财政部长塞尔维诺专程来到布宜诺斯艾利斯市，同朱副部长就两国建交问题进行最后商谈，并草签了中乌建交联合公报等文件。

1988 年 2 月 3 日，中国和乌拉圭常驻联合国代表李鹿野和费里佩·保里约分别代表各自政府正式签署了建交公报和关于"台湾问题"的内部换文。建交公报称，乌拉圭东岸共和国政府承认中华人民共和国政府是中国的唯一合法政府。中国政府重申，台湾是中华人民共和国领土不可分割的一部分。乌拉圭东岸共和国政府注意到中国政府的这一立场。

中乌建交后，两国友好合作关系得到了顺利发展。两国政府同意在和平共处五项原则的基础上，进一步深化这一友好关系。

拉美左派崛起的历程及其前景

20 世纪中叶，拉美（包括加勒比地区，以下同）左派力量曾十分活跃，先后发生过危地马拉革命、玻利维亚革命、古巴革命和尼加拉瓜革命。后来由于苏联的解体和东欧社会主义国家的剧变，国际共产主义运动处于低潮，拉美左派力量也陷入困境。但随着国际形势的变化，20 世纪 90 年代后期，特别是进入 21 世纪以来，拉美地区形势发生了引人注目的重大变化。拉美国家一些右翼传统政党日益衰落，而左翼力量迅速兴起，并接连在大选中取得胜利，上台执政。呈现拉美左派群体性崛起的新景观，标志着拉美国家进入了一个新的历史发展阶段。

一、拉美左派崛起的历程

拉美左派应包括各国共产党、社会党、社会民主党、民族主义政党、新兴左翼政党和各种进步社会运动等，本文主要介绍通过选举上台执政的左派崛起的历程。

这次拉美国家左翼力量的崛起，始于南美石油大国委内瑞拉。穷苦人出身的查韦斯，1998 年 1 月创建"第五共和国运动"，旨在建立一个"广泛团结人民，真正主权、公正、自由的新共和国"。他作为以该组织为核心组成的竞选联盟"爱国中心"总统候选人，在 1998 年 12 月的大选中获胜，1999 年 2 月就职。他提出要发动一场"玻利瓦尔主义的、和平的和民主的革命"。他在 2005 年 2 月提出，要从"玻利瓦尔革命"过渡到"21 世纪社会主义"的发展道路，并于 2008 年 1 月成立了统一社会主义党。他说，这种社会主义是"印第安—委内瑞拉的、本土的、基督教的和玻利瓦尔的"，同时号召学习马克思、列宁和毛泽东的著作，但认为马克思提出的无产阶级专政理论在委内瑞拉是不可行的，只有社会主义才能使人类实现正义、和平，摆脱贫困和饥饿。

查韦斯反对新自由主义经济发展模式，并进行了一系列富有成效的变革措施。在政治方面，修改了宪法，建立人民参与制和主人公制的民主；在经济方面，实行了国家主要资源国有化、土地改革、在城乡建立各类合作社组织；在社会方面，利用石油收入改善教育、医疗、住房条件、增加就业等社会福利计划，收到了显著效果。他公开批评美国的帝国主义霸权行径，同美国针锋相对。所有这些都得到群众的广泛支持。他在 2006 年 12 月的大选中连选连任，2012 年 10 月第三次当选总统。但不幸于 2013 年 3 月病逝，同年 4 月其接班人马杜罗在大选中获胜，就职后继续执行查韦斯的内外政策。

2002 年 10 月，拉美第一大国巴西举行了总统选举。巴西左翼政党劳工党领袖卢拉以压倒性优势在大选中获胜。这是巴西历史上左派政党第一次赢得大选，卢拉成为巴西历史上第一位工人出身的总统。卢拉当时也是打着变革大旗，作为反对新自由主义和发达国家主导全球化的斗士，在大选中获胜的。卢拉的当选极大鼓舞了拉美其他国家的左派。但却引起了美国的恐慌，担心形成卡斯特罗—查韦斯—卢拉"拉美邪恶轴心"。

卢拉就职后，采取了务实的、较温和的政策。对内把扶贫作为解决社会矛盾的突破口，提出了"零饥饿计划""第一次就业计划""家庭救助计划"等，使 800 万贫困家庭受益。巴西 2003 年至 2005 年贫困人口减少 20%。他改革了养老金制度，使其更加合理、公正。实行扫盲计划，至 2006 年为 1800 万成年人摘掉文盲的帽子。上述社会政策取得了显著效果。联合国在 2005 年 8 月的一份报告中称，卢拉政府已实现了其消除贫困目标的 78%，同年 10 月联合国粮农组织将其最高奖"农业奖"授予了卢拉总统。由于采取了稳健的经济政策，巴西稳定了金融市场，外资流入加大，生产恢复增长，就业岗位增加，经济实现全面强劲复苏。2004 年国内生产总值增长 5.2%，成为 1994 年以来增长最快的一年。

对外，卢拉反对美国在国际事务中推行的霸权主义，支持美国反恐，但反对其对伊拉克动武；批评发达国家主导的国际政治旧秩序，但并未进行直接挑战，而主张协调各方立场；积极发展同拉美国家的关系，推动本地区经济一体化进程，特别是南方共同市场建设，以对抗美国所主张的"美洲自由贸易区"计划。卢拉在第一任期内采取的务实政策稳定了国家经济，扶贫计划又深得人心，因此在 2006 年 10 月举行的大选中再次成功连任。2010 年 10 月，劳工党候选人罗塞芙当选总统，2014 年 10 月她又连选连任。她继续奉行卢拉时期的内外政策。

在查韦斯和卢拉的影响下，其他拉美国家的左派顺应潮流，日益活跃起来，很快发展壮大，先后在大选中获胜执政，形成了拉美左翼群体性崛起的局面。

2002 年 11 月，厄瓜多尔举行大选，新兴左派政党"1 月 21 日爱国社团"领导人古铁雷斯当选总统。2006 年 11 月，"左翼主权祖国联盟运动"总统候选人科雷亚在大选中获胜，于 2007 年 1 月就职。他在竞选期间提出要在厄瓜多尔建立"现代社会主义"，上台后进一步提出要建立"21 世纪社会主义"。他认为，新自由主义或"华盛顿共识"在拉美的失败是 21 世纪社会主义产生的大背景。强调必须根据本国情况发展社会主义，不赞成生产方式的完全国有化，但机场、港口等重要基础设施必须由国家控制，经济上回归国家干预主义。同时采取了改善民生的一系列措施。科雷亚分别在 2009 年 4 月和 2013 年 2 月的总统选举中连选连任。

2003 年 5 月，在阿根廷的正义党候选人基什内尔在大选中获胜。其夫人克里斯蒂娜在 2007 年 10 月和 2011 年 10 月两次总统选举中胜出。

2004 年 11 月，乌拉圭"左翼政党联盟广泛阵线"候选人巴斯克斯当选总统，2009 年 11 月该阵线代表穆希卡在大选中获胜，2014 年 11 月总统选举中巴斯克斯再度当选。

2005 年 5 月，玻利维亚举行总统选举，"争取社会主义运动"候选人莫拉莱斯获胜。这是玻利维亚历史上第一个印第安人当选总统。他在 2006 年 1 月就职后，提出建立"社群社会主义"的主张，即让人民生活在社群与平等之中，实现社会正义，以人为本，推行参与式民主和社群民主，建立没有剥削和压迫的新社会，对国家资源实行国有化并进行土地改革；对外同美国进行针锋相对的斗争。莫拉莱斯在2009年12月和2014年10月的两次总统选举中，均以绝对多数票获胜。

2006年11月，尼加拉瓜桑地诺民族解放阵线领导人奥尔特加当选总统，2011年11月再次当选连任。

2009年3月，萨尔瓦多法拉本多·马蒂民族解放阵线总统候选人富内斯在大选中胜出执政，2014年3月该阵线候选人桑切斯在大选中获胜，继任萨尔瓦多总统。

作者同智利社会党领袖、时任总统拉戈斯（中）在一起交谈。

在智利，社会党人阿连德曾在1970年当选总统，但在1973年被以皮诺切特为首的军人发动政变推翻，皮诺切特在智利实行近17年的军事独裁统治。1989年底智利举行大选，由社会党、基民党、争取民主党、社会民主激进党（2013年4月共产党加入）组成的左翼争取民主联盟候选人、基民党人艾尔文当选智利实行民主化以后第一任民选总统，1990 年 3 月就职。1994 年 3 月，该党弗雷在总统选举中获胜。1998 年 3 月至 2010 年 3 月期间，争取民主党人拉戈斯和社会党人巴切莱特先后在总统选举中获胜。也就是说，争取民主联盟连续执政 20 年。在 2010 年 1 月的总统选举中，右翼"争取变革联盟"候选人皮涅拉胜出。但在 2013 年 12 月的大选中，由原争取民主联盟改称"新多数联盟"的候选人巴切莱特重新夺回总统宝座，并于 2014 年 3 月就职。

在秘鲁，阿普拉党（又称人民党）曾在 1985—1990 年和 2006—2011 年两次执政，但均因政绩不佳而下台。2011 年 7 月，新兴左翼政党"民族主义党"总统候选人乌马拉在大选中获胜上台执政。

在墨西哥，革命制度党曾在 1929—2000 年连续执政 71 年之久，主要由于自身腐败和分裂而丧失政权。经过深刻反思和革新，下野 12 年后，其总统候选人培尼亚于 2012 年 8 月在大选中获胜，重新夺回政权。作为拉美大国，墨西哥形势的这一变化不仅对墨西哥本身，而且对整个拉美都具有重要意义。

哥斯达黎加在 2014 年 4 月举行大选，公民行动党总统候选人索利斯战胜了执政多年的民族解放党候选人阿拉亚，两党政策上虽有不同，但都属中左派，政治版图没有发生变化。

以上 12 个左派执政的国家，加上社会主义国家古巴，虽在拉美 33 个国家总数中是少数，但包括了一些具有重要影响力的大国，在地区总面积和总人口中所占的比例均在 85％以上，因此在拉美事务中起着主导作用。

二、左派政策取向的异同

左派和右派的概念最早出现在 18 世纪的晚期，分别表示在政治原则问题上所持两种对立态度的派别或政党。法国大革命时期，1789 年 5 月，国王召开三级会议，贵族与僧侣坐在右边，第三等级坐在左边，其后国民会议召开时，主张民主自由的激进派也坐在左边，保守派坐在右边，形成左右两派，用来界定对待法国大革命所采取的立场，支持的为左派，反对的为右派。19 世纪，欧洲国家的议会也以议长座椅为界，分左右两派就座，左右就成为政治上激进和保守的代名词。欧洲开始工业化之后，这两个词则被用来表示对劳工利益和私人资本利益的不同态度。在不同的历史时期，左派和右派有着不同的内涵和表现。当今拉美国家的左右两派的分歧主要表现在走什么发展道路、如何对待新自由主义经济发展模式和处理同美国关系等方面。

在拉美左派中，根据其内外政策取向，又分为以委内瑞拉执政党为代表的激进派，其中包括玻利维亚的莫拉莱斯、厄瓜多尔的科雷亚、尼加拉瓜的奥尔特加、萨尔瓦多的桑切斯等人所代表的各自政党以及古巴。这一派主张走社会主义发展道路，完全否认新自由主义市场经济，主张由国家主导发展计划的实施，对国家重要资源和战略性部门实行国有化或限制私有化，实行土地改革，大力发展国有和集体所有制经济；对外强调维护国家主权，反对霸权主义，不再对美国言听计从，时常公开同美国叫板。

委内瑞拉和古巴还倡议于 2004 年 12 月正式成立了"美洲玻利瓦尔替代计划"（2009 年 6 月改为"美洲玻利瓦尔联盟"），正式成员国有 9 个（安提瓜和巴布达、玻利维亚、古巴、多米尼克、厄瓜多尔、尼加拉瓜、圣文森特和格林纳丁斯、委内瑞拉、圣卢西亚），洪都拉斯原为成员国，2010 年 1 月退出。海地为长期受邀成员国，乌拉圭为观察员国，苏里南为特邀观察员国。这是拉美第一个由左派主导的一体化组织，其宗旨是：以玻利瓦尔一体化思想为指导，通过"大国家"方案，实现人民的一体化和拉美国家大团结，抵制和最终取代美国倡议的美洲自由贸易区计划。

以巴西劳工党为代表的温和派，其中包括智利的巴切莱特、阿根廷的基什内尔、乌拉圭的巴斯克斯、墨西哥的培尼亚、哥斯达黎加的索利斯等所代表的各自政党，对新自由主义市场经济的弊端持批评态度，但不完全否定，而是强调加强宏观调控和政府干预的功能，更加重视社会政策，强调改善民生；对外反对美国干涉别国内政的做法，但同其保持正常关系。

上述激进和温和两派，都对拉美现状不满，主张进行变革，消除贫困、社会不公和贪污腐败的现象，探寻符合本地区和本国情况的发展道路；主张外交多元化，强调同发展中国家的关系，反对美国霸权主义和建立由其控制的美洲自由贸易区的企图。

现今的拉美左派已和过去传统意义上的左派概念大不相同。首先，冷战时期美苏两国相互为敌，争霸世界，千方百计地挖对方的墙脚，拉美也成为他们争夺的对象。当时拉美国家的左翼政党大多受到古巴革命的影响，得到苏联等外来势力的支持。而当前新的左翼政党多数是顺应国内和地区形势发展的需要，自发地产生和发展起来的，没有或很少有国外的背景。其次，过去的左派大都主张通过武装斗争夺取政权，意识形态色彩很浓，而现在的拉美左翼政党一般都放弃了暴力革命，主张通过民主选举和议会道路夺取政权，现在已经执政的左派都是通过普选上台的。即使是老的左翼传统政党，现在的政治思想路线也和过去大不相同了。实际上现在拉美大多数左派的主导思想是民族主义和民众主义。第三，现在的左派大多比较务实，根据本国的实际情况和条件采取切合实际的方针政策，而不是教条式地照搬别国的经验。

拉美左派执政后采取了一系列重大改革政策措施，取得了重大成就，综合国力有了显著加强，人民生活水平有了较大提高，国际地位和影响力不断提升，得到本国人民的支持和拥护，不仅能在大选中获胜，而且能多次连选连任。

三、左派崛起的原因

拉美国家左派的崛起，主要有以下几点原因：

1. 新自由主义经济发展模式造成严重贫富分化和社会不公，引起广大群众的不满，为左派的兴起创造了群众和社会基础。

拉美国家曾长期处于对西方国家的依附状态，实行进出口自由贸易发展模式，即向欧美国家出口原料和从那里进口工业品。但在20世

纪 30 年代经济大萧条时期，欧美国家大幅减少从拉美进口，拉美国家主要的出口商品咖啡、糖、矿产和肉类等价格大幅下跌，给拉美经济带来了长期的灾难性后果，并且引起政局动荡，许多国家发生了军事政变。

为了克服这一危机，拉美国家在 50 年代前后近 30 年时间内普遍实行了"进口工业化替代战略"，即发展本国工业，生产以前从欧美国家进口的所需制成品，减少对外国的依赖，同时为本国工人创造了就业机会。这一政策取得了很大成功。1950—1980 年期间被称为拉美国家工业现代化的高潮和经济增长的黄金期。工业化的发展促进了民族资产阶级的发展，工人阶级队伍也不断发展壮大，为拉美国家左派力量的形成和发展奠定了经济和阶级基础。

但拉美国家片面强调经济增长，忽视了经济和社会的协调发展，进口替代工业化战略并没有结束对工业化国家的依赖，如不得不从欧美国家进口资本货和举借外债，导致墨西哥、巴西、阿根廷等许多拉美国家发生了严重债务危机。

为了渡过这一危机，美国和国际货币基金组织向债务国提出了苛刻的条件，实行"紧缩经济政策"，即"休克疗法"，把危机转嫁到老百姓身上，广大中下社会阶层深受其苦，经济也未能得到恢复。1980—1990 年拉美地区国内生产总值年均增长仅为 1.2%，被称为拉美"失去的 10 年"。

20 世纪 90 年代，拉美国家普遍接受了美国极力推行的新自由主义经济发展模式，全盘否定了过去实行的"进口替代工业化"战略。新自由主义经济改革使拉美走出了 80 年代债务危机的阴影，对拉美国家市场经济的形成起了重要作用，促进了该地区的经济发展。

在经济变革的影响下，拉美国家在政治方面也发生了重大变化，出现了以军人"还政于民"为中心的政治民主化进程。到 90 年代初，拉美各国基本上都由民选的文人政府执政，包括左翼政党在内的各政党都取得了合法地位，各种政治组织日益活跃，广大工农群众开始积极参与政治生活。左派有了广泛的活动空间发展自己。

但美国式的新自由主义经济模式的弊端在 20 世纪 90 年代后期逐渐显露出来。这一模式片面强调市场经济的功能，轻视国家干预在经济与社会发展进程中的重要性，导致各经济部门发展不平衡、社会发展被忽视、收入不均、贫富差距加大、失业增加等严重社会问题。

在这种情况下，拉美国家对新自由主义经济发展模式普遍开始反思，特别是代表中下层人民利益的左翼政党则对该模式公开进行了批判和揭露。要求变革的呼声日益高涨，左派很自然地顺应了这一历史潮流，率先行动起来。

2. 圣保罗论坛为拉美左派的兴起在思想和舆论上做好了准备。

1990 年 7 月，在以卢拉为领袖的巴西劳工党的倡议下，拉美和加勒比地区 13 个国家 48 个左派政党在巴西第一大城圣保罗欢聚一堂，讨论该地区面临的政治、经济和社会问题，探讨解决的方案。这次聚会被称为"圣保罗论坛"，其目的是把后共产党时期的左派重新组织起来，骨干成员有巴西、墨西哥、尼加拉瓜、乌拉圭、萨尔瓦多、秘鲁、玻利维亚等国左派组织以及古巴共产党。该论坛共有成员党 100 多个，每年举行一次年会，拉美国家左翼政党轮流承办。除拉美地区外，还有来自欧洲、非洲、亚洲和大洋洲的许多左派政党代表参加了论坛。圣保罗论坛已成为拉美地区最具代表性、影响力最大的左翼政党组织的论坛。后来拉美左派还发起成立世界社会论坛，与西方国家举办的世界经济论坛分庭抗礼，在国际上产生了重大影响。

圣保罗论坛提出反帝国主义、反霸权主义、反殖民主义、反干涉主义和反资本主义全球化、反新自由主义、反美洲自由贸易区等主张。论坛还提出建设政治、经济、社会和文化全面民主的倡议。对外主张独立自主，维护国家主权，通过政治对话解决国际争端。

在历届论坛上讨论的焦点是寻求替代新自由主义的发展模式的方案。与会者认为，新自由主义是建立在不公正的、旧的世界经济秩序基础之上的，牺牲大多数人的利益，最大限度地为少数人积累财富。

在拉美国家，新自由主义没有为社会生产注入活力，没有造成新的就业机会，没有提高普通民众的收入水平，反而造成更大的失业、贫困、社会不公、贪污腐败、自然环境恶化和其他结构性的不平衡状态，不能保证经济的可持续性增长，必须另寻新自由主义模式的替代方案。

论坛认为，这种替代方案主要内容为：维护国家主权和民族独立，摆脱依附性地位；实现经济复兴和稳定、可持续性发展；建设真正的、全民参与的全面民主，维护人民和各政党、团体的政治、经济、社会、文化的权利；推动拉美和加勒比地区经济一体化，要将被新自由主义抛弃的社会利益作为首要目标；坚持在与发达国家的经济关系中的自主地位。在制定和实现这种方案的过程中，要从民族主义、民主和民众的角度出发，要考虑到新的形势和各国的具体情况，即从国际和国内的实际出发，制定灵活、开放的替代方案。论坛还提出要建立"人民政权"，建立保证人民参与制定并实施国家政策的机制，对政府的决策和行为进行监督，实行社会公正和机会平等。

圣保罗论坛标志着拉美左派和广大民众的新觉醒，具有重要政治意义。它宣传了左派的政治主张，扩大了其影响，争取了广大民众的支持，也促进了拉美左派的团结。后来陆续上台执政的左派政党都是圣保罗论坛的核心力量。

3. 拉美一些长期执政的右翼传统政党的衰落为左派兴起提供了活动空间。

拉美国家独立后，一些国家成立了自由党和保守党，20世纪以后，拉美国家相继成立了具有社会民主主义和基督教民主主义倾向的政党。它们也主张社会和经济变革，实行民主参与制度，具有一定的群众基础，长期处于交替执政的地位。但由于这些政党及其领导人主要代表大资本家和大庄园主的利益，忽视了中下层人民群众的要求，又不能与时俱进，缺乏适应国内外环境变化的能力，缺乏化解政治、经济和社会难题的手段，政绩不佳，特别是在长期执政期间染上了贪污腐败的恶习，逐渐丧失民心，失去了原有选民的支持，出现了"政党危机"和"政治家危机"。与此同时，进入20世纪90年代后，一些新型左翼和中左政党组织异军突起。这些政党及其领导人大都是草根出生，扎根于中下层民众之中，了解民情，其政策主张反映了广大民众的要求，理所当然地取代了那些失去民众信任、衰落的传统政党。

4.美国和拉美国家之间矛盾加剧也为拉美左派的兴起提供了机遇。

美国一向把拉美和加勒比地区看作是自己的后院，长期在这里主导一切，动辄进行干涉直至武装入侵。但是时代变了，美国不能再用过去的老办法对付日益变化的形势了。

美国在拉美面临的主要问题，首先是美国在拉美推行的以"华盛顿共识"为主要内容的"新自由主义"经济发展模式失灵，给拉美国家带来的负面影响日益显现，令拉美社会反美情绪不断高涨，民众失去对美国及亲美右翼政府的信任，转为支持左翼势力在各国执政。

其次是"9·11"事件后，美国将全球战略重心转移到非传统安全的反恐和核不扩散领域，把重点放在中东和亚太地区，而忽视了其后院拉丁美洲，"拉美在白宫的雷达上消失了"。

第三，美国在反恐、移民、缉毒、能源、自由贸易等问题上与拉美国家的矛盾有不同程度的激化。

第四，美国一直推行的"美洲自由贸易区"的计划不断受阻，实际上已名存实亡。而由巴西、阿根廷、乌拉圭、巴拉圭组成的南方共同市场和由玻利维亚、哥伦比亚、厄瓜多尔、秘鲁、委内瑞拉组成的安第斯共同体和加勒比国家组成的共同体却在不断扩大、发展，互相联合。共同的政治经历和经济处境使拉美地区一体化进程不断加快。特别是把美国排除在外的拉美和加勒比共同体的成立，意义重大。

第五，近年来美国和拉美国家的矛盾，集中表现在同左派执政的国家之间的对抗。这是美国所清除不了的心腹大患。美国惊呼，二战后第一次失去了其在拉美的政治主导权。美国国务卿赖斯访问拉美国家后哀叹道："拉美和过去完全不一样了。"因此，美国不得不正式宣布门罗主义失败，承认封锁古巴政策的失败，并坐下来同古巴谈判，恢复了中断半个世纪的两国外交关系，同时设法改善

与拉美国家的关系。

美拉双方在做法上都留有余地。多数拉美国家同美国仍保持正常国家关系，特别是紧密的经贸关系。拉美毕竟是美国的后院，由于历史和地缘关系，相互依存度很大。美国不会放弃拉美，拉美也离不开美国。美拉这种相互依存、斗而不断、和而不亲、若即若离的关系状况已常态化，在相当长的时期内是难以改变的。

四、对拉美左派执政前景的展望

拉美已进入一个新的历史发展时期，即经济结构调整和政治变革的时期，也可称为"后华盛顿共识时期"，为左派的发展提供了历史机遇。

首先，拉美变革的历史潮流不可阻挡。拉美左派高举变革大旗，顺应了这一潮流。他们反映和代表了广大人民群众，特别是中下层民众的利益诉求，得到广泛的社会认同和支持。而代表大财团、大庄园主利益的右翼政党在解决贫富悬殊和社会不公等深层次问题的变革中已成为阻力，相互利益难以调和。拉美变革的领导重任已历史地落在了左派的肩上。

其次，左派已成为拉美地区的主导力量。左派已在十几个国家，特别是巴西、阿根廷、墨西哥、智利和委内瑞拉等有影响的大国赢得了政权，在大选中多次连选连任，说明得到了广大群众的支持，并有利于推行自己政策主张的连续性。

第三，美国需要稳定后院。美国外交重点仍然是反恐、核不扩散、重返亚洲，以及处理中东和欧洲地区一些热点问题，短期内难以脱身，需要拉美国家的支持以稳定后院。同时这些左派都是通过普选上台的，美国没有理由因"不听话"而轻易地对他们采取太过强硬的高压措施，动武的可能性更小，但伺机搞"颜色革命"的可能性一直存在。

但是，变革是一件十分复杂的系统工程，拉美左派仍面临着严峻的挑战。

首先，他们面对的是一个长期积累下来的烂摊子。要改变经济结构、消除贫困、社会不公和贪污腐败等深层次问题，不是短期内能够解决的，并且要招致右翼势力和既得利益集团的强烈反对。

其次，拉美国家的变革道路还处于探索阶段。左派执政时间不长，缺少经验，内部也时有矛盾和分歧，在制定和执行政策方面容易犯这样那样的错误，特别是一些国家的领导人滋生了贪污腐败之风，脱离群众，引起人民的不满。近年来巴西、阿根廷、委内瑞拉等一些左派执政的国家发生了群众性动乱事件，左派在一些重要选举中失利，很值得警惕。

再次，拉美国家在经济贸易方面对国际市场依赖性很大。近年来发生的世界经济、金融危机已经并且继续严重影响拉美的经济发展和变革进程，目前形势复杂多变，不确定因素增多，难以预料和把握。

目前，拉美左派面临着重大挑战，其路线的正确、内部的团结和自身的清廉，以及外部因素的影响是事业成败的关键。拉美形势的新变化引起国际社会的重视。

拉美国家为什么会掉进"中等收入陷阱"

"中等收入陷阱"的概念来自世界银行2006年《东亚复兴》的报告。该报告指出，历史经验证明，不少新兴市场国家人均国内生产总值（人均GDP）突破1000美元的"贫困陷阱"之后，上升到3000美元时，快速发展中积聚的各种矛盾集中爆发，表现为经济长期停滞不前、贫富分化加剧、腐败现象严重，陷进"中等收入陷阱"。人们在谈论这一问题时，经常以拉美（包括加勒比）国家为例。确实，拉美国家的经济在经历一段快速发展之后，就长期处于停滞状态，陷入所谓"中等收入陷阱"。

一、拉美国家长期在"中等收入陷阱"中徘徊

根据世界银行2010年8月制定的标准，在其统计的213个经济体中，2009年人均国民总收入在995美元以下的为低收入经济体，共40个，其中拉美只有海地一国，占2.5%；人均GDP在996～12195美元的属中等收入经济体，共104个，其中拉美28个，占26.9%；在12196美元及以上的为高收入经济体，共69个，其中拉美有4个，占5.8%，都是一些加勒比小国（安提瓜和巴布达、巴哈马、巴巴多斯、特立尼达和多巴哥）。在拉美33个国家中，除上述4个加勒比小国外，其余都属中等收入国家，是拉美的主体，长期徘徊在同一个水平，不能进入高收入国家的行列，因此人们就将该地区看作"中等收入陷阱"的典型，有的学者甚至将其称为"拉美陷阱"。

其实，第二次世界大战结束时拉美国家发展水平并不低，阿根廷和智利等国甚至高于一些欧洲国家。1962年，阿根廷人均GDP已达1145美元，仅略低于英国和法国，高于意大利、日本、西班牙、葡萄牙等国。但当时绝大多数拉美国家仍处于低收入水平，同东亚一些国家和中国香港的水平差不多。到了20世纪70年代，智利、墨西哥、巴西、哥伦比亚等国的人均GDP先后超过1000美元，达到中等收入水平。直到2009年，绝大多数拉美国家仍在10000美元以内徘徊，即停留在中等收入水平。而法国、日本、英国、中国香港、西班牙、新加坡、韩国、葡萄牙等经济体，已于1979—1995年期间先后走出中等收入水平，进入高收入行列。在"中等收入陷阱"中滞留的时间，韩国和中国香港为18年，日本和新加坡为19年，而截至2011年拉美地区经济体平均滞留时间为37年，其中智利40年，乌拉圭38年，墨西哥37年，哥伦比亚32年，阿根廷已有49年，为全球之最。

二、拉美国家掉进"中等收入陷阱"的原因

首先是由于拉美国家工业化曲折进程中不合理的经济结构及其发展方式所造成的。拉美国家长期处于单一经济结构和对西方国家的依

附状态，向欧美国家出口咖啡、糖、肉类和矿产品等初级产品和从那里进口工业制成品。在 20 世纪 30 年代世界资本主义经济大萧条时期，欧美国家大幅减少从拉美国家的进口，初级产品价格暴跌，给拉美带来灾难性的后果，以出口初级产品为主的经济发展模式受到重创。面对这一情况，拉美国家进行了反思，为了克服上述危机，转而实行"进口替代工业化"战略，即以发展本国工业产品替代从欧美进口所需的制成品，减少对外国的依赖。这一战略取得很大成功，在 1950—1980 年的 30 年间，拉美地区经济年均增长 5.3%，其中工业生产年均增长 6.6%，被称为该地区工业化发展的"黄金期"。但这种长期内向型的发展模式导致经济结构失衡、外贸出口减少、资金严重短缺，不得不大量举借外债。1970—1980 年地区外债从 270 亿美元增至 2310 亿美元。1982 年拉美发生债务危机，地区外债余额高达 3312 亿美元，为当年出口的 3.8 倍，经常账户赤字也高达 410 亿美元。美国和国际货币基金组织迫使拉美国家实行"紧缩经济政策"，即"休克疗法"，把危机转嫁到老百姓身上，使中下阶层群众深受其害，国家经济也未能得到恢复。1980—1990 年拉美地区 GDP 年均增长率仅 1.2%，被称为"拉美失去的 10 年"。

20 世纪 90 年代，拉美国家实行结构性改革，接受了"华盛顿共识"，即所谓新自由主义经济发展模式，否定了过去实行的"进口替代工业化"发展战略，实行外向型经济发展方式，主要是经济政策市场化，外贸和投资自由化，国有企业私有化。上述经济改革顺应了世界经济全球化的发展趋势，使拉美走出了债务经济危机，基本上建立了市场经济体制。1990—2000 年该地区 GDP 年均增长 3.3%，巴西、墨西哥、阿根廷和智利等大国建立了比较雄厚的经济基础。

但到了 90 年代后期，新自由主义经济发展模式的弊端就明显地暴露出来。它片面强调市场经济的功能，忽视宏观调控即国家干预在经济发展中的重要性，未能及时、妥善转变发展方式，对拉动经济发展的出口、投资和消费三者之间的关系处置不当，特别是忽视社会发展，失业增加，贫富差距加大，腐败之风盛行，导致社会矛盾激化。面对

这一情况，拉美国家再次进行反思，探索适合自己的新的发展方式。

其次是分配不公和忽视民生所造成的必然结果。拉美国家在工业化的几个发展阶段一直存在着分配不公、忽视民生、"重发展，轻分配"或"先发展，后分配"等忽视社会发展的问题。美洲开发银行的一个报告显示，2003年占拉美人口30％的穷人仅获得国民收入的7.5％，占人口10％的富人却拥有国民收入的60％，基尼系数为0.6。拉美18个国家在1992年的最低实际工资相当于1986年的65％，下降35％；2002年地区平均实际收入相当于1997年的水平。在拥有5亿人口的拉美，贫困人口达2.27亿，占总人口的44.4％，其中赤贫人口为1.02亿，占总人口的20％，有一亿人口得不到基本公共医疗卫生服务，1.6亿人喝不到干净的水。

上述问题，引起人民的普遍不满，导致不少国家社会动荡，政局不稳，以致发生军事政变。这一情况又反过来严重影响经济社会的可持续发展，出现长期停留在"中等收入陷阱"的情况就是不可避免的了。

第三，城市化发展过快，产生了"城市病"，给经济社会发展带来了很大的负面影响。拉美国家城市化发展较早，城市人口从1930年的3000万增至1990年的3亿多。城市人口占总人口的比重1990年为72％，2000年上升到78％，其中阿根廷为89.6％，巴西为80％，乌拉圭为93.7％。墨西哥城人口已达2200万，圣保罗人口为1733万，里约为1200万，布宜诺斯艾利斯为1387万，均进入世界最大城市行列。预计，拉美地区城市人口比重即将超过发达国家。

拉美国家城市人口增速大大超过其工业化的发展速度，出现了过度城市化的现象。20世纪70年代中期，拉美城市人口的比重已占总人口的60％，超过正常水平的一倍，但工业人口的比重为20％—30％。同一时期，巴西制造业就业人口占就业总人口的20％，而城市人口已占总人口的61％。美国曾用近100年的时间使城市人口的比重从30％提高到70％，而巴西达到同等程度仅用40年的时间。

过快和过度城市化对拉美现代化进程造成了严重后果，大量农村人口流入城市，使失业剧增，住房紧张，交通拥堵，教育和医疗卫生等服务水平大幅下降，无数的贫民窟成为滋生盗窃、贩毒、走私、枪杀等黑恶势力的温床。这些严重的社会问题阻碍了经济社会的发展。

三、拉美国家正在走出"中等收入陷阱"

进入 21 世纪，为了克服新自由主义发展模式带来的严重后果，拉美国家实行了一系列改革措施，加强了国家宏观调控的力度，重新强调发挥产业政策的作用，重视社会发展和公平正义，着力解决与民生有关的突出问题，并取得了明显效果。智利已于 2010 年正式加入经济合作与发展组织，并进入"富国俱乐部"。智利人均 GDP 已达 14412 美元（2012），乌拉圭为 13784 美元（2011），率先进入高等收入国家行列，加上早已进入高等收入国家行列的上述加勒比 4 小国，拉美已有 6 国摆脱"中等收入陷阱"。拉美大国巴西人均 GDP 已达 11462 美元（2012），阿根廷为 11212 美元（2011），墨西哥为 10107 美元（2011）。也就是说，拉美国家正在分别逐步走出"中等收入陷阱"。拉美国家在摆脱这一陷阱的道路上仍会有许多困难，也可能有反复，但总的趋势是不可逆转的。

拉美国家走上工业化发展道路比中国早，在经济和社会发展中所经历的问题和中国当前面临的问题有不少相似之处。他们所积累的丰富的经验教训值得我们学习和借鉴，以便规避掉入"中等收入陷阱"。

拉美国家的腐败问题评析

腐败问题是一个古已有之的社会现象。人类自出现公共权力之后，随着产生了公共权力使用中的不规范行为对社会有机体造成破坏时，便产生了腐败问题，到了阶级社会问题更越发普遍而严重了。今天，腐败已成为全球性的问题，世界上没有一个国家能够例外，只是腐败程度不同而已。拉美则是世界上腐败问题比较严重的地区。

一、拉美地区腐败问题的严重性

关于腐败的定义，有狭义的和广义的两种。根据以反腐败为己任的国际性非政府组织"透明国际"的解释，"腐败是为个人私利而滥用受委托的权力"，"腐败伤害每一个社会成员，因为这些人的性命、生活和幸福是靠当权者的清正和廉洁来保障的"，也就是说腐败有两个基本要素：一是利用公权力谋取私利的行为，二是侵犯公共利益、伤害其他社会成员权益的行为。主要是指公务员利用职务之便谋取私利，一般表现为权钱交易，被称为狭义的"行政腐败"。广义的腐败除上述内容外，还包括任何为个人利益侵犯社会共同利益的行为和拥有公权力却不作为的行为，如滥用职权和权力僭越、伪造公文、任人唯亲等比较广泛的内容，被称为"政治腐败"。不论从狭义的还是广义的概念来说，拉美地区的腐败问题一直都是比较严重的。

透明国际公布的"国际清廉排行榜"显示，以 10 为最高分评估，2005—2008 年智利和乌拉圭处于 5—8 分之间，属比较清廉之列，哥斯达黎加个别年份曾达到 5 分；大多数拉美国家处于 2.5—5 分之间，属腐败比较严重之列；委内瑞拉、巴拉圭、厄瓜多尔等国均在 2.5 以下，属十分腐败的国家。在加勒比国家中，巴巴多斯、圣卢西亚、圣文森特和多米尼克等国得分也在 5—8 之间。2009 年智利和乌拉圭得分略有下降，为 6.7，巴西、哥伦比亚和秘鲁为 3.7，墨西哥为 3.3，阿根廷为 2.9，巴拉圭为 2.1，委内瑞拉为 1.9。

根据世界银行发布的"控制腐败指标"显示，以百分计，在2000—2008 年期间，智利得分为 91.7—87.0（是拉美地区唯一进入前30 名的国家），乌拉圭为 76.2—83.6，巴西为 60.2—58.5，哥伦比亚为 35.4—50.2，秘鲁为 49.0—49.3，墨西哥为 44.7—49.8，阿根廷为46.6—40.1，巴拉圭为 4.9—17.4，委内瑞拉为 30.1—9.2。拉美晴雨表公司发布的 2008 年度民意调查报告表明，多数受访者认为拉美国家每 100 个官员中有 67%—68% 是腐败的，最腐败的领域依次为警察、政府部委和法官。

腐败涉及几乎所有重要的领域，从一般公务员到部长直至总统。例如，秘鲁前总统藤森当政期间（1990—2000）腐败之风盛行，全国形成一个庞大的腐败网络，涉及司法、政党、军队、海关等所有部门。起初因贿选丑闻败露引发一系列腐败、刑事案件，藤森被迫辞职流亡国外，后被引渡回国受审，2009年4月被秘鲁最高法院特别法庭判处25年监禁。阿根廷总统梅内姆执政期间（1989—1999），因最高法院的9名法官中，包括大法官在内的5名法官是梅内姆的老乡或其早年在律师事务所工作时的同事，引起民愤，群众上街游行，导致梅内姆下台。2001年底，阿根廷爆发政治和社会危机，在至2002年1月1日的10天内，阿根廷更换了5位总统，其中一个重要原因就是政府的腐败。厄瓜多尔在1996—2005年期间，由于国家领导人和其他官员的腐败，更换了5位总统，其中3位是被赶下台的。帕拉西奥政府于2005年4月上台后几个月时间内，更换了200多位部长，大多与腐败有关。

二、腐败问题严重的主要原因

拉美国家腐败现象之所以严重，有经济因素、政治因素、文化和教育因素，情况十分复杂，但主要有以下几个原因：

首先是制度上的缺陷导致制度性腐败。拉美国家实行三权分立、互相制衡的西方式民主政治制度，但制度并不完善，一些国家总统权力过大，当执政党在议会占压倒多数时，三权制衡作用非常小，行政权力远远超过立法权和司法权。司法独立性差，官僚主义严重，效率低下，被看成最腐败的机构之一。

特别是在社会制度更替和体制转型时期，腐败现象更为严重。20世纪90年代，拉美国家普遍实行新自由主义经济发展模式，推行市场化、私有化、自由化方针政策，国家放松了对经济、市场和外贸的管制，同时对官员行为缺乏制度约束，在大规模私有化过程中，国家没有制定相关法律法规，实施有效监管，放任自流，为官商勾结、权钱交易大开方便之门。腐败从个体性现象逐步发展成为制度性腐败。

社会体制转型时期往往是制度最不健全、管理最不协调、漏洞最多的时期，为寻租行为营造了制度空间，使腐败分子有空可钻。

其次，政治腐败中最突出的是选举中的腐败。"透明国际"于2004年公布的《腐败对政治生活影响程度》的调查报告显示，高居榜首的是玻利维亚、巴西和秘鲁三个国家，腐败影响力达70%以上；阿根廷、乌拉圭、厄瓜多尔、哥斯达黎加和墨西哥为51%—70%。政治腐败中最突出的是选举中的腐败。

拉美国家实行普选制，参加竞选的政党要筹集资金，而相关法律法规不健全，政党筹资不透明，为权钱幕后交易提供了方便。工商企业界为了获得公共合同或政府政策上的优惠待遇而向可能在选举中获胜上台的政党提供捐款则是非常有效的方式。20世纪90年代，拉美国家掀起了有关政党和选举方面的立法浪潮，近几年开始采用"禁令"和"限制"性立法来规范选举，但到目前为止仍有一半以上的国家对竞选中的私人筹资账目没有任何规定。即使有了规定，由于监控能力有限，也难以实行。

拉美国家的贿选情况更为严重。有关调查显示，1999年阿根廷24%的被访者称知道有人卖掉了手中的选票；2000年墨西哥大选中，被收买的选票占5%—26%，用来行贿的不仅是钱，还有食物、衣服、家用物品、药、基础设施、建材、农业物资以及其他服务；2001年巴西市政选举中，7%的选民称有人用钱收买了他们的选票；2002年哥伦比亚的总统选举中，短工和公共契约也成了交易物，美国提供的旨在反毒品和反武器走私的"哥伦比亚计划"的资金也被官员们拿去购买选票。巴西前总统科洛尔因选举舞弊，成为拉美国家第一个被废黜的民选总统。秘鲁前总统藤森腐败案和阿根廷前总统梅内姆腐败案等均与选举舞弊有关。

第三，随着经济全球化的发展，腐败呈现跨国化趋势。一些腐败分子利用其在国外的关系进行贩毒、走私武器、洗钱，甚至搞恐怖活动。这种情况在墨西哥、哥伦比亚、秘鲁和玻利维亚等国家比较严重。2001年巴拉圭负责银行结算的官员将1600万美元转移到自己在纽约的账户上，想通过国外的金融机构洗钱。而这项转移是奉总统兄弟的命令进行的。为此，他们建立了私人基金会，总统的姐姐、主管银行的官员都是基金会的领导成员。更有甚者，一些政府官员同境内外走私和贩毒集团相勾结，谋取巨额经济利益，近几年来墨美边境地区所发生的一系列贩毒暴力恐怖活动都与此有关。拉美国家生产的毒品主要是通过墨西哥偷运到美国去的。

2008年12月，墨西哥总统卫队陆军少校被贩毒集团收买，向其提供有关总统的活动情况、出售武器，每月从贩毒集团领取10万美元报酬。2009年5月，在米却肯州有10名市长和其他18名政府官员因向贩毒集团提供情报和充当其保护伞而被捕。同年6月，墨联邦总检察长办公室宣布，在一次反毒反腐行动中拘捕了93名向贩毒集团提供保护和合作的高官。

在腐败的影响下，一些拉美国家政府的管治能力不断被削弱，经济和社会发展受到制约，贫富两极分化加剧，社会矛盾激化，往往引发政治危机和社会动荡。

三、拉美国家的反腐败斗争

进入21世纪后，拉美国家普遍对新自由主义发展模式进行了反思，实行了一系列改革措施，对经济加强了宏观调控，更加关注社会问题，着力改善民生，促进社会公正，同时加大了反腐力度，重点放在反腐体制建设方面，将预防、监督和惩处结合起来，并取得了一定的效果。

首先是利用和加强现行立法、行政和司法三权分立、互相监督的机制。拉美国家三大权力部门均设有内部监督的机构，最重要的是审计部门，其职责是对国家政府及其所属公司、企业团体实行内部监控，特别是对私有化进程的监控，如阿根廷的国家审计委员会、智利的总审计委员会、墨西哥的政府监督与发展秘书处和哥伦比亚的国家审计总署等。立法和司法部门也都有自己内部的监督机制。各国都制定了行政法，赋予司法部门对行政部门领导和公务员的行政监督权，规范其权力运作，形成公务员制度和财产申报制度。巴西总统卢拉于 2005 年 6 月公布了五项反腐新举措，其中一项法令规定：公职人员只要被查出有不能说明合法来源的财产，即可被判刑，无须再找其贪污受贿的具体证据。

大多数拉美国家还在议会下设审计机构，通常称为审计总署，宪法赋予它独立自治权，负责审查政府预算、收支状况，以保证国家公共资金得到正当有效的使用。拉美国家都有公共采购法。司法部门与行政部门之间也设有监督机制。各国都设有宪法法庭。法官的任命必须由行政长官、议员和司法部门共同决定。

其次，各国都设有最高检察机构，它享有独立预算和自治权，首席检察官的任命由总统、最高法院和议会共同决定。检察机构大多设有专门的反腐部门，如哥伦比亚设立的公共道德检察长，秘鲁设置的反腐败检察官。首席检察官可以根据需要临时成立特别机构，调查与腐败有关的案件。大多数国家都设有监察特使机制，受理民众对中央和地方政府以及公职人员的投诉。监察特使一般由议会任命，拥有独立自主权。近几年来一些拉美国家为调查政府高层腐败问题，还成立新的专门机构，如阿根廷为调查前总统梅内姆政府腐败行为而成立的反腐办公室；秘鲁为调查前总统藤森问题而设立的公诉人特别办公室；有的国家设有负责反腐斗争的总统高级顾问，称为"反腐专员"或"反腐沙皇"。

近年来，智利还颁布了《行政廉洁法》和《政党筹资法》等重要法律制度。

第三，加强民众的参与机制，特别是媒体的监督作用。近几年来，拉美国家民众参与公共事务决策的意识有了明显提高，政府也通过多种渠道加强了行政的透明度。墨西哥采取由政府、工商界和工会等各方代表签订全国反腐协议的方式表示反对行贿受贿的决心，可以起到道德约束作用，推动全社会形成一种清廉之风。厄瓜多尔成立了公民控制腐败委员会，希望通过群众监督控制腐败，同时研究腐败产生的根源和反腐有效措施。媒体在监督和揭露腐败的斗争中，起到了十分重要的不可替代的作用。在民主化的进程中，拉美国家媒体的独立性有了加强，揭露各种腐败丑闻的报道大为增加。

第四，加强了在反腐方面的国际合作。"透明国际"组织的两个常驻办公室之一就设在智利首都圣地亚哥市，在墨西哥、巴西和哥伦比亚设有分支机构。拉美大多数国家都参加了于1996年通过的《美洲国家反腐败公约》，每年向该组织大会提交反腐进展报告，经大会评估后予以公布。美洲开发银行、世界银行、国际货币基金组织等国际金融机构在向拉美国家提供贷款或援助时，都要求这些国家承诺反腐，并对资助项目采取极为严格的监控措施。

根据拉美晴雨表公司于2009年进行的民调显示，受访者对本国反腐斗争感到取得进展的比重有明显提高，从2004年的26％提高到2008年的38％，其中哥伦比亚和乌拉圭分别为59％和58％，巴西为44％，而墨西哥、阿根廷和秘鲁等国则比较低，分别为28％、22％和17％。受访者对公职人员腐败的感受没有大的变化，2001年和2008年相比，每100个官员中的腐败分子分别为67.9人和68.6人。

可见，拉美地区近几年来反腐斗争虽然有所进展，并取得一些成效，但总的讲腐败问题仍比较严重，反腐斗争仍是拉美国家一项长期、复杂而艰巨的任务。

中国和拉美国家友城关系的发展

国际友城活动的兴起是与各国总体经济实力和总体外交发展的需要相适应的。20世纪20年代，经济发达的欧洲国家走在了前面，英国的凯里市与法国的普瓦市结成了世界上第一对国际友好城市，50年代国际友城活动蓬勃兴起。中国则起步较晚，直到1973年才由天津市与日本神户市结成第一对国际友好城市。随着中国改革开放的进展以及国力的增强，中国国际友好城市也不断增加，据统计，至2010

年8月，我国31个省、市、自治区（不包括中国台湾和香港、澳门特别行政区）同世界五大洲126个国家建立了1717对友好城市关系（包括省、州和区）。

由于种种原因，中国同拉美国家（包括加勒比国家）建立友城关系的时间则更晚一些，中拉第一对友城关系是1983年11月21日由北京市同秘鲁首都利马市建立的。至2010年8月，中拉友城数目总计为111对，涉及13个拉美国家和中国21个省、市。具体分布情况为：巴西42对，墨西哥19对，阿根廷12对，智利11对，也就是说四国在111对友城中占有84对。同时，还有20个拉美和加勒比国家为空白。中国方面，在111对友城中，东部11个省市占有66对，中部8个省市占32对，西部12个省市只有13对，其中重庆市、宁夏、新疆、内蒙古自治区均为零。以上情况表明，中拉友城分布很不平衡。

但中拉友城关系的建立和交往，对促进中国和拉美国家之间的相互了解和友谊以及各个领域友好合作关系的发展起了十分重要的作用。

首先，友城交往增进了中拉人民之间的相互了解和友谊，也推动了官方关系的发展。国际友城活动是我国对外开放的重要平台，国家外交的重要载体，地方政府对外交往的重要渠道，民间和公共外交的重要内容。所以，中国政府对友城工作十分重视。时任国家主席胡锦涛曾强调要大力开展公共外交，而友城交往则是公共外交的重要组成部分。时任国家副主席习近平在一次中国国际友好城市大会上讲话时则进一步指出："国际友好城市活动已成为中国同有关国家双边关系的重要组成部分，促进了中国同各国的交流合作，增进了中国人民同世界各国人民的相互了解和友谊。"

新中国成立后，中拉关系的发展首先是从民间外交开始的，许多拉美国家著名的政治家和文化界人士应邀来中国访问，到中国各地参观游览，接触了广大人民群众，同中国领导人进行了广泛的交谈，不仅了解了中国的情况，也向中国人民介绍了拉美国家的情况。他们当中许多人成了中国人民全天候的好朋友。中国也相应地派了许多民间友好团体去拉美国家访问，举行文艺演出和经贸展览等活动。所有这些，不仅增进了相互了解和友谊，也推动了国家之间关系的发展。而后来国家关系的发展又为民间外交，包括友城关系的发展，提供了保证和条件。中拉友城关系的建立基本上都是在国家间建立正式外交关系之后发生的事实就说明了这一点。我们称之为"以民促官"和"以官促民"。

其次，友城交往促进了中拉经贸、科技、文化等方面的交流和合作。城市是一个国家或地区的政治、经济和文化的中心，是各国重要的交通枢纽对外交流的前沿和窗口。城市的发展与繁荣是一个国家发展水平的集中体现，是人类文明进步的重要标志。随着世界多极化、经济全球化、文化多元化进程的加快，城市在各国经济和社会发展中的地位越来越重要，在国际合作中的作用越来越明显。中国同拉美国家在友城交往和合作中所取得的可喜成绩就是最好的证明。

据统计，2009 年中国浙江省同巴西的贸易额即达 42.26 亿美元，山东省同巴西的贸易额为 37.6 亿美元，江苏省同巴西米纳斯州拥有 10 亿美元的铁矿合作项目。同年，为开拓南美市场，广东省组织了 60 家企业专程访问了智利瓦尔帕莱索大区和巴西圣保罗州，分别在两地举办了大型经贸洽谈会，吸引了智利、巴西、阿根廷和秘鲁等多个南美国家的企业家到会，洽谈合作的领域涉及铜矿、铁矿、酒类、木材、港口以及旅游和教育，合计签约项目 27 个，总金额 12.7 亿美元。山东省与古巴哈瓦那省签署了 3.11 亿美元的合作项目。因此，在蓬勃发展的中拉经贸合作中，友城的功劳和贡献不可低估。同时，友城的交往对中拉在科技、文化、教育、体育和旅游等方面的合作也发挥了重要作用。

第三，友城的交往为中拉在城市建设和管理方面的合作更发挥了直接的不可替代的作用。在这方面，中国和拉美国家情况相似，各有优势和不足，但总的讲，拉美国家城市化起步比中国早，城市化程度也比中国高，拥有不少经验，值得中国借鉴和学习。我在智利工作期间就接待过多起到智利考察学习的中国代表团，他们对智利城市良好的管理水平和较高的文明卫生程度，特别是对圣地亚哥市训练有素的警察，倍加欣赏。

目前，世界各国城市都在利用自身的有利条件和优势，广泛开展国际交往，互相借鉴和学习，促进城市的国际化程度和可持续发展，提高城市的竞争力，即提升城市的经济水平、科技水平、管理水平和人民的生活水平。因此，上海世博会的主题，"城市，让生活更美好"，正反映了世界城市发展的大趋势、大方向。

我们也应看到，中拉友城工作中还存在一些不足和问题有待改进和加强。例如，上面提到的发展不平衡问题，在全球范围内，特别是同一些发达国家相比，中拉友城发展还比较滞后，不仅友城数量少，交流质量也不够高，主要是带有实质性内容的交流比较少，与目前中拉之间高水平的友好合作关系大局不相符。

但中拉友城关系的发展潜力巨大，互补性强，形势有利。中国和拉美国家经济发展较快，综合国力不断增强，中拉友好合作关系正处于前所未有的大发展时期，特别是双方都有着进一步发展这一关系的强烈愿望。因此，中拉友城关系的发展有着十分有利的条件和美好的前景。

"世界水桥"的故事

我有幸于 1985 年 3 月利用出差之机参观了"世界水桥"——巴拿马运河。那里的一切给我留下了深刻的记忆。

在我国驻巴拿马贸易中心总裁许文溶同志的陪同下，我们按约定时间，于上午 9 时来到了米拉弗洛莱斯船闸。这是巴拿马运河从太平洋通向大西洋的第一道船闸。一位叫安东尼奥的船闸负责人友好地接待了我们。他带领我们到船闸看台上，一眼望去，只见一条银色长河如同一把利剑，把那青翠的地峡拦腰斩断；河水在阳光的照射下泛着粼粼波光，一艘艘大小各异的船只有序地从运河中缓慢地通过；还有那数不清的航船在巴拿马湾排队，耐心地等待着通过船闸。

安东尼奥向我们介绍说，巴拿马运河位于中美洲最狭长地带，长81.3公里，宽152—304米，水深13.5—26.5米。由于大西洋和太平洋的天然水位相差很大，以及地质和地理的关系，运河大部分水面高出海平面26米，如同越过陆地的水桥，来往船只必须经过运河两端的各三座水闸的升降调节才能通过。每个水闸宽34米，长312米，均为双道对开闸门结构，以便来往船只同时通过。运河能通过6.5万吨以下的海轮，平均每艘船通过运河需要八小时。每年通过运河的船只达1.5万多艘，总吨位约两亿吨。自1914年运河通航以来，通过该运河运往世界各地的货物占世界货运总量的百分之五以上。有60多个国家和地区使用该运河，美国占第一位，其次是日本、中国等。巴拿马运河缩短了太平洋和大西洋之间的航程一万多公里，缩短了时间一个月，大大方便了美洲东西海岸及其与亚洲、大洋洲的联系，具有重要的经济和战略意义，因此它获得了"世界七大奇迹之一"和"世界桥梁"的美称。

1985年3月，作者参观巴拿马运河船闸。

1985年3月22日，作者同中国驻巴拿马贸易中心总裁许文溶在运河船闸看台合影。

我们观看了一条船通过第一道水闸的全过程。船首先进入正在注水的船闸，水涨船高，几分钟以后水槽就灌满了。水是从下一道水闸地下管道系统，靠自身重力注入的。当水面与下一个船闸水槽的水持平时，便打开闸门，船在两侧四辆牵引车的带动下平稳地进入第二道船闸。如此重复两次，就可通过太平洋入口处的三道船闸，进入与加通湖相通的盖拉德河道。船在加通湖再经过三次下降，就可驶进利蒙湾开往大西洋了。

我们离开船闸后又沿着运河走了一段路。许文溶同志若有所思地说，运河就是巴拿马人民的一部屈辱史和斗争史。

19世纪中叶，随着西欧、北美资本主义的发展和殖民活动的加强，特别是苏伊士运河的通航，法、英、美等国在巴拿马地峡争夺开凿运河权的斗争更为激烈。1879年法国全球洋际运河公司从当时统治巴拿马的大哥伦比亚联邦取得了运河开凿权，并于1880年1月1日动工，由曾经负责修建苏伊士运河的工程师和企业家雷塞布（又译作莱赛普斯或勒赛普，外文全名为 Fernand Mariede Lesseps）主持这项工程。但在施工中遇到了意想不到的困难，花了 10 年时间，耗资 26200 万美元，只完成了计划四分之一的运河长度，该公司就被迫宣布破产了。与此同时，美国西海岸加利福尼亚发现了金矿，大批美国人从东海岸来到这里开采黄金，美国对开通两大洋航路的要求就更加迫切了。于是，1902 年美国以 4000 万美元购买了法国运河公司的全部资产，1903 年又与大哥伦比亚政府签订了《海—埃兰条约》，大哥伦比亚政府同意法国运河公司将它对运河的一切权利转让给美国。但大哥伦比亚议会拒绝批准该条约。美国就于 1903 年初策动了所谓"巴拿马革命"，使巴拿马脱离大哥伦比亚"独立"。同年 11 月 18 日，美国就同巴拿马签订了《巴拿马运河条约》，以一次支付 1000 万美元和条约生效后第九年起每年支付给巴拿马 25 万美元为条件，取得了独家开凿运河和对运河区（从运河中心线向两侧延伸 16.1 公里，面积为 1432 平方公里）的永久使用、占领和控制的权利。1904 年运河工程重新启动，1914 年 8 月 15 日完工，历时 10 年，耗资 68700 万美元。1915 年通航，但直至 1920 年 7 月才正式对外开放，供国际使用。

为了修建巴拿马运河，美国除从当地和附近西印度群岛雇用工人外，还从非洲购买黑奴，从南欧、东南亚、中国等地雇用数万名劳工。据统计，为开凿运河共挖土方 21000 万立方米，整个工程期间因沉重的劳动、恶劣的环境和瘟疫的蔓延，导致七万多劳工死亡，其中包括 400 余名中国人，运河工程平均每推进一米就有一人丧命，人们称这条运河为"死神之河"。如果加上建筑于 1855 年 1 月通车的从巴拿马城到科隆市铁路中死去的两万多人（其中有 1000 多名中国苦力），这两项工程死亡人数即达 10 万人之多。据当地人说，死去的修路工比修路用去的枕木还要多。这是一个多么触目惊心的数字，多么残酷的历史事实！我站在运河边，一面听着许文溶同志的介绍，一面望着那汩汩流淌的河水，感到运河里流的不是水，而是血和泪！

巴拿马运河通航后，美国根据 1903 年运河条约一直控制着运河航行等各个环节并在运河区驻军。我们离开运河，又驱车到运河区转了一圈。美国把运河看作其在地峡的生命线，把运河区变成了自己的领地和"国中之国"。运河区由美国总统任命的总督统治，区内只挂美国星条旗，实行美国的法律，巴拿马人要得到美国人的允许才能进入运河区，英语是运河区唯一的官方语言。据统计，在运河通航后60多年中，美国从中获得约6000亿美元的收益。此外，运河每年还为美国节约运费开支9亿美元。美国在运河区设有美军南方司令部，负责指挥美国本土以外的西半球的三军行动。在运河区建有14个军事基地，驻军达两万人之多，他们以保护运河为名，行干涉、侵略和颠覆拉美各国内政之实。在运河区工作的美国人列入"金名册"，按美国标准发给"金薪"工资，巴拿马和其他拉美国家员工列入"银名册"，发"银薪"，只及"金薪"的四分之一左右。

这一切都激起了巴拿马人民的强烈不满和反对。巴拿马人民为收复运河和运河区的主权，进行了长期的不屈不挠的英勇斗争。美国曾被迫于1936年和1955年两次修改运河条约，将运河租金提高到每年193万美元。1956年7月26日，埃及人民将苏伊士运河收归国有，极大地鼓舞了巴拿马人民为收回运河主权而进行的斗争。1963年1月，美国被迫与巴拿马政府发表联合公报，表示尊重巴拿马主权，同意在运河区并挂巴、美两国国旗。但美国并未执行该协议，引起巴拿马人民的愤慨和抗议。

许文溶同志指着一幢不高的很普通的米黄色建筑物说，那就是有名的巴尔沃亚中学。1964年1月9日，约200名巴拿马学生举行游行示威，要求美方在运河区悬挂巴拿马国旗。游行队伍行至运河区巴尔沃亚学校门前要悬挂国旗时，遭到美方警察的阻拦和殴打，国旗亦被撕毁，此事引起了巴拿马人民的愤怒。次日，三万多名巴拿马人举行抗议示威，美军出动坦克和直升机，用机枪扫射手无寸铁的示威群众，造成22人死亡，400多人受伤。美军的暴行引起巴拿马人民的反美怒潮。12日，10万多名群众为死难者送葬，巴总统和内阁成员也参加了送葬队伍。同时，全国一致举行罢工、罢课、罢市和连续不断的游行示威活动。愤怒的群众袭击了美国大使馆，捣毁美国新闻处、银行和运河区火车站。巴政府宣布同美国断交，并就美军暴行向联合国和美洲国家组织提出申诉。1月9日被定为"全国哀悼日"。巴拿马人民的反美爱国斗争，得到了世界各国人民，特别是第三世界人民的广泛支持。

1月12日，毛泽东主席对《人民日报》记者发表了《支持巴拿马人民反美爱国正义斗争的谈话》。指出："目前巴拿马人民正在英勇地进行的反对美国侵略、维护国家主权的斗争是伟大的爱国斗争。中国人民坚决站在巴拿马人民的一边，完全支持他们的反对美国侵略，要求收回巴拿马运河区主权的正义行动。"中国各大城市纷纷集会，举行示威游行，参加人数达1600万。

当时我正在外交部工作，也参加了反美游行示威，和大家一起高呼"要巴拿马，不要美国佬！"的口号。那上百万人游行队伍的激动人心的场面，至今我记忆犹新。没有想到21年后的今天，我竟能到巴拿马一游，亲眼看一看巴拿马运河和那次反美风暴发源地——巴尔沃亚中学。

我们在车上热烈地谈论着巴拿马人民多年来为收复运河和运河区主权而进行的英勇不屈的斗争，自然也谈起了巴拿马民族英雄托里霍斯将军，下一个参观点就是他的陵墓。

托里霍斯将军1929年2月1日出生于贝拉瓜斯省圣地亚哥镇一个普通的乡村教师家庭，年轻时就同情劳动人民的疾苦，怀有强烈的爱国主义激情。1968年10月，他率领国民警卫队发动政变，推翻了亲美政府，执掌军政大权。1969年3月升为少将。1972年9月，在全国民众代表大会上当选为政府首脑和革命最高领袖兼国民警卫队司令。他执政以后采取了一系列民族主义改革措施，把收回运河和运河区主权作为对外政策的主要目标。他明确提出，由巴拿马行使对运河和运河区的全部主权和管辖权，要求美军全部从运河区撤走。他还于1973年邀请联合国安理会在巴拿马城举行了有关运河问题的特别会议。巴拿马的有关运河的主张得到了拉美和其他地区国家的广泛支持，

美国陷入了空前的孤立地位。

美国总统卡特上台后，为了稳住后院，对运河问题的态度有所松动。1977年7月7日，卡特与托里霍斯代表各自政府签订了新的巴拿马运河条约及关于该运河永久中立和运营条约。新条约规定，废除1903年美巴运河条约以及其他一切有关运河的旧条约；1999年12月31日之前撤走在运河区的全部美国驻军；巴拿马收回对运河和运河区的全部主权，其中包括防务和管理权。

托里霍斯同美国进行了长达10年的艰苦谈判，为巴拿马运河的回归做出了杰出的、决定性的贡献，为巴拿马争得主权和尊严，赢得了巴拿马人民的衷心爱戴，成为公认的巴拿马民族英雄。但不幸的是，1981年7月31日，他因飞机失事而丧生，享年52岁。飞机失事的原因至今不明，他的死成为千古之谜。他生前发誓"永远挺立，决不屈服"，"宁愿一代人献出生命，也要让子孙后代享有一个自由的国家"，他实践了自己的诺言。巴拿马人民为他举行了国葬，把一面曾在巴拿马运河区上空飘扬的并留下累累弹痕的国旗覆盖在他的身上，为他送行的民众达10万余人。

托里霍斯的墓地就在运河区以巴拿马第一任总统阿马多尔命名的广场上，离美军南方司令部不远的地方。这是一座正方形建筑，用青灰色大理石砌成，坐北朝南，没有高大的纪念碑，也没有豪华的装饰，显得庄严、朴实、大方。陵墓上方刻着他生前的一句名言："我无意载入史册，但要进入运河区。"我们望着这掷地有声的几行大字，顿觉肃然起敬。这正是巴拿马民族精神的象征。

托里霍斯和巴拿马人民长期为之奋斗的目标已经实现，1999年12月31日12时巴拿马运河及运河区已回归自己的祖国。托里霍斯将军和无数为实现这一目标而献出自己宝贵生命的先烈们可以含笑九泉了。他们大无畏的爱国主义精神将永远激励和鼓舞着巴拿马人民。

体会篇

"十六字方针"是座右铭

新中国成立之初，周恩来总理兼外长在外交部的成立大会上提出外事队伍建设的方针为"站稳立场，掌握政策，熟悉业务，严守纪律"。这"十六字方针"成为我国外事工作者的座右铭，教育培养了几代外交人员。

站稳立场，就是要站稳自己所代表的国家利益的立场，是对外交人员最基本的要求。作为中国外交官，就要站稳中国的立场，维护中国利益。外交人员首先应当是一个坚定的爱国主义者，思考和处理一切问题都要从国家利益出发，国家利益高于一切，任何时候、任何情况下，都要忠于祖国和人民，不能有任何其他私利。特别是驻外大使，是代表国家的，是特命全权代表，负责处理国家之间的重要事务，更要做维护国家利益和权利的模范。新中国成立后，中央从解放军选调了一批将军大使，在毛主席接见他们时，有人提出没有搞过外交，怕完不成任务。毛主席笑着说，你们都经过革命战争的生死考验，相信你们到国外去不会跑掉，不懂外交可以学嘛！可见站稳立场是多么重要。当前国际形势十分复杂，西方敌对势力亡我之心不死，把社会主义中国作为主要对手，千方百计企图破坏中国的发展，以致搞垮中国，外交是敌我较量的重要战线。他们对我驻外人员的策反活动，从从未停止，无孔不入，斗争比过去更加尖锐。我国驻外使领馆工作和生活环境也有了新的变化，增加了斗争的复杂性，更应随时提高警惕，加强防范措施。

掌握政策，就是要努力学习和认真执行我国一贯奉行的独立自主的和平外交政策，根据和平共处五项原则处理好同各国之间的关系。在总的外交方针政策指导下，对不同地区和国家还制定了具体的政策，即国别政策。同时，根据形势的发展变化，还要对政策进行必要的调整。这就要求我们加强学习，紧跟形势，准确地掌握政策，要及时请示报告，同中央保持高度一致，同时要当好中央的耳目和参谋作用。

西班牙港

熟悉业务，就是要学习和掌握基本国际知识，其中包括国际关系史、国际法，以及主管地区和国家的地理、历史、政治、经济、文化和外交等各方面的情况，学会和掌握外交技巧，学好中文和外语很重要。外交官知识面要广，通晓古今中外，因为你要和各种不同的人打交道。同时要全面、深入学习和了解本国的历史和现状，特别是对内对外有关方针政策，以便更好地宣传自己。这也是熟悉业务的重要内容。

严守纪律，对外交人员非常重要。周总理说，外交人员是"文装解放军"，要有严格的纪律。他一再强调，外事无小事，外事授权有限，要严格请示报告制度，外交人员不能自作主张，因为对外涉及国家之间的关系。但在国外如遇紧急情况，馆长也可自主做出决定，同时报告国内，延误时机也会犯错误。例如，1976年10月，我国在特立尼达和多巴哥首都西班牙港举办经济贸易展览会，定于17日上午开幕。16日晚，我国驻该国大使王占元从英国BBC电台得知"四人帮"被抓起来的消息，在高兴之余马上想到展览会入口处挂有江青、张春桥和姚文元等人的大幅照片，该如何处理。王大使召集有关人员开会研究，请示国内已来不及了，必须立即做出决定。王大使主张马上派人把江青等人照片取下来，调整布展，同时报告国内。大家一致表示同意。这一决定在当时是要冒很大政治风险的，所幸得到国内的赞同和表扬。但这种情况极为少见。

调研工作是基础

毛泽东主席一再强调，没有调查研究，就没有发言权，如同军队打仗一样，知己知彼才能打胜仗。对外交人员来讲也是如此，调研是搞好各项工作的基础。

调研工作包括两个方面，一是基础调研，即对主管地区和国家的基本情况要做到心中有数，了如指掌；二是形势调研，即对地区和国家当前形势的发展变化，要跟踪研究，紧抓不放，并及时提出看法和建议，供领导决策参考。调查研究贯穿在每一项外交工作的全过程。

外交部的一些老同志都知道，周总理在处理重大外交案件时，总要把有关领导和主管科员一起叫到中南海西花厅了解有关情况，提的问题很细、很具体，被问同志答不上来，就会受到批评，大家称此为"周总理考试"，有时被考得面红耳赤，满头大汗。

周总理说，驻外使领馆要当好国内的耳目和参谋就更要重视调研工作。驻外大使要亲自抓调研，经常及时召开形势务虚会，重要形势调研报告最好自己动手写。

交友工作是关键

外交工作，说到底是做人的工作，因为外交政策是由人制定的，也是由人执行的，做任何事情都要同人打交道。不同的人处理同一件事，可能持不同的立场和态度，有着不同的处理方法。两国间遇有棘手的问题，往往要靠朋友帮忙，打通关节才能解决，所以交友工作就显得特别重要。

交友工作要广交和深交相结合。要同左、中、右不同政治倾向和职业的人交朋友，既要做上层人士的工作，也要做好中下层的工作，朋友越多越好。

交友工作的重点是当权者，因为处理两国之间的事务主要是同他们打交道，他们说了算。作为驻外使节，首先要做好一个国家的总统、总理、外长等主要领导人的工作，要同他们交朋友，遇有重要事情时能说上话。起码要在总统府和外交部以及议会等重要部门，深交几个朋友，在关键时刻能起到关键作用。同时要重视做国会议员的工作，做好政府反对派的工作，以免在政权更迭时被动，影响双边关系的发展。

要重视对华友好团体知名人士、华侨华人的工作，他们当中许多人是我国"全天候"的老朋友，千万不能忘记他们，要发挥他们的无可替代的积极作用。交友工作要有连续性和继承性，在不忘老朋友的同时，也要不断结交新朋友，充实对华友好的新生力量。

要重视民间外交，要做驻在国人民的工作，特别是新闻媒体的工作。通过媒体等各种渠道，向他们宣传介绍我国的真实情况，促进两国人民之间的相互了解和友谊。这是一项长期和十分重要的工作。

在交友工作中，一定要平等相待，真诚相处，谦虚谨慎，互相尊重，互相学习。做人的工作，首先要了解对方，要耐心细致，设身处地为其所想，绝不能强加于人。也要有人情味，建立个人之间的感情，不能搞实用主义，需要时找人家，不需要时冷落人家。交友工作要细水长流，要有长远眼光。

我在秘鲁工作时，发生了"一瓶茅台酒的故事"。有一次，我在外交场合遇到一位记者，他说过几天就是他的生日了，向我要一瓶茅台酒作为生日礼物，我当时就答应了。回使馆后要办公室同志办理此事，但有人认为他是一个无名之辈，送茅台礼品太重，可以送别的酒。我知道使馆茅台有限，但人家指名要茅台，送别的酒不好。那位记者收到我送的茅台后，非常感激。过了不久，他打电话要见我，说有要事相告。他向我通报，台湾当局正在和秘方商谈，要在利马建立"官方通讯社"。经了解，确有其事。我们及时和秘鲁外交部交涉，打掉了台湾当局的图谋。如果我们不送那瓶茅台，人家可能不会向我们通

报有关情况，等台湾"官方通讯社"在利马建成后再交涉就晚了。同志们称之为"茅台外交"。

内部工作是保障

驻外机构的内部工作如何，直接影响着对外工作的进行。内部工作首先要搞好团结，理顺各方面的关系。驻外使领馆是由国内各有关部门派出的人员组成的，大家来自五湖四海，有中央国家机关的，有来自地方省市的，有干部，有工勤，大家有着不同的经历和职业，不同的习惯和爱好。使馆如同一个小社会，大家几年工作在一起、生活在一起，不可避免地要发生这样那样的矛盾和问题，就需要互相理解和包容，顾全大局。使馆人员组成一般以外交部派出的干部为主体，我认为作为大使处理问题时，原则上要一视同仁，但对外交部干部要求应更严一些，对兄弟单位要多关心一些，更宽容一些，这样更有利全馆的团结合作。

我在出使秘鲁之前，拜会了外交部主管政治思想和纪检工作的王言昌副部长。他语重心长地对我说，要重视使馆内部工作，首先要搞好团结，特别是党委领导班子的团结，而这个班子的团结又取决于一、二把手关系的好坏。一把手要以身作则，做出表率，要有民主作风，遇事多和大家商量。党委开会讨论重要问题之前，要同二把手和有关单位负责人交换意见并达成一致（必要时要征求所有党委成员意见），做好充分准备，开会时再把问题拿出来讨论，就不会出现大的分歧。如仍有分歧，则少数服从多数，必要时也可把不同意见报请国内决定，但大使要提出倾向性的意见。这样就不会出现大的问题。我在秘鲁和智利工作期间，就是按照王言昌副部长指示做的，收到很好的效果。我在秘鲁同廖启平、仇新年两位参赞与在智利同奚正久、邱小琪参赞之间的合作都很默契和愉快，并成为了很好的朋友，我对他们的支持和帮助一直怀着感激之情。

使馆要建立健全各种规章制度和工作条例，做到办事有章可循，其中包括会议制度。我们使馆一般每周开一次办公会，由各单位负责人（大多为党委成员）参加，主要是回顾检查上一周工作和布置下一周工作，并就当前形势和工作中值得注意的问题交流意见并采取相应的措施。一个月至多一个季度召开一次党委会议讨论和研究重大事项，必要时可随时召开。半年对全馆工作一次总结，年底对全年工作进行全面总结，由大使向全馆人员作总结报告，并书面报告国内。要重视年中和年底的两次工作总结，这对及时总结经验教训、改进工作很有好处。同时，通过表扬好人好事调动大家工作的积极性，对不良现象也要通过适当方式及时提醒或进行批评。也就是说，要发扬正气，发挥正能量。

要重视抓好政治学习和日常的政治思想工作。要按照国内的统一部署，认真组织学习，要保证学习时间和质量，并联系使馆实际，改进工作，不走过场，要取得真正的实效。驻外使馆工作面对国内和驻在国各个部门，工作千头万绪，特别是外交工作繁忙时，容易忽略日常政治思想工作。而经验证明，工作越忙越要抓思想工作，越要加强大家的责任心，调动其积极性和主动性才能把工作做好。在国外工作的同志，身处花花世界和敌对势力的包围之中，敌对势力亡我之心不死，收买、腐蚀和策反工作不会停止，我们要时刻保持警惕，要进行爱国主义和理想信念教育。一定要在政治、思想和行动上同党中央保持高度一致。平时要加强党、团支部工作，发挥党团员的模范作用。

正如王言昌副部长所说，驻外使馆内外工作的好坏，在很大程度上取决于馆长的素质和水平。上梁不正下梁歪，这是真理。因此，馆长要保持一身正气，时时事事以身作则；要发扬民主，多听取不同意见，切实执行民主集中制；要办事公道，一碗水端平，不谋私利；要联系和关心群众，调动其工作积极性和主动性。

无法偿还的亲情债

在世人眼里，外交官们周游列国，出入外交场合，尽是鲜花美酒，头上罩着令人羡慕的光环，给人以神秘和惬意的感觉。但这只是一种表面现象，他们在外交生涯中所遇到的不全是风和日丽，也有凄风苦雨，说不尽的酸甜苦辣。我们这一代外交官们，还有着更为痛心的感情上的经历，对亲人们欠下了一生无法弥补的愧疚，是无法偿还的亲情债。

我第一次去驻古巴使馆工作期间，辛勤劳作一辈子的老父亲去世，那时正是国内经济困难时期，他临终前想吃一碗面条都未能吃上；在秘鲁工作期间，把我视若己出的老岳母去世，当时我也未能回国见上一面；在智利工作期间，母亲去世，临终前还在声声叫唤着我的名字。家里为了不影响我在国外工作，父母病危时都未写信告诉我，直到安葬以后，才让我知道实情。我从1950年到淮安师范上学起就离开老家，长期未能尽孝，临终时也未能见上父母一面，这成为我的终身遗憾和愧疚。这时，我才真正领会到"忠孝不能两全"的深刻内涵。

结婚照（1957年7月20日）

我作为兄长，对弟妹们也未尽到责任。我记得，大妹朱梅英和南京大学天文系毕业生沈铸结婚时，我送了他们一套毛泽东选集作为礼物，要他们好好学习。在家乡务农的弟弟朱言忠写信给我，说不想种地了，要我给在家乡当官的同学写信打个招呼，就可以在县城里给他安排个工作。我回信批评了他，说在农村劳动也是为人民服务，同样重要和光荣。这两个例子，就可说明我当时的真实思想状况。

我和妻子陈云清是初中同班同学，两家相距只有几里路，可以说互相知根知底。初中毕业后，她考取了淮阴中学，我考上了淮安师范。后来她到上海华东政法学院上学，我到江苏师范学院上学，后来又到苏联留学，互相一直没有联系。在留苏后期，互相通过交换贺年片才取得联系。在1957年暑假，我回国休假，去上海看她，并结了婚。考虑到当时全国正进行反右派运动就没有举行婚礼，只是邀请了几个她要好的同学在学院附近一家小吃店聚了一下，吃些糖果点心。学校放假，我们回到老家，为避免麻烦，就说在上海举行过婚礼了。但陈云清是独生女，其父母对我们婚事很重视，还是办了两桌酒席以了心愿。

结婚一个月后，我们就各奔东西，直到1960年暑假我才从莫斯科国际关系学院毕业回国，在北京外国语学院等待分配工作。那时陈云清在贵阳工作，来北京探亲，我们结婚三年后又团聚了。她在华东政法学院毕业时，响应党的号召，到最艰苦的地方工作，被分配到称为"天无三日晴，地无三尺平"的贵州省司法厅工作。

团聚不到一个月，她回了贵阳，我被分配到外交部工作。又过了四年，即1964年，她才被照顾调到北京外国语学院，后来又转到外交人员服务局工作。我们终于在北京安家落户了。

但好景不长，从1969年起，我两次去古巴工作，共10年有余。那时一般外交官不允许带夫人，我独身在古巴"抗战八年"。陈云清一人在国内一边工作一边承担了抚养孩子和照顾老人的重任。到了"文革"后期，被"砸烂了的公检法"逐步恢复工作，急需政法干部，有些单位和同学动员她归队。她在学校品学兼优，又精明能干，本可以做出一番事业。但她为了支持我的工作和照顾孩子老人放弃了这个机

会，牺牲了自己的专业和美好前程。对此，我十分感激她。

我们有三个男孩，老大朱一民生于 1962 年，老二朱一兵生于 1967 年，老三朱历生于 1971 年。他们出生后最需要照顾的时候，我却长期在国外工作，基本上是陈云清一人承担了这一重任。我对孩子们未尽到为父的责任，有一次我回国休假时，小儿子不认我，不让我进门。我感到十分愧疚。

兄妹四人 2010 年在北京合影（右起：朱梅英、朱祥忠、朱言忠、朱梅珍）

类似我的经历，在外交部不在少数。改革开放以后，情况有了很大的改善，现在驻外人员都可以带夫人，孩子也可以随行，或到使馆探亲，国内外通信联系也非常方便，待遇也大为提高了。我们老同志碰到一起时常说，现在的外交人员赶上好时候了，大家为此而感到高兴，这不正是几代人革命所追求的嘛！

当今我们祖国呈现欣欣向荣的大好形势，国际地位空前提高，我们感到无比欣慰和自豪，因为其中有外交战线上同志们的一份功劳。

追忆往昔，我们深信后来者一定会胜过我们，一定会为实现中华民族的伟大复兴创造更好的国际环境，开拓前进，创造新的辉煌。

丰富多彩的离休生活

1995 年 11 月，我从智利离任回国，次年 3 月办了离休手续，至今已 20 年。起初，由原来每天日程满满的紧张工作环境突然变得无所事事，很不习惯，有一种失业感和失落感。我们这些人忙了一辈子，闲下来实在难受，必须找点事干。

一、"下海"失败。当时有一种风气，不少离任回国的同志"下海"，即应邀到经贸公司去当顾问，利用自己的国外资源，为他们走出去牵线搭桥。这本是一件好事，但做起来不是那么容易，问题不少。我就遇到过这种情况。某省一家国有公司找上门来，请我当顾问，帮他们到智利等拉美国家去考察做生意。因为是老同学介绍，盛情难却，便同意了，为了联络方便，我还专门买了一台传真机。我带公司负责人拜会了智利驻华大使，该大使是个商人，是我的好朋友，对同中方做生意很感兴趣，因此双方　拍即合。他应邀去公司所在地进行了参观访问，受到热情友好的接待。经商谈，双方达成共识，拟在该省某地建一家合资铜管加工厂和智利葡萄酒厂。这本是两个有发展前途的很好的合作项目。该地区和公司有关领导人应邀去智利等几个拉美国家进行了考察访问，双方签署了一些意向性合作文件。智方对合作项目很重视，拟派代表团来华就此进行具体商谈，正式签署合作协议。但中方却以"工作忙难以安排"为由，拒绝接待人家来访。对方很不高兴，把我也给卖了，我夹在中间无言以对。后经了解，我方有关公司根本就没有诚意，其领导人只想借此机会到国外旅游一趟。这件事深深教育了我，我们这些书呆子根本就不是经商的料。到此为止，再不干这种事了。

二、不想当官。我虽急于找点事干，但只想干些具体事情，不想当官。主管干部工作的部领导打电话给我，说中国社会科学院一个下属研究所希望外交部派一位大使担任该所所长，认为我比较合适，问我是否愿意去，并说离任后还回外交部。我已是"自由人"了，可以自己决定自己的命运了。我经过慎重考虑，认为还是无官一身轻好，决定不去。我在外交部几十年，主要是处理外交事务，虽然也搞了不少调研工作，但与研究所调研工作的性质和要求有较大差别，怕不能胜任，也担心离开外交部再也回不来了，因为我对外交部有着深厚的感情。我主动要求于 1996 年 3 月办了离休手续，可以做一些自己愿意做的事了。

三、答应了一个苦差事。我办了离休手续后不久，时任世界知识出版社社长的沈允熬大使邀请我参加由钱其琛主编的《世界外交大辞典》和唐家璇主编的《中国外交辞典》的编审工作，我负责拉丁美洲部分，并说主要是把把关，不要我动手写东西。我搞了一辈子拉美工作，感到责无旁贷，就立即答应了。但后来才发现，这是一件十分重要而又艰巨复杂的任务，有人打趣说："不愿坐牢的人才编辞典呢！"但已经答应上了，没有退路了，只能硬着头皮干下去了。

辞典设有 54 人组成的编委会和 10 人组成的常务编委，由萧扬和朱烈同志领导和主持日常工作。常务编委有：马武业、朱烈、朱祥忠、刘彦顺、杨振武、张联、袁世垠、徐维勤、黄振、萧扬等人，大都是离退休老同志。每人分工主管一部分，重要词条释文则要集体讨论，有时还要召开专题研讨会，请有关专家参加，必要时还需报送有关领导审定。由于参加撰写人员来自全国各个不同方面，写作习惯和水平参差不齐，不少来稿需要删改或补充，甚至重写，有大的改动还要同作者商量，几经反复才能定稿。编审者的艰辛，可想而知。

辞典内容丰富，时间跨度大，涵盖面广。《世界外交大辞典》设有 13000 余词条，释文有 800 万字，起自上古（古埃及、古希腊、古罗马），迄于 20 世纪末（有的到 2004 年）。《中国外交辞典》设有 3000 余条目，释文有 200 万字，起自先秦，迄于 20 世纪 90 年代。两部辞典共有 16000 余词条，1000 多万字。内容包括外交历史、理论、战略、政策、事件、条约、文献、人物、机构、业务技巧、法规惯例、双边和多边等所有外交方面。

新中国成立后，各行各业都有自己特色的辞书出版，重要的外交部门则没有，特别是改革开放以来中国外交大发展，国际地位空前提高，对外交往日益广泛，迫切需要一部以马克思主义、毛泽东思想和邓小平理论为指导的，全面、客观、准确反映世界和中国外交历史及现状的辞典。而我们编纂的由世界知识出版社分别于 2000 年、2005 年出版的《中国外交辞典》和《世界外交大辞典》，则填补了这一空白，适应了大家的需要。有人认为，这是一件"功在当代，利在千秋"的大事情。因此，编委会同仁如履薄冰，不敢稍有懈怠。

编纂这两部辞典历时 10 年有余，我们常务编委更是全力以赴，平时加班加点，没有休息日，比正常上班时还要忙。大家都是自觉自愿的，希望辞典早日问世，服务社会。

参加这一工作的还有国内多所研究机构、高等院校和涉外部门的逾千名专家学者，他们为词条的撰写和审读付出了艰辛的劳动。更不能忘记那些认真负责、埋头苦干，同样付出辛劳的责编同志，他们是：许丽娜、吴捷、沈中明、逯宏宇、田放、罗养毅、袁路明等同志。

2005 年 3 月 30 日，《世界外交大辞典》首发式在钓鱼台国宾馆举行，主编钱其琛（前排中间者）等与主创人员合影。

四、从事笔耕工作。我积极参加了中国国际问题研究基金会和外交部老干部外交笔会的活动，曾担任理事工作。参加了由外交部党委批准的外交笔会审书小组的工作，其成员有黄桂芳（组长）、尹承德、李家忠（后因病退出）、朱祥忠、陈久长、潘正秀、陆苗耕。审书工作任务比较繁重，主要负责审读笔会同志撰写的书稿，重点在政治和保密等方面把关。审书小组于 2002 年成立 14 年来，已审读出版了 100 余本书，约 2500 万字，每本书稿都要经过初审、复审、终审三道关卡，也就是说要经过三人审读，至今未出现任何问题。我还兼任笔会东交民巷片负责人达 20 年，努力为大家服务。

我于 1996 年参加笔会至今，撰写出版了四本书，即《我在拉美任职的岁月》（2003 年 3 月，世界知识出版社）、《拉美亲历记》（2004 年 5 月，四川人民出版社）、《我的拉美外交生涯》（2009 年 7 月，上海辞书出版社）、《世界最狭长的国家——智利》（2013 年 5 月，上海锦绣文章出版社）；在全国多种报纸杂志发表了 100 多篇文章；编辑了《中国—墨西哥》《中国—智利》和《中国—阿根廷》三本反映双边友好关系的大型图片画册，由五洲传播出版社出版。

外交笔会审书小组同志及夫人聚会

我还参加了民政部委托外交部档案馆负责的外国人领养中国孤儿有关文件的翻译工作。我翻的是西班牙文，每份文件约合中文一万字，每月平均三份，一年就是36份，36万字，从2001年至2005年共180万字。这一工作也占去了我不少时间和精力。

在北京图书大厦举行的"外交官看世界"系列丛书签售仪式

五、干了两届党支部工作。离休后，我还参加过两届外交部东交民巷离退休干部活动中心的党支部工作。第一次，是21世纪初孙大栋同志为书记的民巷30号第四党支部的工作，我任副书记，为期三年。第二次，是2013年3月至2016年3月，也是三年。我担任民巷党总支书记兼第四支部书记的工作，党总支委员有麦国彦、何平、韩平平等同志，下属四个支部，包括民巷13号两个支部、一个散居支部和30号支部，共有党员180多人，其特点是"三高两多"，即级别高、年龄高、发病率高，空巢老人多、散居人员多，工作难度很大。支部主要工作任务是组织党员进行政治学习，发挥余热和正能量；热心为老同志服务，使他们能够安度晚年。为此，我们和老干局民巷活动中心在职同志一起，在老干局领导下，密切配合，团结一致，做了大量耐心细致的工作，受到大家的好评。我有幸被评为外交部老干部"社会奉献之星"称号。

在支部工作中，我深感做好老干部工作的重要性和深刻意义。他们为我们国家独立和民族解放的伟大革命事业，为宏伟的社会主义建设事业，做出了重要的贡献和自我牺牲，是我们国家的大功臣和宝贵财富。他们离退休以后，继续关心国家大事，在政治上同党中央保持高度一致，发挥自身优势，为中国外交事业做出积极的贡献。我从他们身上学到了许多东西，特别是我们党支部德高望重的老党员张颖同志的模范事迹令我十分感动。

94 岁高龄的张颖同志，15 岁即离开生活优裕的家庭，奔赴革命圣地延安，参加中国共产党领导的抗日战争，是鲁迅艺术学院第一期毕业生，先后被派到重庆和南京在周恩来直接领导下工作多年。新中国成立后，历任中国戏剧家协会秘书处书记、《剧本》杂志主编、外交部新闻司和西欧司副司长，后作为章文晋大使夫人赴中国驻加拿大和美国大使馆工作。她在 70 多年的斗争中，为中国革命和建设事业做出了宝贵的贡献，离休后仍保持旺盛的革命激情，永葆共产党人的政治本色，继续为社会做出贡献。她离而不休，笔耕不辍，发表了不少颇受读者喜爱的优秀作品。著有《风雨往事——维特克采访江青实录》《外交风云亲历记》《文坛风云亲历记》《走在西花厅的小路上》等，具有很好的教育意和历史价值。她还助人为乐，热心于社会公事业，多次向贫困地区捐款、赞助贫困家庭孩子上学，把珍藏多年的三幅中国著名画家的国画和一个明朝瓷盘等珍贵的文物，捐给了北京故宫博物院。更难能可贵的是，她在临终前留下遗言，要儿子代她向党组织交上一万元人民币最后一笔党费，受到党组织的高度赞扬，中央组织部还专门为她开了党费收据。

总的讲，20 年的离休生活是丰富多彩的，是充实的。我感到离休后首先要尽快适应新的生活环境，放下架子，找准自己的定位，也就是说你已不是领导了，而是普普通通的老百姓，要老老实实听从别人的领导和指挥。其次，要根据自己的特长和爱好，选择适合自己的事情干，并且要有个中长期规划，把自己想要干的事按轻重缓急排个次序。第三，要保持一个良好的生活习惯，生活起居要有规律，可以根据自己的具体情况，合理地安排作息时间，除了学习和工作外，也要

2017 年 1 月 18 日，中央国家机关工委副书记陈存根（左）和外交部机关党委副书记金红军（右）登门慰问作者。

适当安排一些文娱、体育和旅游等有益身心健康的活动。第四，要坚持"三个平衡"，即心态平衡、饮食平衡和动静平衡。这是我离休后听过许多健康讲座和看过一些卫生保健知识书籍以后总结出来的，简单地说，就是两个字"平衡"。这是自然界和人类社会发展的共同规律，作为其中一部分人的生存和发展，也必须遵守这一规律。"平衡"是人的健康长寿之道和秘诀。

我正在努力这样做。今年 84 岁，但没心没肺，能吃能睡，耳不聋，眼不花，脑子清楚，腿脚灵活，自我感觉良好。争取健康地多活几年，起码要看到我国全面建成小康社会。但正如毛主席所说："天有不测风云，人有旦夕祸福，这是自然辩证法"，谁也违背不了。要做好两手准备，去留听天由命。只要马克思招手，就要愉快地去报到。

后记

    我的童年和少年时期是在抗日战争和解放战争的烽火中度过的。这一时期，在党的教育下，我懂得了革命的道理，走上了革命的道路；新中国成立后，国家免费供我上了中学、大学直到留苏，让我受到了全面系统的高等教育；留苏回国后，党又分配我到外交部工作，把我从一个小科员培养成代表国家的驻外大使。所有这些，对一个普通农家子弟来说，在解放前是根本不可能的事，回想起来如同做梦一样。

    因此，长期以来，我对党一直怀着感恩之情，时刻不忘报效国家，这成为我进步的主要动力。我亲身体会到，没有中国共产党就没有新中国，也就没有我今天的一切。我想，这不仅是我个人的经历和感受，也是我们这一代人的共同经历和感受。从这个意义上讲，我的成长过程有一定的代表性，反映了同一代人的共同经历和所处的那个时代。

    我们这一代人都是由党和国家一手培养起来的，长期接受革命传统教育，确立了全心全意为人民服务的思想，国家利益高于一切，完全服从组织安排，从不讨价还价。从事外交工作的同志，在周恩来总理的直接领导和教育下，成为"文装解放军"的一名战士。我在本书中介绍的"忠于祖国的九颗红心"，就是我们这一代外交人的杰出代表，是很好的学习榜样，相信读者也能从中受到有益的启迪。

    如果从1945年我加入中国共产党并参加革命工作算起，至今已70年有余了，至1996年在外交部办理离休手续也50多年了，其中40年是从事外交工作。也就是说，我这一辈子大部分时间都交给了外交事业。这几十年，对个人来说是很长的时间，但在历史长河中，只是短暂的一瞬；在宏伟的外交事业中，个人的贡献只是沧海之一粟。一个人的能力有大小，水平有高低，贡献也各不相同。我有自知之明，能力和水平有限，只能说我一直在"努力完成组织上交给的任务"，正如中国体育运动员在国际比赛中常说的一句话："我尽力了。"

在本书画上句号的时候，我要感谢在撰写和出版过程中所有对我提供过支持和帮助的人，其中包括外交笔会和五洲传播出版社的同志。如果没有他们的帮助，本书不可能顺利按计划面世。

鸣谢：
外交部老干部笔会
青岛聚大洋藻业集团有限公司